O GUIA DEFINITIVO DA NUMEROLOGIA

TANIA GABRIELLE

O GUIA DEFINITIVO DA NUMEROLOGIA

Decifre os Códigos Ocultos dos Números para ter Sucesso

no

Amor, Dinheiro, Carreira, Saúde e
Crie Verdadeiros Milagres na sua Vida

Tradução
Denise de Carvalho Rocha

Editora
Pensamento
SÃO PAULO

Título do original: *The Ultimate Guide to Numerology*.

Copyright © 2018 Quarto Publishing Group USA, Inc.

Copyright do texto © 2018 Tania Gabrielle.

Copyright das ilustrações © 2018 Quarto Publishing Group USA, Inc.

Design e layout das páginas: Landers Miller Design

Ilustrações: Landers Miller Design

Publicado pela primeira vez em 2018 por Fair Winds Press, um selo da Quarto Publishing Group USA, Inc.

100 Cunnings Center, Suite 265-D, Beverly, MA 01915, USA.

T (978) 282-9590 F (978) 283-2742 QuartoKnows.com

Copyright da edição brasileira © 2023 Editora Pensamento-Cultrix Ltda.

1ª edição 2023.

Todos os direitos reservados. Nenhuma parte deste livro pode ser reproduzida ou usada de qualquer forma ou por qualquer meio, eletrônico ou mecânico, inclusive fotocópias, gravações ou sistema de armazenamento em banco de dados, sem permissão por escrito, exceto nos casos de trechos curtos citados em resenhas críticas ou artigos de revista.

A Editora Pensamento não se responsabiliza por eventuais mudanças ocorridas nos endereços convencionais ou eletrônicos citados neste livro.

As informações contidas neste livro são apenas para fins educacionais. Não se destina a substituir a consulta médica ou com outro profissional de saúde. Consulte seu médico antes de iniciar qualquer novo tratamento de saúde.

Editor: Adilson Silva Ramachandra
Gerente editorial: Roseli de S. Ferraz
Gerente de produção editorial: Indiara Faria Kayo
Editoração Eletrônica: Join Bureau
Revisão: Luciana Soares da Silva
Impresso na China.

Dados Internacionais de Catalogação na Publicação (CIP)
(Câmara Brasileira do Livro, SP, Brasil)

Gabrielle, Tania
 O guia definitivo de numerologia: decifre os códigos ocultos dos números para ter sucesso no amor, dinheiro, carreira, saúde e crie verdadeiros milagres na sua vida / Tania Gabrielle; tradução Denise de Carvalho Rocha. – São Paulo, SP: Editora Pensamento, 2023.

 Título original: The ultimate guide to numerology.
 ISBN 978-85-315-2277-2

 1. Numerologia 2. Simbolismo dos números I. Título.

23-147856 CDD-133.335

Índices para catálogo sistemático:
1. Numerologia: Ciências ocultas 133.335
Tábata Alves da Silva – Bibliotecária – CRB-8/9253-0

Direitos de tradução para o Brasil adquiridos com exclusividade pela
EDITORA PENSAMENTO-CULTRIX LTDA., que se reserva a
propriedade literária desta tradução.
Rua Dr. Mário Vicente, 368 – 04270-000 – São Paulo – SP – Fone: (11) 2066-9000
http://www.editorapensamento.com.br
E-mail: atendimento@editorapensamento.com.br
Foi feito o depósito legal.

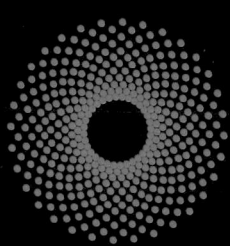

Dedicado a todos que desejam explorar

suas origens divinas... e despertar

seu magnífico Código Anímico.

SUM

PARTE 1 O QUE OS SEUS NÚMEROS REVELAM

1: O CÓDIGO DO SEU ANIVERSÁRIO • 10

2: O CÓDIGO DO SEU NOME DE NASCIMENTO • 22

3: DÍGITOS ÚNICOS DE 1 A 9 E AS TRÊS TRÍADES • 36

4: NÚMEROS MESTRES DE 11 A 99 • 68

5: NÚMEROS DE DOIS DÍGITOS DE 10 A 98 • 82

6: AS LETRAS DO SEU NOME: DE A A Z • 120

7: O CÓDIGO DOS SEUS NÚMEROS ASTROLÓGICOS • 140

PARTE 2 DIVINAÇÃO: SEUS CICLOS ATUAL E FUTURO

8: ANO, MÊS E DIA PESSOAIS E SEUS CICLOS DE PODER • 150

9: O SIGNIFICADO DOS SEUS CICLOS PESSOAIS • 158

10: NÚMEROS DE ENDEREÇOS • 168

11: NÚMEROS E LETRAS REPETIDAS: UMA AMPLIAÇÃO NA SUA VIDA • 178

12: 11:11 E OUTRAS SEQUÊNCIAS NUMÉRICAS • 190

PARTE 3 OS NÚMEROS ESTÃO EM TODA PARTE!

POSFÁCIO • 201 | AGRADECIMENTOS • 202 | SOBRE A AUTORA • 203 | ÍNDICE REMISSIVO • 204

O QUE OS SEUS NÚMEROS REVELAM

O CÓDIGO DO SEU ANIVERSÁRIO
10

O CÓDIGO DO SEU NOME DE NASCIMENTO
22

DÍGITOS ÚNICOS DE 1 A 9 E AS TRÊS TRÍADES
36

NÚMEROS MESTRES DE 11 A 99
68

NÚMEROS DE DOIS DÍGITOS DE 10 A 98
82

AS LETRAS DO SEU NOME: DE A A Z
120

O CÓDIGO DOS SEUS NÚMEROS ASTROLÓGICOS
140

CAPÍTULO 1

O CÓDIGO DO SEU ANIVERSÁRIO

No dia em que nasceu, você ativou um magnífico código de nascimento. Esse Código de Nascimento é o seu Projeto Anímico, a tradução do contrato da sua alma para esta vida. A Numerologia, a ciência do significado dos números, é capaz de interpretar o seu Projeto Anímico, ou Projeto da Alma, e revelar o que diz esse contrato espiritual. Este livro vai lhe dar as chaves desse conhecimento.

À medida que fizer a leitura, você vai saber quando as informações aqui apresentadas ressoarem em você, porque sentirá isso na alma. Você talvez sinta um formigamento na coluna, uma sensação de prazer ou arrepios de alegria, ao perceber que sua alma está se comunicando com você por meio do seu próprio código!

Os números são uma porta de entrada para o desenvolvimento da sua intuição. Quando encontra uma pessoa pela primeira vez, você pode ter um vislumbre intuitivo de como ela é. O acesso aos números dela dá a você outra perspectiva da alma dessa pessoa e a possibilidade de comprovar o que você já sentiu intuitivamente. Por exemplo, analise a primeira letra do primeiro nome da pessoa e você começará a entender certas características que revelam quem ela é no âmbito da alma (veja Capítulos 6 e 11).

Tudo é energia. Tudo carrega uma força vibracional. Cada número (e letra) é uma vibração única com um significado profundo. Assim como cada nota musical emite uma frequência e um som únicos (que podem ser medidos numericamente), cada número oscila em torno de uma taxa específica de ciclos por segundo. Cada som, fragrância, cor e pensamento são uma vibração e podem ser mensurados como um número.

Todos os números alinhados dentro de uma pessoa (você), de uma entidade (um negócio) ou de uma família criam um código. Cada setor desse código contribui para a fórmula inteira – uma sinfonia de frequências vibrantes que compõem todas as interconexões da sua vida.

Este guia revelará o mistério e a magia que existem por trás dos seus códigos, começando pelo mais importante deles: o seu Código de Nascimento, o Projeto da sua Alma. Importantíssimo também é o fato de que essa sabedoria superior lhe confere um vislumbre poderoso dos Projetos Anímicos das outras pessoas, ajudando-o a entendê-las, perdoá-las e amá-las incondicionalmente e dando a elas a liberdade de encontrar a si mesmas em seu próprio tempo e da sua maneira única.

Os números são a própria essência de como a vida se expressa. Ao desvendar o seu Código de Nascimento, você compreende quem realmente é no âmbito da alma, aprende a usar seus dons especiais e descobre como pode superar naturalmente os obstáculos, adquirindo sabedoria e coragem para cumprir sua missão divina.

Depois que conhece e aplica o seu Código de Nascimento, você se liberta do impulso de atender às expectativas que os outros têm sobre você. O que vai libertá-lo é conhecer o seu verdadeiro eu por meio do Projeto Anímico. O autoconhecimento permite que você crie a sua própria realidade, uma realidade baseada puramente em sua sintonia com o espírito e não em motivações inconscientes, derivadas dos conselhos e das expectativas de outras pessoas.

Vivenciar o Código Anímico é algo que começa internamente, ou seja, dentro de você. Você foi doutrinado a acreditar em certas coisas sobre si mesmo com base em fontes externas, e muitas, se não a maioria dessas crenças, não servem ao seu bem maior. O conhecimento do seu Código de Nascimento e do modo como pode aplicá-lo agora e no futuro vai prepará-lo e fortalecê-lo para manifestar o verdadeiro destino da sua alma.

Quando está em sintonia com o Código de Nascimento da sua alma e com os ciclos que estão atuando na sua vida no momento, você se harmoniza naturalmente com a abundância. Este livro, portanto, destina-se a elevá-lo até um patamar de alegria, liberdade e paixão, que o leve a expressar seus dons divinos no mais elevado nível vibracional! Quando você se envolve dessa maneira com o universo, a prosperidade é atraída para você, a abundância se manifesta na sua vida e o bem-estar que sente se converte em enriquecimento mental, físico e espiritual.

A Numerologia, a porta de entrada para desmistificar o código do DNA da sua alma, ajuda você a iniciar um relacionamento profundo consigo mesmo e propicia uma pro-

funda conexão com aquilo que mais faz sentido para você. Seu Código Anímico lhe dá "permissão" para viver uma vida de realização, alegria e integridade emocional. Uma jornada que é fortalecida pela alma é uma celebração da abundância.

Cada pessoa se conecta com o divino de uma determinada maneira. Assim como todo floco de neve tem uma forma única, isso também ocorre com cada ser humano, cada alma. Nosso Código de Nascimento numerológico atesta isso. O Código de Nascimento da sua alma revela as maneiras únicas pelas quais você foi projetado para vivenciar, explorar e manifestar plenitude e abundância. Todo mundo tem uma maneira independente de expressar alegria!

Ao tomar posse dos seus dons divinos por meio do seu Código de Nascimento, você começa a fazer *escolhas conscientes* que elevam sua vibração cada vez mais....

A consciência desse código vem primeiro. A ação correspondente ao seu código vem em seguida. Depois disso, avanços positivos começam a acontecer naturalmente, sobretudo quando você define com certa constância intenções claras, congruentes com o seu Código de Nascimento.

OS TRÊS IMPORTANTES NÚMEROS DO SEU CÓDIGO DE NASCIMENTO

Você tem muitos números na sua data de aniversário e no seu nome de batismo, aquele que consta na sua certidão de nascimento. (Toda letra também corresponde a um número, o que descobriremos no Capítulo 2.) No entanto, existem três números que são os que mais exercem influência sobre você. Neste livro, eu me refiro a eles como os Três Importantes Números do seu Código de Nascimento.

Os dois primeiros números importantes que definem seu Código de Nascimento derivam da data do seu aniversário. O terceiro número importante deriva do nome que está na sua certidão de nascimento.

Seu Código de Nascimento, que é exclusivamente seu, é composto pelo:

1. **Número do seu dia de nascimento** – o dia do mês em que você nasceu.
2. **Número do seu Propósito de Vida** – a soma total do dia, mês e ano do seu nascimento.
3. **Número do seu Destino** – a soma total das letras do nome que está na sua certidão de nascimento (veja Capítulo 2).

A combinação dessa tríade poderosa, seu Código de Nascimento, é uma fórmula espiritual e prática exclusiva para você. (Nem gêmeos idênticos compartilham o mesmo Código de Nascimento, pois seus nomes de batismo são diferentes.)

O Código de Nascimento desvenda os segredos da sua promessa de nascimento: dons especiais, talentos, sua personalidade, a natureza da sua missão e as lições correspondentes. Cada uma das suas três frequências pessoais individuais descreve o modo como você pensa, sente, age e experimenta a vida. Seus três importantes números de nascimento formam os blocos de construção básicos que compõem o seu código de DNA divino.

NÚMERO DO DIA DE NASCIMENTO

SE VOCÊ NASCEU NO:	O SEU DIA DE NASCIMENTO É:	A SOMA DOS NÚMEROS É:	E O NÚMERO RAIZ É:
1º DIA	1		
2º DIA	2		
3º DIA	3		
4º DIA	4		
5º DIA	5		
6º DIA	6		
7º DIA	7		
8º DIA	8		
9º DIA	9		
10º DIA	10	1 + 0 = 1	
11º DIA	11	1 + 1 = 2	
12º DIA	12	1 + 2 = 3	
13º DIA	13	1 + 3 = 4	
14º DIA	14	1 + 4 = 5	
15º DIA	15	1 + 5 = 6	
16º DIA	16	1 + 6 = 7	
17º DIA	17	1 + 7 = 8	
18º DIA	18	1 + 8 = 9	
19º DIA	19	1 + 9 = 10 →	1 + 0 = 1
20º DIA	20	2 + 0 = 2	
21º DIA	21	2 + 1 = 3	
22º DIA	22	2 + 2 = 4	
23º DIA	23	2 + 3 = 5	
24º DIA	24	2 + 4 = 6	
25º DIA	25	2 + 5 = 7	
26º DIA	26	2 + 6 = 8	
27º DIA	27	2 + 7 = 9	
28º DIA	28	2 + 8 = 10 →	1 + 0 = 1
29º DIA	29	2 + 9 = 11 →	1 + 1 = 2
30º DIA	30	3 + 0 = 3	
31º DIA	31	3 + 1 = 4	

Você vai sentir a influência dos Três Importantes Números do seu Código de Nascimento em todas as fases da vida. Na verdade, eles estão exercendo um impacto sobre você agora mesmo, esteja ciente disso ou não!

Mais adiante, você descobrirá como usar seu Código de Nascimento para criar um mapa de previsão pessoal. No entanto, para desbloquear seus Dias, Meses e Anos Pessoais mais favoráveis (intensificações do seu Código de Nascimento), você precisará conhecer primeiro seus Três Importantes Números do seu Código de Nascimento.

Vamos agora descobrir os dois primeiros Importantes Números do seu Código de Nascimento: seu Número do Dia de Nascimento e os Números do seu Propósito de Vida (data de aniversário completa). Ambos derivam do seu aniversário. Vamos começar com o Número do seu Dia de Nascimento, o mais fácil de calcular!

O NÚMERO DO SEU DIA DE NASCIMENTO

Cada pessoa, entidade ou acontecimento (como uma empresa, o lançamento de um livro ou produto, uma ocorrência da sua vida, uma celebração, um primeiro encontro) nasce ou ocorre num dia específico do mês. O Número do Dia de Nascimento é um dos Três Importantes Números do Código de Nascimento.

O Número do Dia de Nascimento proporciona informações instantâneas sobre a disposição natural de uma pessoa, seu modo de ser e suas tendências, quem ela é no dia a dia, a cada instante, mesmo que não se saiba a idade dela. Ele permite que você faça uma leitura rápida de qualquer pessoa, desde que saiba o dia do mês em que ela nasceu. Portanto, independentemente de conhecer o ano de nascimento dela ou não, você pode ter acesso a essa parte do seu Código de Nascimento.

QUAL O NÚMERO DO SEU DIA DE NASCIMENTO?

Se você nasceu entre o dia 1 e 9 de qualquer mês, o seu Dia de Nascimento corresponde a esse número. Se você nasceu entre os dias 10 e 31 de qualquer mês, você será influenciado por um número de dois dígitos e também por um número de um dígito apenas, que chamamos de "número raiz". Encontre o seu número raiz somando os dígitos do seu Dia de Nascimento (some duas vezes, caso o resultado seja outro número de dois dígitos). Leia as descrições nos Capítulos 4 e 5 para saber mais sobre seu número do Dia de Nascimento e seu(s) número(s) raiz.

SEU NÚMERO DO PROPÓSITO DE VIDA

Cada pessoa ou entidade faz aniversário numa determinada data. A soma de todos os dígitos da data de um aniversário resulta no Número do Propósito de Vida, um dos Três Números do seu Código de Nascimento. Ninguém tem apenas um número em seu Código de Nascimento, mas a combinação de vários.

O seu Propósito de Vida é uma frequência poderosa que revela como você precisa expressar o propósito da sua alma. Ele responde às seguintes perguntas:

Qual é o principal motivo de você estar aqui? Qual é a sua principal lição? De que modo você expressa mais felicidade e entusiasmo na vida? Que qualidades o ajudarão a manifestar mais sucesso?

Se você sentir que não está no caminho certo, seu Número do Propósito de Vida irá apontar seus talentos e habilidades naturais. Você terá um senso profundo do que faz você vibrar e entender por que você é magneticamente atraído para certas atividades, pessoas e objetivos.

Depois de calcular seu Número do Propósito de Vida, você terá as chaves para seu propósito único de estar aqui na Terra nesta vida. Embora outras pessoas possam compartilhar com você o mesmo número de dois dígitos ou um dígito, é combinando todos os três números de nascimento que você obterá o quadro completo de quem você é, o que veio fazer aqui e como expressa melhor os seus dons.

QUAL É O NÚMERO DO SEU PROPÓSITO DE VIDA?

O Número do Propósito de Vida é obtido somando-se cada um dos dígitos da data de aniversário. Se essa soma for de dois dígitos, ela deve ser reduzida (às vezes duas vezes) até que se encontre o número raiz, com um único dígito. (Dica: Qualquer pessoa nascida nos anos de 1900s terá um Número de Propósito de Vida composto de dois dígitos). Veja o Capítulo 5 para descobrir o significado de todos os números de dois dígitos (exceto os "Números Mestres" 11, 22, 33 e 44). Consulte o Capítulo 3 para descobrir o significado de todos os nove dígitos.

DIA		MÊS		ANO		NÚMERO DO PROPÓSITO DE VIDA
1–31	+	1–12	+	xxxx	=	?
10		MAIO		1972		NÚMERO DO PROPÓSITO DE VIDA
1 + 0	+	5	+	1 + 9 + 7 + 2	=	25 É O NÚMERO DO PROPÓSITO DE VIDA
						2+5 = 7 NÚMERO RAIZ DO PROPÓSITO DE VIDA

O Número do Propósito de Vida dessa pessoa é 25/7.

Se a soma do Número do Propósito de Vida de uma pessoa (data do aniversário completa) for 19, 28, 29, 37, 38, 39, 46, 47 ou 48, você precisará somar mais uma vez esses dois dígitos para chegar ao número raiz, de um dígito só. Leia as descrições de todos os três números para ter um quadro mais completo do Propósito de Vida.

Outro exemplo:

16		SETEMBRO		1984		NÚMERO DO PROPÓSITO DE VIDA
1 + 6	+	9	+	1 + 9 + 8 + 4	=	**38** (3 + 8 = **11**)
						1 + 1 = 2 NÚMERO RAIZ DO PROPÓSITO DE VIDA

Vejamos seis estudos de caso. Os estudos de caso 5 e 6 são exemplos de aniversários que requerem dois cálculos e resultam num Propósito de Vida composto por três números separados.

ESTUDO DE CASO Nº 1: JUSTIN TIMBERLAKE

Justin Timberlake nasceu em 31 de janeiro de 1981.

31		JANEIRO		1981		NÚMERO DO PROPÓSITO DE VIDA
3 + 1	+	1	+	1 + 9 + 8 + 1	=	**24**
						2 + 4 = 6 NÚMERO RAIZ DO PROPÓSITO DE VIDA

ESTUDO DE CASO Nº 2: MARIEL HEMINGWAY

Mariel Hemingway nasceu no dia 22 de novembro de 1961.

22		NOVEMBRO		1961		NÚMERO DO PROPÓSITO DE VIDA
2 + 2	+	1 + 1	+	1 + 9 + 6 + 1	=	**23**
						2 + 3 = 5 NÚMERO RAIZ DO PROPÓSITO DE VIDA

ESTUDO DE CASO Nº 3: JULIA ROBERTS

Julia Roberts nasceu em 28 de outubro de 1967.

28		OUTUBRO		1967		NÚMERO DO PROPÓSITO DE VIDA
2 + 8	+	1 + 0	+	1 + 9 + 6 + 7	=	**34**
						3 + 4 = 7 NÚMERO RAIZ DO PROPÓSITO DE VIDA

ESTUDO DE CASO Nº 4: OPRAH WINFREY

Oprah Winfrey nasceu no dia 29 de janeiro de 1954.

29	JANEIRO	1954	NÚMERO DO PROPÓSITO DE VIDA
2 + 9 +	1 +	1 + 9 + 5 + 4 =	31
			3 + 1 = NÚMERO RAIZ DO PROPÓSITO DE VIDA

ESTUDO DE CASO Nº 5: TONY ROBBINS

Tony Robbins nasceu em 29 de fevereiro de 1960.

29	FEVEREIRO	1960	NÚMERO DO PROPÓSITO DA ALMA
2 + 9 +	2 +	1 + 9 + 6 + 0 =	29
			2 + 9 = 11
			1 + 1 = 2 NÚMERO RAIZ DO PROPÓSITO DA ALMA

ESTUDO DE CASO Nº 6: MARTIN LUTHER KING JR.

Martin Luther King Jr. nasceu em 15 de janeiro de 1929.

15	JANEIRO	1929	NÚMERO DO PROPÓSITO DE VIDA
1 + 5 +	1 +	1 + 9 + 2 + 9 =	28
			2 + 8 = 10
			1 + 0 = 1 NÚMERO RAIZ DO PROPÓSITO DA VIDA

BREVE DESCRIÇÃO DOS "NÚMEROS RAIZ" DE 1 A 9

Cada número de 1 a 9 emite uma vibração única que o diferencia dos outros oito números, conferindo à pessoa que o incorpora as fortes características e a energia vital desse número. Basta o conhecimento dos três importantes números raiz, de um dígito, para dar a qualquer pessoa uma impressão geral poderosa.

A compreensão do significado dos números de um dígito em seu Código de Nascimento vai criar uma imagem distinta, um padrão de impressões energéticas que refletem seus instintos pessoais e a orientação geral da sua vida, da sua carreira profissional, da sua saúde e dos seus relacionamentos.

Seguem-se breves descrições que revelam a expressão positiva de cada número raiz, composto de um dígito. Use essas descrições como um guia de referência rápida para todos os números do Propósito de Vida e do Dia de Nascimento.

Para visualizar as definições completas e detalhadas de todos os 31 dias do Número de Nascimento e de todos os 48 números do Propósito de Vida, consulte o Capítulo 3 (números de um dígito de 1 a 9), o Capítulo 4 ("Números Mestres" de dois dígitos 11, 22, 33 e 44) e o Capítulo 5 (números "compostos" de dois dígitos, do 10 ao 48).

1

Se você nasceu no 1º dia de qualquer mês, seu Número do Dia de Nascimento é 1.

Se você nasceu nos dias 10, 19 ou 28 de qualquer mês, o 1 é um dos Importantes Números do seu Código de Nascimento.

Se a soma dos números do seu Propósito de Vida for 10, 19, 28, 37 ou 46, o 1 é um dos Importantes Números do seu Código de Nascimento.

Quando está alinhado energeticamente, você é um líder natural e autêntico; um pensador original, realizado, ativo, cheio de energia, forte, inovador, determinado, corajoso e criativo. Você trabalha melhor de forma independente, tem ideias e abordagens únicas, além de uma visão bem definida; gosta de ficar sozinho e valoriza a sua privacidade.

2

Se você nasceu no 2º dia de qualquer mês, seu Número do Dia de Nascimento é 2.

Se você nasceu nos dias 11, 20 ou 29 de qualquer mês, o 2 é um dos Importantes Números do seu Código de Nascimento.

Se a soma dos números do seu Propósito de Vida for 11, 20, 29, 38 ou 47, o 2 é um dos Importantes Números do seu Código de Nascimento.

Quando está alinhado energeticamente, você é um pacificador, um diplomata; uma pessoa imaginativa, inventiva, muito sensível, nutritiva, que tem uma intuição aguçada e atenção aos detalhes. Você também é prestativo, solidário, amável, romântico e sensitivo (embora possa manter isso em segredo), além de paciente, cooperativo, tranquilo e amoroso.

3

Se você nasceu no 3º dia de qualquer mês, seu Número do Dia de Nascimento é 3.

Se você nasceu nos dias 12, 21 ou 30 de qualquer mês, o 3 é um dos Importantes Números do seu Código de Nascimento.

Se a soma dos números do seu Propósito de Vida for 12, 21, 30, 39 ou 48, o 3 é um dos Importantes Números do seu Código de Nascimento.

Quando está alinhado energeticamente, você é expressivo, artístico, independente, edificante, divertido, otimista, entusiasmado, espirituoso e muito criativo. Você quer ter liberdade para se movimentar, falar e escrever como quiser, adora viajar, é um amante da verdade e capaz de detectar uma mentira com facilidade; seu sorriso ilumina o ambiente.

Se você nasceu no 4º dia de qualquer mês, seu Número do Dia de Nascimento é 4.

Se você nasceu nos dias 13, 22 ou 31 de qualquer mês ou se a soma dos números do seu Propósito de Vida for 13, 22, 31, 39 ou 40, o 4 é um dos Importantes Números do seu Código de Nascimento.

Quando está alinhado energeticamente, você é um enigma para os outros (e até para si mesmo), mas é confiável, sincero, prático, organizado, disciplinado, além de ter os pés no chão, ser produtivo, leal, paciente, dedicado à família e ao lar, fidedigno e trabalhador. Você faz suas próprias regras, tem ideias únicas, é curioso, acredita que nada é impossível, tem o dom da profecia e cultiva um estilo de vida nada convencional.

 Se você nasceu no 5º dia de qualquer mês, seu Número do Dia de Nascimento é 5.

Se você nasceu nos dias 14 ou 23 de qualquer mês ou se a soma dos números do seu Propósito de Vida for 14, 23, 32 ou 41, o 5 é um dos Importantes Números do seu Código de Nascimento.

Quando está alinhado energeticamente, você anseia por liberdade e é adaptável, charmoso, multitarefa, espirituoso, aventureiro, resiliente, destemido e versátil. Tem um grande intelecto, gosta de mudança e movimento, adora viajar, é bom vendedor e tem uma mente ativa.

 Se você nasceu no 6º dia de qualquer mês, seu Número do Dia de Nascimento é 6.

Se você nasceu nos dias 15 ou 24 de qualquer mês ou se a soma dos números do seu Propósito de Vida for 15, 24, 33 ou 42, o 6 é um dos Importantes Números do seu Código de Nascimento.

Quando está alinhado energeticamente, você é carinhoso, artístico, responsável, amoroso, criativo, romântico, nutritivo, dedicado e amado pela família e os amigos. Você tem uma presença mágica e magnética; ama a arte e a música, a beleza e os ambientes de bom gosto; você anseia por harmonia, tem aversão a desentendimentos e conflitos, tem boas maneiras, aprecia o luxo e precisa se sentir útil de alguma maneira.

 Se você nasceu no 7º dia de qualquer mês, seu Número do dia de nascimento é 7.

Se você nasceu nos dias 16 ou 25 de qualquer mês ou se a soma dos números do seu Propósito de Vida for 16, 25, 34 ou 43, o 7 é um dos Importantes Números do seu Código de Nascimento.

Quando está alinhado energeticamente, você é espiritual ou científico, sensível, digno, sábio, calado, discreto, analítico e tem uma mente refinada. Sábio, gosta de estudar, é um buscador da verdade, trabalha melhor sozinho, não gosta de seguir o mesmo caminho batido que todo mundo segue, gosta de ler, tem crenças únicas sobre religião e política, se interessa por assuntos místicos ou raros, precisa estar em contato com a natureza regularmente e aprecia estudar a fundo os mistérios do universo.

Se você nasceu no 8º dia de qualquer mês, seu Número do dia de nascimento é 8.

Se você nasceu nos dias 17 ou 26 de qualquer mês ou se a soma dos números do seu Propósito de Vida for 17, 26, 35 ou 44, o 8 é um dos Importantes Números do seu Código de Nascimento.

Quando está alinhado energeticamente, você é eficiente, determinado, próspero, ambicioso, atlético, saudável, poderoso, influente, visionário, reservado, responsável, forte e disciplinado. Você tem espírito de liderança, é um bom juiz, usa o seu tempo com sabedoria e se destaca em atividades que exigem dedicação, paciência e dedução inteligente.

 Se você nasceu no 9º dia de qualquer mês, seu Número do dia de nascimento é 9.

Se você nasceu nos dias 18 ou 27 de qualquer mês ou se a soma dos números do seu Propósito de Vida for 18, 27, 36 ou 45, o 9 é um dos Importantes Números do seu Código de Nascimento.

Quando está alinhado energeticamente, você é compassivo, sábio, influente, artístico, magnético, humanitário, corajoso, confiante, generoso, criativo, caridoso, idealista, romântico e ama incondicionalmente. Você consegue penetrar no cerne de uma situação e quer fazer diferença no mundo.

O NÚMERO REMANESCENTE DO CÓDIGO DE NASCIMENTO

Agora você sabe como calcular dois dos Três Importantes Números de Nascimento, que são indicadores poderosos de quem você é no âmbito da alma. Na verdade, agora você pode "compreender" qualquer pessoa (amigos, familiares e estranhos) rapidamente, se ela lhe disser qual é a data do aniversário dela. Só o fato de saber o Dia de Nascimento de uma pessoa já lhe dá informações reveladoras que o ajudarão a conhecer a natureza e as inclinações dela.

Embora você possa mudar seu nome atual ao longo da vida, seu aniversário e o nome que está na sua certidão de nascimento são uma marca permanente do seu Código Anímico, que vão perdurar ao longo da sua vida. Portanto, esses Três Importantes Números do seu Código de Nascimento nunca mudam.

Felizmente, como você descobrirá nos Capítulos 3, 4 e 5, não existem números de nascimento positivos ou negativos. Todos os números do Código de Nascimento são neutros, todos têm uma expressão positiva e uma expressão mais sombria. Cabe a você escolher a expressão positiva de cada número do seu Código de Nascimento. Essa é a sua chave para se manter alinhado com o seu propósito e a sua missão.

Agora vamos descobrir a magia que existe no seu nome de nascimento: o último dos seus Três Importantes Números de Nascimento!

CAPÍTULO 2

O CÓDIGO DO SEU NOME DE NASCIMENTO

Quando você nasceu, além do seu código de nascimento, você recebeu outro código único: o seu Número do Destino, derivado do nome que está na sua certidão de nascimento. Esse é o terceiro dos seus três principais Códigos de Nascimento. O seu Número do Destino descreve a natureza do seu ambiente de trabalho, principalmente o modo como você usa naturalmente seus dons e ativa a sua missão divina. O seu Número do Destino, portanto, está em sintonia com a sua carreira profissional.

Você foi talhado para expressar seus números do Dia de Nascimento e do Propósito de Vida de um certo jeito. Esse "seu jeito" é o seu ambiente profissional, descrito pelo seu Número de Destino.

Por exemplo, se o seu Número de Nascimento ou do Propósito de Vida ressoar com o número raiz 3, você precisa compartilhar sua alegria e elevar os outros de algum modo. A chave para transformar essa maneira natural de ser numa carreira próspera é descrita pelo seu Número do Destino. Se o seu Número do Destino ressoar com o número raiz 7, seu melhor ambiente profissional para expressar alegria e elevar os outros é aquele em que você pode trabalhar sozinho, em particular, e tem bastante tempo para pensar, ler e ouvir. O ideal é que você tenha fácil acesso à natureza, pois 7 é o número da serenidade, da contemplação, da análise e da inspiração. Seus avanços acontecem em momentos de silêncio. Seu otimismo natural e desejo de autoexpressão (Propósito de Vida ou Dia de Nascimento 3) são desbloqueados quando você está num espaço particular, tranquilo, onde reina a atemporalidade e sua mente pode entrar numa espécie de estado catártico...

Por outro lado, se o seu Número do Dia de Nascimento ou de Propósito de Vida for 3 e o seu Número do Destino se reduzir a 8, espera-se que você se torne um líder que inspira e motiva os outros agindo com alegria, ou que você incorpore a conexão entre felicidade e abundância financeira, ou que eleve os outros liderando a partir de uma autoexpressão alegre, muitas vezes por meio do empreendedorismo.

Faça o exercício a seguir tanto com o Número do Dia de Nascimento quanto com o Número do Propósito de Vida: some cada um deles com o seu Número do Destino para descobrir como você expressa melhor seus dons, sua personalidade e seus pontos fortes num ambiente profissional.

Vamos começar calculando o número do nome que está na sua certidão de nascimento. É melhor que você aprenda a somar todas as letras do seu nome, em vez de usar uma calculadora *on-line*, para que possa anotar e sentir seus números em ação!

COMO CALCULAR SEU NÚMERO DO DESTINO

Toda pessoa e entidade (uma empresa, um livro ou um produto) tem um nome. O "nome de nascimento" é o terceiro dos Três Importantes Números do seu Código de Nascimento. Para calcular o número do seu nome de nascimento, use o nome que está na sua certidão de nascimento.

Se você foi adotado, use o nome da certidão de nascimento que você tinha antes de completar 6 meses de vida. Se o seu novo nome, depois da adoção, foi oficializado antes dos 6 meses de idade, use esse nome em seus cálculos. Se ele mudou depois que você completou 6 meses, use o nome da certidão de nascimento original para calcular o Número do Destino principal. Você ainda pode considerar o novo nome, de quando você foi adotado, como uma influência secundária, mas ele não será usado como um dos Três Importantes Números do seu Código de Nascimento.

Cada letra ressoa com um número específico. Para saber a correspondência entre os números e as letras, usamos o Sistema Pitagórico (ocidental) do alfabeto da Numerologia, que é um sistema direto em que a letra A corresponde ao número 1, o B corresponde ao número 2, o C corresponde ao número 3 e assim, sucessivamente, até a letra I, que corresponde ao número 9. O Sistema, então, recomeça a contagem na letra J, que corresponde ao número 1 e assim por diante.

Use a tabela a seguir para converter cada letra de cada um dos nomes que está na sua certidão de nascimento em um número:

SISTEMA PITAGÓRICO

1	2	3	4	5	6	7	8	9
A	B	C	D	E	F	G	H	I
J	K	L	M	N	O	P	Q	R
S	T	U	V	W	X	Y	Z	

Some os nomes da sua certidão de nascimento para descobrir seu Número do Destino:

1. Anote seu nome de nascimento numa folha de papel (ou digite o seu nome de nascimento no computador).
2. Relacione cada letra do alfabeto ao número correspondente, usando o Sistema Pitagórico da tabela anterior.
3. Some todos os números e anote o total.

O total do seu Número do Destino deve ser reduzido a um número raiz de um só dígito. Como você viu no Capítulo 1, às vezes você precisa reduzir mais de uma vez para chegar a esse dígito.

Dicas importantes sobre os nomes de nascimento:

1. Não leve em conta a soma das letras da palavra "Júnior". Por exemplo, se o nome for "João Smith Júnior", considere apenas "JOHN SMITH" sem o Júnior.
2. Não leve em conta I, II ou III. Por exemplo, no nome "John Smith III", calcule apenas "JOHN SMITH".
3. Conte todas as letras estrangeiras como se não tivessem símbolos. Por exemplo, å é a, ü é u, Æ é AE, œ é oe, e assim por diante.

Vamos analisar os mesmos seis estudos de caso apresentados no Capítulo 1 para saber como calcular qualquer Número do Destino a partir de todas as letras do nome da certidão de nascimento.

Depois de calcular cada Número do Destino, você terá os Três Importantes Números de Nascimento (Número do Dia de Nascimento, o Número do Propósito de Vida e o Número do Destino) de cada estudo de caso. Em seguida, você verá um resumo mostrando como mesclar o significado do Número do Dia de Nascimento e do Número do Propósito de Vida com o significado do Número do Destino. Esse resumo apresenta seis exemplos de *como* esses Três Importantes Números de Nascimento, quando combinados, podem mostrar qual é o ambiente profissional mais adequado para cada celebridade usada como estudo de caso. Você verá como cada um está expressando seus dons em sintonia com os Três Importantes Números do seu Código de Nascimento.

ESTUDO DE CASO Nº 1:
O nome que está na certidão de nascimento de Justin Timberlake é "Justin Randall Timberlake".

J	U	S	T	I	N		R	A	N	D	A	L	L
1	3	1	2	9	5		9	1	5	4	1	3	3

T	I	M	B	E	R	L	A	K	E	NÚMERO DO DESTINO
2	9	4	2	5	9	3	1	2	5	89
										8 + 9 = **17**
										1 + 7 = **8** DESTINO RAIZ

O Número do Destino de Justin Timberlake é **89/17/8.**
Portanto, os Três Importantes Números de Nascimento de Justin Timberlake são:

Aniversário de Justin Timberlake: **31-1-1981**
1. Dia de Nascimento: **31/4**
2. Número do Propósito de Vida: **24/6**
3. Número do Destino: **89/17/8**

Primeiro, procure os significados dos números de um dígito do **Dia de Nascimento** e do **Propósito de Vida 4** e **6**, no Capítulo 1. Com base nesses significados, note que Justin é naturalmente muito metódico (4) e magnético (6); disciplinado, produtivo, pés no chão (4); criativo, responsável, compassivo (6); também gosta de trabalhar e fazer suas próprias regras (4), além de ansiar por harmonia e apreciar o luxo (6).

Como ele expressa esses dons num ambiente profissional? Por meio do seu **Número do Destino 8** (procure o significado do número 8 no Capítulo 1). Ele é um líder natural, um visionário forte e determinado, muito eficiente e ambicioso, paciente, corajoso, próspero e influente.

Agora vamos *combinar* o significado do Dia de Nascimento 4 de Justin Timberlake e do Propósito de Vida 6 com seu **Número do Destino** 8 para saber qual é o melhor ambiente profissional para ele:

Quando Justin Timberlake está num estado vibracional positivo, o ambiente profissional que lhe permite expressar seus dons naturais com mais facilidade e alegria é aquele em que Justin se sobressai como um líder compassivo e artístico, um visionário magnético e criativo e um influenciador disciplinado e trabalhador, que usa seu poder e sua abundância de forma positiva, única e nutritiva, sendo assim uma fonte de coragem para as outras pessoas.

A carreira de Justin Timberlake como cantor, compositor, ator e produtor musical, em última análise, define seu propósito e destino.

ESTUDO DE CASO Nº 2:

O nome que está na certidão de nascimento de Mariel Hemingway é "Mariel Hadley Hemingway".

M	A	R	I	E	L	H	A	D	L	E	Y
4	1	9	9	5	3	8	1	4	3	5	7

H	E	M	I	N	G	W	A	Y	NÚMERO DO DESTINO
8	5	4	9	5	7	5	1	7	110

1 + 1 + 0 = **2** NÚMERO DO DESTINO

O Número do Destino de Mariel Hemingway é **110/2**.

Agora vamos descobrir os Três Importantes Números de Nascimento de Mariel Hemingway:

Aniversário de Mariel Hemingway: **22-11-1961**
1. Dia de Nascimento: **22/4**
2. Número do Propósito de Vida: **23/5**
3. Número do Destino **110/2**

Primeiro, procure os significados dos números de um dígito do **Dia de Nascimento** e do **Propósito de Vida 4** e **5**, no Capítulo 1. Com base nesses significados, note que Mariel é naturalmente disciplinada e pés no chão (4); aventureira e destemida (5); organizada, confiável e única (4); versátil, charmosa e resiliente (5), além de gostar de trabalhar e fazer suas próprias regras (4), enquanto anseia por liberdade, movimento e mudanças (5).

Como ela expressa esses dons no ambiente profissional? Por meio do seu **Número do Destino 2** (procure o significado do número 2 no Capítulo 1). Mariel é muito sensível, uma pacificadora com imaginação ativa, além de ser prestativa, cooperativa, paciente, tranquila, intuitiva e atenta aos detalhes.

Agora vamos *combinar* o significado do Dia de Nascimento 4 de Mariel Hemingway e do Propósito de Vida 5 com seu **Número do Destino** 2 para saber qual é o melhor ambiente profissional para ela:

Quando Mariel Hemingway está num estado vibracional positivo, o ambiente profissional que lhe permite expressar seus dons naturais com mais facilidade e alegria é aquele em que Mariel equilibra a energia no papel de uma pacificadora carinhosa, confiável e flexível, de uma profeta da liberdade, uma confidente confiável e uma diplomata disciplinada e que aprecia o trabalho. Ela usa seu espírito aventureiro de uma forma divertida, única e amável, sendo assim uma fonte de calma e inspiração para as outras pessoas.

A carreira de atriz de Mariel Hemingway, juntamente com sua paixão por viver uma vida equilibrada, como produtora de vídeos sobre yoga e vida holística, em última análise, define sua dedicação à expressão do seu propósito e destino para o seu bem maior.

ESTUDO DE CASO Nº 3:
O nome que está na certidão de nascimento de Julia Roberts é "Julia Fiona Roberts".

J	U	L	I	A		F	I	O	N	A
1	3	3	9	1		6	9	6	5	1

R	O	B	E	R	T	S	NÚMERO DO DESTINO
9	6	2	5	9	2	1	**78**
							7 + 8 = **15**
							1 + 5 = **6** DESTINO RAIZ

O Número do Destino de Julia Roberts é **78/15/6**.

Agora vamos descobrir os Três Importantes Números de Nascimento de Julia Roberts:

Aniversário de Julia Roberts: **28-10-1967**
1. Dia de Nascimento: **28/10/1**
2. Número do Propósito de Vida: **34/7**
3. Número do Destino **78/15/6**

Primeiro, procure os significados dos números de um dígito do *Dia de Nascimento* e do **Propósito de Vida 1** e **7**, no Capítulo 1. Com base nesses significados, note que Julia é uma líder natural e autêntica, uma pensadora original com ideias únicas (1), que procura soluções de forma tranquila (7), é obstinada e determinada (1) tendo um ar de mistério e sabedoria (7), com pontos de vista próprios e uma forte tendência para ser independente (1); é uma buscadora natural da verdade, que gosta da própria companhia, dá muito valor à sua privacidade e precisa estar em contato com a natureza regularmente.

Como ela expressa esses dons no ambiente profissional? Por meio do seu **Número do Destino 6** (procure o significado do número 6 no Capítulo 1). Julia Roberts é artística, compassiva, muito magnética, refinada e criativa; ela precisa de harmonia natural, é uma educadora natural, adora ser útil de alguma forma, é dedicada à família e aprecia um belo ambiente doméstico.

Agora vamos *combinar* o significado do Dia de Nascimento 1 de Julia Roberts e do Propósito de Vida 7 com seu **Número do Destino** 6 para saber qual é o melhor ambiente profissional para ela:

Quando Julia Roberts está num estado vibracional positivo, o ambiente profissional que lhe permite expressar seus dons naturais com mais facilidade e alegria é aquele em que Julia usa sua presença magnética como artista ou agente de cura para se colocar a serviço das outras pessoas com um sentimento de amor e compaixão, dedicada a ser uma criadora de beleza com sinceridade e integridade. Ela tem uma perspectiva independente da sua missão divina e anseia por projetos únicos para trabalhar de modo que satisfaça a sua busca por sabedoria e por conhecimento e sua dedicação ao serviço.

O *status* de protagonista de Julia em Hollywood (sua presença magnética, linda e compassiva na tela), combinado com uma profunda necessidade pessoal de "fugir do burburinho", dedicar tempo de qualidade à sua família e, em última análise, reabastecer a necessidade básica da sua alma por privacidade em meio à natureza define seu propósito e seu destino.

ESTUDO DE CASO Nº 4:

O nome que está na certidão de nascimento de Oprah Winfrey é "Oprah Gail Winfrey".

O	R	P	A	H		G	A	I	L
6	9	7	1	8		7	1	9	3

W	I	N	F	R	E	Y	NÚMERO DO DESTINO
5	9	5	6	9	5	7	**97**
							9 + 7 = **16**
							1 + 6 = **7** DESTINO RAIZ

"É melhor que você aprenda a somar todas as letras do seu nome, em vez de usar uma calculadora on-line, para que possa anotar e sentir seus números em ação!"

O número do destino de Oprah Winfrey é **97/16/7**.
Agora vamos descobrir os Três Importantes Números de Nascimento de Oprah Winfrey:

Aniversário de Oprah Winfrey: **29-10-1954**
1. Dia de Nascimento: **29/11/2**
2. Número do Propósito de Vida: **31/4**
3. Número do Destino: **97/16/7**

Primeiro, procure os significados dos números de um dígito do **Dia de Nascimento** e do **Propósito de Vida 2** e **11**, nos Capítulos 1 e 4, respectivamente, e o número 4 no Capítulo 1. Com base nesses significados, note que Oprah é naturalmente muito compassiva e tem o dom de se conectar com as pessoas no âmbito pessoal (11); ela é um enigma, mas confiável e com os pés no chão (4), uma líder inspiradora e profundamente espiritual (11), pacificadora e diplomata (2), trabalhadora, muito produtiva e disciplinada (4), uma professora natural (11) que é gentil, sensível e sensitiva (2), confiável, leal (4) e uma mestre do momento presente por meio da canalização de soluções pacíficas (11/2).

Como ela expressa esses dons no ambiente profissional? Por meio do seu **Número do Destino 7** (procure o significado do número 7 no Capítulo 1). Ela se dedica à descoberta da verdade, investigando o conhecimento secreto e os mistérios do universo; é devotada aos livros (adora ler), desvenda a natureza de crenças que funcionam melhor para si mesma, sem seguir o caminho batido que todo mundo segue; precisa de tempo para a contemplação, pondera sobre os assuntos mais profundos e precisa ser estimulada intelectualmente.

Agora vamos *combinar* o significado do Dia de Nascimento 11/2 de Oprah Winfrey e do Propósito de Vida 4 com seu **Número do Destino** 7 para saber qual é o melhor ambiente profissional para ela:

Quando Oprah Winfrey está num estado vibracional positivo, o ambiente profissional que lhe permite expressar seus dons naturais com mais facilidade e alegria é aquele em que Oprah busca soluções por meio do conhecimento e da inspiração, atuando como uma líder inspiradora, uma professora espiritual, que também tem a maestria de tornar prática cada ideia e inspiração, de modo que todos se sintam com os pés no chão e inspirados, usando suas capacidades individuais para entrevistar outras pessoas, cuja maestria ela respeita, às vezes sobre temas raros e místicos, e incorporando a disciplina e a paciência para combinar todas essas qualidades de forma lenta e coesa.

O impacto que Oprah Winfrey causa como uma das pessoas mais influentes do mundo, sua capacidade de entrevistar seus convidados com alma e seu *próprio* programa de sucesso "Super Soul Sunday" é o epítome do destino final de Oprah como professora espiritual.

ESTUDO DE CASO Nº 5:
O nome que está na certidão de nascimento de Tony Robbins é "Antony J. Mahavoric".

A	N	T	H	O	N	Y	J
1	5	2	8	6	5	7	1

M	A	H	A	V	O	R	I	C	NÚMERO DO DESTINO
4	1	8	1	4	6	9	9	3	**80**
									8 + 0 = **8** DESTINO RAIZ

O Número do Destino de Tony Robbins é **80/8**.
Agora vamos descobrir os Três Importantes Números de Nascimento de Tony Robbins.

Aniversário de Tony Robbins: **29-2-1960**
1. Dia de Nascimento: **29/11/2**
2. Número do Propósito de Vida: **29/11/2**
3. Número do Destino: **80/8**

Procure os significados dos números de um dígito do **Dia de Nascimento** e do **Propósito de Vida**, que são ambos **11/2**, nos Capítulos 3 e 4 respectivamente. Você notará que Tony Robbins tem uma "intensificação" do número 11/2 (saiba mais sobre intensificação no Capítulo 11). Devido ao significado de 11/2, essa intensificação duplica o impacto e o significado desse Número Mestre na vida de Tony: ele é um professor inspirador, capaz de equilibrar o material e o espiritual, um líder único, muito criativo, que tem o dom de se conectar com as pessoas em âmbito pessoal e é mestre do momento presente, canalizando soluções criativas instantaneamente.

Como Tony Robbins expressa esses dons num ambiente profissional? Por meio do seu **Número do Destino 8** (procure o significado do número 8 no Capítulo 1). Ele é um líder natural, um visionário forte e determinado, muito eficiente e ambicioso, paciente, corajoso, próspero e influente.

Agora vamos *combinar* o significado do Dia de Nascimento 11/2 de Tony Robbins e do Propósito de Vida 11/2 com seu **Número do Destino** 8 para saber qual é o melhor ambiente profissional para ele:

Quando Tony Robbins está num estado vibracional positivo, o ambiente profissional que lhe permite expressar seus dons naturais com mais facilidade e alegria é aquele em que Tony define toda a sua vida como um Líder inspirador, um professor dinâmico e visionário, e um canal prático e espiritual, que usa seu entusiasmo, seu poder e sua abundância de uma forma única e extremamente inspiradora, acendendo uma centelha interior em seus seguidores.

Tony é um professor, treinador e líder incrível. Ele assumiu totalmente seu propósito e destino, criando assim um legado que é o bem maior para ele e muitos outros.

ESTUDO DE CASO Nº 6:
O nome que está na certidão de nascimento de Martin Luther King é "Michael King, Jr."

M	I	C	H	A	E	L	K	I	N	G
4	9	3	8	1	5	3	2	9	5	7

NÚMERO DO DESTINO = **56**

5 + 6 = **11**

1 + 1 = **2** DESTINO RAIZ

O Número do Destino de Martin Luther King é **56/11/2**.

Agora vamos descobrir os Três Importantes Números de Nascimento de Martin Luther King:

Aniversário de Martin Luther King: **15-1-1929**
1. Dia de Nascimento: **15/6**
2. Número do Propósito de Vida: **28/10/1**
3. Número do Destino **56/11/2**

O Número do Destino 56 de Martin Luther King se reduz ao "Número Mestre" 11 e ao número 2, de um só dígito.

Primeiro, procure os significados dos números de um dígito do **Dia de Nascimento** e do **Propósito de Vida 6** e **1**, no Capítulo 1. Com base nesses significados, note que Martin Luther King era um líder natural e autêntico (1), profundamente compassivo e com necessidade de ser útil (6), um pensador original e realizador (1), responsável e amoroso com a família e amigos (6), muito determinado e discreto (1), tendo ao mesmo tempo uma presença mágica e magnética e desejando harmonia e belos cenários (6).

Como ele expressou esses dons num ambiente profissional? Por meio do seu **Número do Destino 11/2** (procure o significado do número 11 no Capítulo 4 e do número 2 nos Capítulos 1 ou 3. Martin Luther King era um líder inspirador, um professor natural, muito intuitivo e uma pessoa que buscava a paz, profundamente espiritual, muito criativo, sintonizado com frequências de energia. Ele era um mestre do momento presente, um canal, com o dom de se conectar com as pessoas em âmbito pessoal, muito imaginativo, entusiasmado e expressivo.

Agora vamos *combinar* o significado do Dia de Nascimento 6 de Martin Luther King e do Propósito de Vida 1 com seu **Número do Destino** 11/2 para saber qual é o melhor ambiente profissional para ele:

Quando Martin Luther King estava num estado vibracional positivo, o ambiente profissional que lhe permitia expressar seus dons naturais com mais facilidade e alegria era aquele em que King levava a energia desarmônica ao equilíbrio, como um pacificador amoroso, um profeta da paz, um líder inspirador e um mestre espiritual.

Como um ministro batista americano e ativista que se tornou o principal líder espiritual do movimento dos Direitos Civis, por meio da paz e da não violência (inspirado por Gandhi), King foi um professor inspirador, um pacificador e um líder dinâmico que criou uma mudança dinâmica no âmbito da alma com o espírito do amor, para o bem maior dele e de muitos outros.

BREVES DESCRIÇÕES DOS NÚMEROS DO DESTINO COMPOSTOS DOS "NÚMEROS RAIZ" DE 1 A 9

Seguem-se breves descrições que revelam a expressão positiva de cada *número raiz de um dígito*, no que diz respeito à natureza do ambiente profissional. Use essas descrições como um guia de referência rápida para o Número do Destino de qualquer pessoa.

Para ver as definições completas e detalhadas do seu Número do Destino, consulte o Capítulo 3 (números de um dígito de 1 a 9), o Capítulo 4 ("Números Mestres" de dois dígitos 11, 22, 33, 44) e o Capítulo 5 (números "compostos" de dois dígitos de 10 a 98).

1

O **1** é um dos Importantes Números do seu Código de Nascimento se o seu Número do Destino soma **10, 19, 28, 37, 46, 55, 64, 73, 82, 91** – ou **qualquer outro número de três dígitos** que se reduza ao "número raiz" de um dígito **1** (como 100, 109, 118 etc).

*Se você, como um **Destino 1**, está alinhado energeticamente, sua missão divina nesta vida é ser um **Líder Inovador**. Você faz isso por meio da autorrealização – ter a coragem e a iniciativa de aplicar suas próprias ideias originais, confiando em sua criatividade inata. Assuma os seus dons de pensador independente. Você precisa ficar sozinho para poder explorar novas ideias e habilidades sem interferência. Você trabalha melhor de forma independente e com privacidade. Seja seu próprio chefe.*

"Depois que conhece e aplica o seu Código de Nascimento, você se liberta da obrigação de atender às expectativas que os outros têm sobre você."

2 O **2** é um dos Importantes Números do seu Código de Nascimento se o seu Número de Destino soma **11, 20, 29, 38, 47, 56, 65, 74, 83, 92** – ou qualquer outro **número de três dígitos** que se reduza ao "número raiz" de um dígito **2** ou ao **Número Mestre 11** (como 101, 110, 119, 128 etc.). Se o seu Número do Destino se reduz a 11 e 2, certifique-se de ler a descrição detalhada de ambos os números (Capítulos 3 e 4).

*Se você, como um **Destino 2**, está alinhado energeticamente, sua missão nesta vida é criar harmonia e equilíbrio como **Mediador da Paz**. Você é capaz de navegar em dois mundos ao mesmo tempo (o visível e o invisível, o espiritual e o prático), combinando assim a beleza e o valor de ambos. Permanecendo aberto e receptivo aos seus incríveis dons intuitivos, você adquire poderes de persuasão para ajudar os outros por meio do amor e da bondade. Você é um agente de cura natural, aqui na Terra, que nasceu para inspirar e dar esperança. Devido à sua grande sensibilidade, você precisa se sentir em harmonia com seu ambiente de trabalho.*

3 O **3** é um dos Importantes Números do seu Código de Nascimento se o seu Número do Destino soma **12, 21, 30, 39, 48, 57, 66, 75, 84, 93** – ou **qualquer número de três dígitos** que se reduza ao "número raiz" de um dígito **3** (como 102, 111, 120, 129 etc.).

*Se você, como um **Destino 3**, está alinhado energeticamente, sua missão divina nesta vida é expressar sua criatividade e ser um **Mensageiro da Alegria**. Você foi talhado para inspirar outras pessoas por meio dos seus dons artísticos e das suas habilidades de comunicação – usando a escrita, a música, a pintura, a poesia, a fala e/ou a dança – para ativar sua imaginação e compartilhar uma mensagem edificante. Seu sorriso é capaz de iluminar o ambiente e os frutos da sua carreira também. Sentir-se totalmente positivo com relação aos seus projetos de trabalho é crucial para que seu otimismo e seu entusiasmo naturais se intensifiquem. É nesse momento que a sua criatividade inspiradora impacta as outras pessoas no âmbito da alma.*

  O **4** é um dos Importantes Números do seu Código de Nascimento se o seu Número do Destino soma **13, 22, 31, 40, 49, 58, 67, 76, 85, 94** – ou qualquer **número de três dígitos** que se reduza ao "número raiz" de um dígito **4** (como 103, 112, 121, 130 etc.).

*Se você, como um **Destino 4**, está alinhado energeticamente, sua missão divina nesta vida é construir algo de valor e ser o **Realizador Prático**. Você deve sentir que seus dons estão sendo usados para criar algo prático, seguro e estável. Você é um facilitador e administrador natural, que sabe como obter resultados e delegar aos outros o compromisso de seguir um determinado protocolo, trazendo à tona o que há de melhor neles. Você prospera quando tem um trabalho para realizar e precisa sentir que aquilo que você oferece ao mundo é valioso e serve a um propósito prático. Seu ambiente de trabalho deve ser organizado, estável e seguro (tudo em seu lugar) para que você possa usar sua dedicação natural e sua integridade para cumprir suas responsabilidades.*

O **5** é um dos Importantes Números do seu Código de Nascimento se o seu Número do Destino soma **14, 23, 32, 41, 50, 59, 68, 77, 86, 95** – ou qualquer **número de três dígitos** que se reduza ao "número raiz" de um dígito 5 (como 104, 113, 122, 131, etc.).

*Se você, como um Destino 5, está alinhado energeticamente, sua missão divina nesta vida é ser um **Mensageiro da Liberdade**. Você se sente mais feliz em sua vida profissional quando pode explorar livremente, independente de restrições, e aproveitar ao máximo qualquer experiência. Você quer experimentar a vida em sua plenitude, é naturalmente curioso, quer explorar todos os ângulos possíveis e usar seu dom de comunicação para compartilhar mensagens que empolgam e libertam. Você gosta de trabalhar e é um vendedor nato; se é apaixonado por um assunto, você pode "vendê-lo" para qualquer um. Para se sentir à vontade, você não pode se sentir entediado ou preso a um trabalho das 9 às 5. A liberdade de movimento é fundamental.*

O **6** é um dos Importantes Números do seu Código de Nascimento se o seu Número do Destino soma **15, 24, 33, 42, 51, 60, 69, 78, 87, 96** – ou qualquer **número de três dígitos** que se reduza ao "número raiz" de um dígito **6** (como 105, 114, 123, 132 etc.).

*Se você, como um **Destino 6**, está alinhado energeticamente, sua missão divina nesta vida é nutrir os outros por meio da compaixão como um **Agente de Cura do Amor**. Você é estimulado pela beleza, pelo amor e pela família, para criar harmonia em tudo que você faz. Estar a serviço das outras pessoas por meio da orientação, da tutoria, do aconselhamento, do ensino, da inspiração e da cura é a chave para desbloquear o seu destino. Você foi talhado para criar algo bonito e profundamente significativo. Ao fazer isso, você inspira outras pessoas a fazerem o mesmo. Seus dons para curar são profundos; use-os para cumprir seu destino.*

O **7** é um dos Importantes Números do seu Código de Nascimento se o seu Número do Destino soma **16, 25, 34, 43, 52, 61, 70, 79, 88, 97** – ou qualquer **número de três dígitos** que se reduza ao "número raiz" de um dígito 7 (como 106, 115, 124, 133, etc.).

*Quando você, como um **Destino 7**, está alinhado energeticamente, sua missão divina nesta vida é contemplar, buscar respostas e ser um **Buscador da Verdade**. Você gosta de aprender e buscar sabedoria, por isso seu melhor ambiente profissional é aquele em que você pode descobrir os segredos e mistérios da ciência ou de temas espirituais e desvendar as grandes questões da vida. Sua mente e sua intuição são muito ativas, por isso você precisa atuar num campo relacionado à pesquisa, à análise ou à meditação. O uso da sua grande capacidade de observação para fazer investigações profundas permite que você se sinta realizado em todos os níveis. Ao mesclar sua incrível intuição com o aprendizado e a leitura, você pode se especializar num assunto e ensinar a outras pessoas suas sábias descobertas.*

8

O **8** é um dos Importantes Números do seu Código de Nascimento se o seu Número do Destino soma **17, 26, 35, 44, 53, 62, 71, 80, 89, 98** – ou qualquer **número de três dígitos** que se reduza ao "número raiz" de um dígito **8** (como 107, 116, 125, 134 etc.).

*Quando você, como um **Destino 8**, está alinhado energeticamente, sua missão nesta vida é expandir seus sentimentos de prosperidade e poder e usar suas reservas de energia ilimitadas para se destacar como um **Líder Visionário**. Dê espaço para suas próprias visões utilizando sua coragem natural, sua influência e sua busca por realizações. Confie na abundância infinita do universo para manifestar seus sonhos criativos. Agindo assim você possibilita que os outros tenham sucesso também. Você precisa sentir que pode alcançar qualquer coisa, que com disciplina e excelência você realizará todos os seus sonhos e objetivos. Ser seu próprio patrão ou administrar seu próprio negócio lhe será benéfico.*

9

O **9** é um dos Importantes Números do seu Código de Nascimento se o seu Número do Destino soma **18, 27, 36, 45, 54, 63, 72, 81, 90, 99** – ou qualquer **número de três dígitos** que se reduza ao "número raiz" de um dígito **9** (como 108, 117, 126, 135 etc.).

*Quando você, como um **Destino 9**, está alinhado energeticamente, sua missão divina nesta vida é tornar o mundo um lugar melhor sendo um **Humanitário Compassivo**. Sua missão é amar incondicionalmente e demonstrar esse amor em tudo o que você faz. Os outros olham para você como um exemplo (quer você perceba isso ou não!) e o veem como um líder sábio. Você precisa ter seu coração e sua alma engajados em sua carreira profissional e ter liberdade para explorar muitas culturas e pessoas de todas as esferas da vida. Essa diversidade vai revelar a verdade subjacente de que é possível encontrar oportunidades em todos os lugares. Você é sensível, capaz de perdoar, criativo, intuitivo e tem habilidades de cura; portanto, quando sabe que está elevando e transformando a vida das pessoas, você se sente realizado.*

CAPÍTULO 3

DÍGITOS ÚNICOS DE 1 A 9 E AS TRÊS TRÍADES

Agora é hora de analisar a fundo os dons positivos e o lado sombrio de todos os nove números raiz de um só dígito. Somos sustentados e iluminados pelo nosso belo Código Anímico. Cada um dos nossos Três Importantes Números de Nascimento iluminam os momentos que nos transformam (tanto os desafiadores quanto os emocionantes!), para que possamos nos adaptar e tirar o máximo proveito deles!

Os números raiz, como o próprio nome diz, definem a energia subjacente de qualquer número quando reduzido a um único dígito, ou seja, à sua origem. Consulte o Capítulo 4 para ter mais informações sobre todos os "Números Mestres" de dois dígitos 11, 22, 33, 44 etc. e o Capítulo 5 para ter mais informações sobre todos os números de dois dígitos "compostos" (de 10 a 98).

Cada número de um dígito pode ser comparado à chave de uma peça musical, como Lá menor ou Ré maior, a partir dos quais os blocos de construção da melodia e da harmonia são formados. Os números estão em sintonia com a música e as estrelas – eles formam um código visível e invisível. Este capítulo, que revela os profundos mistérios de cada dígito, é a base de todo este livro.

É importante notar que a maioria das pessoas tem pelo menos dois números raiz diferentes no código dos seus Três Importantes Números de Nascimento. Somente em raras ocasiões, você vai encontrar alguém que tenha os mesmos três números raiz em seu Dia de Nascimento, Propósito de Vida e Número do Destino.

Se um dos seus três números aparecer duas vezes (por exemplo, se você tem um 7 como Dia de Nascimento e um 124 como Número do Destino, que se reduz a 7), isso significa que você tem uma "intensificação". Consulte o Capítulo 11 para mais informações sobre intensificações, tanto em seu Código de Nascimento como em outras áreas da sua vida.

Comecemos com as três tríades da Numerologia, pois elas revelam que cada dígito único pertence a uma "família" de números únicos.

A TRÍADE DA "MENTE" 1, 5 E 7

Os três números que compõem a Tríade da Mente são o 1, o 5 e o 7. As pessoas que têm um ou mais desses três números mentais são analíticas, intelectuais, intuitivas, ambiciosas, independentes, espirituosas e sensitivas. As pessoas da Tríade da Mente se sentem confortáveis analisando informações e reunindo fatos e números, além de usando a mente para resolver problemas e tomar decisões. Elas gostam de aprender e de explorar novos territórios.

As pessoas da Tríade da Mente podem ter uma tendência a se preocupar ou analisar demais e ficam presas a uma rede de informações que as sobrecarrega. Incentivar a pessoa da Tríade da Mente a sentir o resultado das suas soluções com antecedência, em vez de pensar nelas obsessivamente, pode fazê-las se sentir um pouco desconfortáveis, mas é o melhor caminho para que vivenciem esse elo perdido: o fator felicidade. Felizmente, as pessoas mentais têm um lado intuitivo natural que está sempre pronto para se fazer ouvir quando elas desligam seu "analista interior" (ou pelo menos se o cusem a ouvi-lo)!

A TRÍADE DA "MANIFESTAÇÃO" 2, 4 E 8

Os três números que compõem a Tríade da Manifestação são o 2, o 4 e o 8. As pessoas que têm um ou mais desses três números da Manifestação são por natureza mais pacientes, tem uma energia tranquila e prática, usam a ordem e a disciplina para manifestar resultados na realidade física e são uma influência estável. As pessoas da Tríade da Manifestação sabem como concluir projetos e tarefas e como superar obstáculos para atingir esse objetivo. Portanto, a presença do 2, do 4 ou do 8 como um dos seus três Importantes Números de Nascimento é um convite para atingir resultados de modo sistemático e construir alicerces sólidos no presente e no futuro.

Pessoas da Tríade da Manifestação podem ter uma tendência a implementar antes de intuir ou sentir a eficácia dos seus planos. Depois elas podem ficar perplexas ao perceber que não atingiram o resultado pretendido. Isso acontece porque suas intenções não estavam totalmente em sintonia com o modo como elas se sentiam antes de entrarem no modo de manifestação. Tirar o "coração" e a "diversão" do processo de intenção pode levar essas pessoas à frustração. Embora tenham uma avidez natural pelo ato de manifestar, elas precisam criar algum tempo de qualidade para aproveitar o processo, introduzir um caráter mais lúdico aos seus projetos e observar seus sentimentos. Assim, os resultados do seu constante processo de implementação serão extraordinários e duradouros.

A TRÍADE DA "CRIAÇÃO" 3, 6 E 9

Os números 3, 6 e 9 formam a Tríade da Criação. As pessoas que têm um ou mais desses três números da Criação são por natureza compassivas, amorosas, emocionalmente atuantes, muito criativas, estimulantes, entusiasmadas e sociais, além de ter uma grande necessidade de servir para elevar os outros. As pessoas da Tríade da Criação precisam agir com o coração em todas as suas experiências de vida. Sentir-se bem e expressar suas boas vibrações de alguma forma são a chave para a felicidade. Assim, convém que elas tenham uma válvula de escape, como falar, escrever, dançar, ou seja, "criar" da maneira que mais lhes agrade.

Quando expressa o lado sombrio dessa tríade, a pessoa pode ficar mal-humorada, perder energia devido a distrações, parar completamente de manifestar e abdicar das suas responsabilidades. Ela pode sentir pena de si mesma e culpar o mundo pelo que considera um tratamento injusto. A melhor "cura" para as distrações e as crises de mau humor é brincar e criar. As risadas e o bom humor são bálsamos de cura maravilhosos para a Tríade 3, 6 e 9, pois ajudam na "interrupção do padrão" e na redefinição do estado de espírito. Os sentimentos são o alimento da alma dessas pessoas, por isso, quando elas entram num estado positivo, sentem-se valorizadas, apreciadas e amadas novamente. A partir daí, elas se sentem capazes de compartilhar amor, elevar os outros e prosperar. Afinal, *amar* é sua maior motivação.

Uma nota especial sobre a Tríade 3, 6 e 9: ela rege o processo de criação. Por isso, os blocos de construção do universo se reduzem a esses três números. Na Astrologia, por exemplo, todos os diferentes "aspectos" (conexões entre planetas ou ângulos) correspondem a números que podem ser reduzidos a 3, 6 ou 9, como o "Trígono" de 120 graus, que pode ser reduzido a 3; os 90 graus da "Quadratura", que podem ser reduzidos a 9 e o "Sextil" de 60 graus, que pode ser reduzido a 6 (qualquer aspecto será reduzido a 3, 6 ou 9.) As 24 horas de um dia podem ser reduzidas a 6; 12 horas podem ser reduzidas a 3, e 60 minutos, a 6.

Múltiplos de 3, 6 e 9 se repetem várias vezes, não importa que número seja multiplicado. Use as três tríades – Mente, Manifestação e Criação – para fazer uma rápida leitura de qualquer pessoa. Por exemplo, se você conhece uma pessoa com 10/1 no Dia de Nascimento (que está na Tríade da Mente) e um Propósito de Vida 33/6 (que está na Tríade da Criação), você pode deduzir que essa pessoa aprecia analisar os fatos e pensar nas coisas da vida, anseia por independência, vive motivada (Mente), tem uma grande capacidade de compaixão, gosta de ajudar e aconselhar os outros, tem habilidade com as pessoas e sente necessidade de expressar seus sentimentos (Criação).

Essas três tríades da Numerologia são, por si sós, um ótimo ponto de partida para você adquirir uma compreensão instantânea da perspectiva e dos modos naturais de uma pessoa.

O NÚMERO "0"

O número 0 paira entre os mundos (entre os números de valor positivo e os números de valor negativo, entre o mundo visível e o invisível). Ele representa, portanto, um poder único. Na verdade, se você adicionar 0 a qualquer número, *ele expande e fortalece esse número* – o 3 se torna 30, o 7 aumenta para 70... E quanto mais zeros você somar, maior o valor do número: 2.000, 8.000.000 exercem muito mais impacto e influência do que o 2 e o 8.

Assim, o número 0 representa o "Número de Deus", simbolizando o poder máximo e a realidade multidimensional – o equilíbrio supremo entre claro e escuro. O 0 é o círculo completo, representando todos os universos, galáxias, multiversos – tudo o que existiu, existe e existirá para vivenciar. Quando perde a noção do tempo, você experimenta o poder de pairar entre os mundos, num espaço onde a vida simplesmente é – e cada momento se expande em atemporalidade.

O 0 leva você às suas Origens – à Fonte Original, onde existe e sempre existirá Só luz, Onipotência total. Até a palavra "zero" termina com a letra O, que representa o 0. O círculo completo do O existe em tudo e em nada, no cheio e no vazio. É ao mesmo tempo um receptáculo e uma entrada para outra dimensão. Ele pode conter toda a energia e ao mesmo tempo permitir que toda a energia o atravesse. Não existe tempo, apenas eternidade.

Olhe para o 0 como a experiência existencial suprema. O 0 coloca uma centelha do divino em tudo que toca. O 0 sustenta a luz divina.

O SIGNIFICADO DOS NÚMEROS "RAIZ" DE UM SÓ DÍGITO

Vamos agora iniciar uma jornada maravilhosa e transformadora e descobrir as motivações secretas, os dons divinos e a direção de todos os nove números de um dígito, do 1 ao 9.

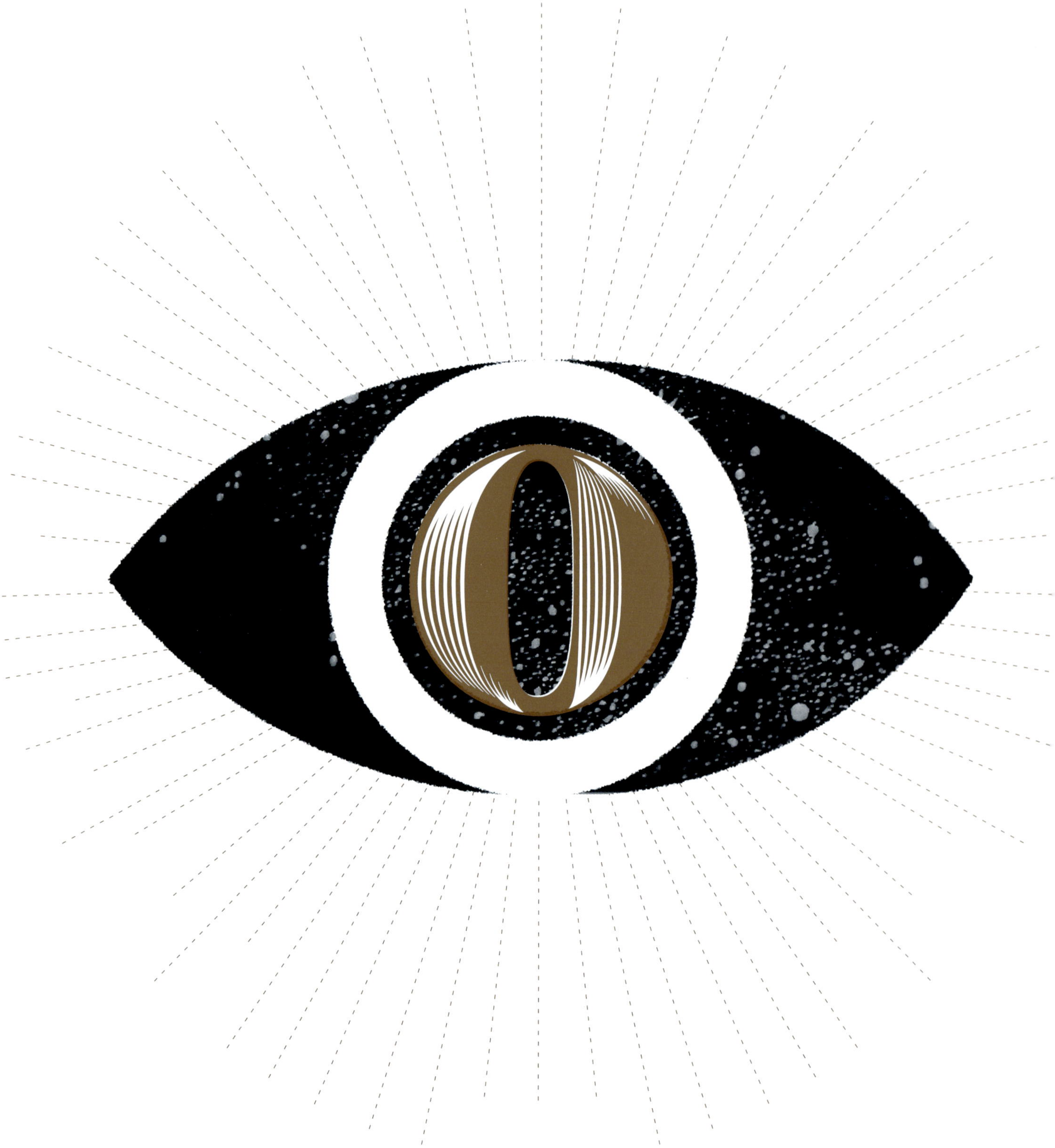

Use as descrições a seguir para compreender melhor o seu Número de Dia de Nascimento, seu Número do Propósito de Vida e seu Número do Destino.

Anote as intensificações, ou seja, quando o mesmo número se repete. (Veja o Capítulo 11.)

Preste atenção a que tríade numerológica seus Três Importantes Números de Nascimento pertencem:

Estão todos *agrupados numa única família de tríade*? Por exemplo, os seus Três Importantes Números do Código de Nascimento são 2, 4 ou 8, representando assim exclusivamente a Tríade da Manifestação. Ou eles representam duas das três tríades? Por exemplo, o seu Código de Nascimento inclui um 3 e um 9 (Criação) mas também um 5 (Mente). Ou Três Importantes Números do seu Código de Nascimento pertencem a tríades diferentes? Por exemplo, seu Dia de Nascimento é 3 (Tríade da Criação), seu Propósito de Vida é 2 (Tríade da Manifestação) e seu Número do Destino é 7 (Tríade da Mente).

NÚMERO RAIZ 1

O 1 é o número dos novos começos e da originalidade. É a vibração do livre-arbítrio, da busca individual, da inovação e da ousadia – a centelha original da criação. O 1 representa coragem e entusiasmo. Aqueles cujo número raiz é 1 seguem seu impulso primário. Eles são líderes natos, que querem deixar um legado. Eles resistem a seguir o caminho batido; em vez disso, rendem-se ao seu instinto de criar novas experiências para os outros – introduzindo formas inovadoras – e seguindo seu próprio caminho. Quando estão numa sintonia positiva, a pessoa 1, pela própria natureza de quem ela é no âmbito da alma, aumenta o nível de energia, está sempre em movimento, criando algo novo, e orienta os outros a explorarem novos territórios. Ela se rebela contra a ideia de seguir outras pessoas, uma vez que seu papel é assumir o comando.

O 1 é o primeiro número da Tríade da Mente e, portanto, essa vibração significa que a mente está sempre fervilhando de ideias, que brotam de modo livre e desimpedido, sempre com a intenção de criar algo novo. As ideias colocadas em prática tomam forma de maneiras únicas. A pessoa 1 sente que é o "número um" e busca se destacar de alguma forma e direcionar os outros, ou ser a "estrela". Ela geralmente se torna importante e influente em alguma área da vida.

A mediocridade frustra a pessoa 1, pois ela precisa sentir valor e a centelha original e inteligente da criação em tudo e em todos. Confiança e destemor são seus dons naturais (a falta dessas qualidades significa que a pessoa 1 está fora de alinhamento ou sintonia do ponto de vista energético).

1

A imagem do número 1 é uma linha reta que vem do céu em direção à terra e volta para o céu. Ele é direto e honrado, e tem um senso arguto de direção. O 1 é uma vibração que representa o aspecto masculino da nossa experiência humana.

Todas as pessoas número 1 têm dignidade. O 1 gosta de se destacar, ele tem orgulho, senso de realização, representa o impulso primordial e tem uma forte autoestima. O 1 sempre exige respeito e se sente separado dos outros. O 1 tem opinião própria e crenças definidas, e protege aqueles que são vulneráveis. Ele é discreto, valoriza a solidão e gosta de ficar sozinho.

Os indivíduos 1 são muito afetuosos com aqueles que amam e em que confiam, mas não estão interessados em ter uma familiaridade imediata com as pessoas que acabaram de conhecer. Eles se sentem à vontade com pessoas mais jovens e crianças, embora possam às vezes sentir tristeza ao se recordar da infância. Gostam de roupas e joias requintadas e tendem a ter um gosto impecável, com uma predileção pelo luxo e a sofisticação.

Embora as pessoas 1 sejam naturalmente autocentradas e estejam aqui para aprender a ser autossuficientes e autoconfiantes, elas também têm um grande desejo de se apaixonar e ser amadas por um parceiro. Esse paradoxo existe talvez porque elas precisam primeiro aprender a ser independentes e, depois, estender a mão para os outros e então aprender a ser *interdependentes*. De todos os nove números, o 1 pode ser o que mais sabe evitar a codependência, devido à sua necessidade subjacente de ser autossuficiente.

A pessoa 1 pertence à Tríade da Mente, portanto ela é agraciada com muitos recursos mentais e uma imaginação ativa. Quem apela para a inteligência da pessoa 1 atinge melhores resultados. Isso vale para crianças e adolescentes também. As pessoas 1 não se saem bem com autoridade e controle, e acabam se rebelando e até se tornando agressivas. O 1 precisa evitar a análise excessiva e a preocupação com o futuro, que é totalmente hipotético. Manter o foco no presente num estado de ser fluido e criativo permite que as pessoas 1 progridam e alcancem suas metas mais elevadas, muitas vezes numa velocidade surpreendente.

O 1 precisa sentir que é uma autoridade em alguma coisa. Essas pessoas são líderes natos e usam suas ideias originais para mover a energia com um poder dinâmico.

Expressões desafiadoras:
Pessoas 1 são hábeis em começar projetos, mas têm mais dificuldade para concluí-los. O orgulho pode tirar o melhor delas, fazendo-as chegar ao ponto de ir contra seus verdadeiros valores quando seu orgulho é ferido. Elas não reagem bem às críticas, embora gostem de criticar os outros. Em sua expressão sombria, elas são teimosas, reclamam quando suas ambições são frustradas e podem ser bastante egocêntricas. Também podem sofrer da síndrome do "ego ferido" e só ajudar os outros se eles fizerem exatamente o que elas esperam deles. Quando a pessoa 1 é ignorada, pode contra-atacar com raiva.

Quando está fora de alinhamento, o 1 pode ser arrogante, agressivo, cínico e egoísta, e até pode tentar intimidar os outros para criar uma falsa sensação de poder. Seus sentimentos reprimidos podem se transformar em raiva, e ele não gosta da ideia de unir forças com outras pessoas ou cooperar com elas, preferindo seu próprio caminho ou uma jornada solitária. Ele não gosta que lhe digam o que fazer e pode até mesmo atacar agressivamente para coibir qualquer um que veja como uma indesejável figura paterna.

Outras expressões de falta de alinhamento levam a pessoa 1 a carecer de iniciativa ou a ser indecisa, preguiçosa, pouco autoconfiante ou facilmente influenciada pelos outros.

Se você feriu uma pessoa 1 de alguma forma e quer voltar a ficar em paz com ela, compartilhe seus sentimentos com humildade. Ela não vai necessariamente abraçar você com ternura, mas aceitará suas desculpas com elegância e gratidão.

Os indivíduos 1 acreditam que são superiores aos outros e podem atrair ressentimento devido a esse ar de superioridade, pois podem parecer pedantes, arrogantes e vaidosos. Eles podem ser obstinados e não aceitar oposição de forma alguma. Ou podem ser descuidados com os sentimentos das outras pessoas, mesmo sendo eles próprios muito sensíveis.

O caminho para a harmonia e a paz é ser despreocupado e espontâneo, afrouxar as rédeas do controle, demonstrar bom humor e lançar mão do seu amor por novas descobertas, pois essa mentalidade positiva pressiona instantaneamente o botão da reinicialização, sintonizando as pessoas 1 com o centro do coração e deixando o passado para trás.

Afirmação: Estou em harmonia com a minha mente, o meu coração e a minha alma. Eu crio, num passe de mágica, oportunidades milagrosas para realizar qualquer coisa!

NÚMERO RAIZ 2

O 2 é o número da paz, do equilíbrio e da unidade — a união entre os opostos. Com uma forte ênfase no equilíbrio, o 2 é talhado para mesclar realidades, conciliando opostos. Aqueles que pertencem ao número 2 são pacificadores, mediadores e diplomatas; querem que a harmonia prevaleça mesmo nas condições mais difíceis. Dessa maneira, sua paciência e capacidade de ouvir são muito valorizadas.

O 2 carrega uma sabedoria antiga, um senso de misticismo e confidencialidade, além de ter dons artísticos maravilhosos. Ele representa a dualidade, os pares, os casais, a vibração feminina, a receptividade e o engajamento individual. As pessoas 2 são muito sensíveis, portanto seja extremamente gentil com elas. Elas adoram se conectar e se corresponder com os outros. O 2 está ligado à imaginação e aos sonhos.

Como os mais diplomáticos de todos os nove números, os indivíduos 2 se dão bem com praticamente qualquer pessoa. Isso acontece principalmente pelo fato de eles não terem o costume de comparar as pessoas, perturbando a harmonia e o equilíbrio do grupo. Eles não sentem a necessidade de impor seus pontos de vista ou suas crenças sobre os outros. Também são pessoas pacíficas e companhias agradáveis, visto que demonstram calma ao tomar decisões.

2

A representação visível do número 2 lembra uma pessoa se curvando para a esquerda, na direção do número 1. Esse desejo inato de se fundir com outro, juntar-se a ele e criar paz é uma parte integrante de todas as pessoas 2.

Os indivíduos 2 têm necessidade de buscar os conselhos, o apoio e a aprovação dos outros, certificando-se de que seus alicerces estejam firmes para que possam abrir novos caminhos. Essa abordagem cautelosa requer que compreendam e saibam tanto quanto podem antes de tomar uma decisão e, depois disso, que procedam com cuidado. Essa abordagem moderada é apreciada e respeitada por todos, pois confere às pessoas 2 a reputação de terem bom senso.

Isso, juntamente com sua disposição gentil, calorosa e compreensiva, faz com que sejam pessoas de fácil convívio e bem-vindas em qualquer situação. Elas são excelentes administradoras, pois têm um poder quase milagroso de persuasão, que abre portas para que todos vejam a realidade, fazendo isso muitas vezes com discrição, levando os outros a verem as coisas à sua maneira. Esse tato, essa mediação e essa diplomacia permitem que as pessoas 2 tenham muito êxito ao tentar conciliar diferentes interesses, conferindo-lhes facilidades e sucesso onde outros não conseguiram.

O 2 é a primeira vibração na Tríade de Manifestação 2-4-8. Por isso, as pessoas 2 são naturalmente responsáveis, conscientes e eficientes. Elas também são humildes, embora inicialmente possam não ter autoconfiança. Também são muito sensitivas, mas podem optar por manter esse dom em segredo. São extremamente sensíveis aos sentimentos das outras pessoas, sentindo instantaneamente o que os outros sentem, e por isso se preocupam com o bem-estar dos seus entes queridos. Sua intuição muito desenvolvida as ajuda a formar uma opinião com respeito às pessoas que conhecem, mas sua timidez natural pode levá-las a não confiar nos outros com facilidade. Os indivíduos 2 são amigos generosos e ótimos companheiros. Eles têm um interesse natural pela psicologia da natureza humana devido à sua aguda habilidade de observação e capacidade de intuir a linguagem corporal, os sons e as expressões faciais. Isso os torna excelentes observadores.

As pessoas 2 são naturalmente românticas, e isso decorre da conexão desse número com o fato de o relacionamento amoroso ocorrer entre duas pessoas. Uma das suas principais lições é o desafio de estabelecer uma parceria (seja entre amantes, amigos e sócios) sem perder a independência e o senso de si mesmo. Não cair em padrões de relacionamento de codependência é uma grande lição para qualquer par. As pessoas 2 são muito afetuosas e ternas. E elas têm um desejo visceral de agradar os outros.

Devido à sua natureza sensível, as pessoas 2 são reservadas e não compartilham seus pensamentos íntimos, seus planos, nem mesmo o próximo passo que vão dar. Ao mesmo tempo, elas têm uma ótima conversa e podem naturalmente fazer com que os outros revelem partes de si mesmos. Quando elas se aproximam dos seus objetivos, são o oposto das pessoas 1, que seguem simplesmente em frente. As pessoas 2, diferentemente, avançam, mas corrigem seu curso e depois podem seguir para a direita, para a esquerda ou até mesmo para trás, antes de seguir em frente outra vez, muitas vezes com grande ímpeto. Esse padrão em ziguezague em direção aos seus objetivos lhes dá a sensação de equilíbrio pela qual elas tanto anseiam. As pessoas 2 normalmente atraem estabilidade financeira e é raro vê-las enfrentando condições de pobreza. No entanto, se condicionadas a ter uma "mentalidade de pobreza", as pessoas 2 precisam conscientemente se desvencilhar desse paradigma antes de ativarem seu dom natural para atrair prosperidade. Elas são muito generosas com seus recursos. Acham difícil aceitar presentes, devido à tendência inata que têm de se sentirem inadequadas quando aceitam apoio, especialmente financeiro.

O 2 confia nos outros implicitamente. Ele não consegue imaginar alguém sendo "ruim" ou não sendo gentil e nobre. Isso significa que ele acredita no que os outros dizem. Por isso precisa aprender a discernir entre o que sente que é certo e o que parece um pouco "errado", usando seus dons intuitivos para se afastar dos manipuladores, que vão tirar vantagem do seu coração e da sua boa-fé.

As pessoas 2 adoram sonhar e viver em seu mundo imaginário e idealista. Essas almas muito sensíveis e bondosas são intuitivas, o que lhes dá todas as qualidades de que precisam para realizar seu lindo sonho de trazer paz, amor e harmonia para o mundo. Em seu estado mais positivo, elas são uma verdadeira bênção para todos ao seu redor.

Expressões desafiadoras:

As pessoas 2 que vivem na expressão sombria do seu número podem ter uma tendência para temer o desconhecido e ser demasiadamente cautelosas. Elas precisam muito de apoio para enfrentar o desconhecido. Na verdade, as pessoas 2 podem temer qualquer tipo de dor ou perda, o que permite que sua imaginação seja muito ativa e alimente muitos medos e preocupações. Elas podem parecer calmas e equilibradas, mas isso também pode esconder uma disposição neurótica, sensível e nervosa. Se elas se sentem magoadas, não reagem com agressividade; em vez disso, recuam, mantendo-se em silêncio, e até se desligam da pessoa em questão.

Devido à sua humildade natural, as pessoas 2 às vezes podem se sentir inadequadas e sofrer de baixa autoestima. Isso possibilita situações em que podem facilmente ficar deprimidas e, por sua vez, criar problemas para si mesmas quase que para "provar" a existência das faltas que lhes afligem.

A Tríade de Manifestação 2-4-8, à qual o 2 pertence, é muito meticulosa e exige atenção completa aos detalhes. No entanto, as sensíveis pessoas 2 podem exagerar e exigir muito de si mesmas. Expectativas muito altas podem espiralar em complexos e inibição, pois as pessoas 2 duvidam de suas próprias habilidades e reagem com medo quando o inesperado bate à sua porta. Essa autocrítica é uma grande lição para elas, para que aprendam a permanecer centradas e viver a vida livres de conflitos internos.

Estar num lar seguro e amoroso é essencial para seu equilíbrio em todos os espectros da vida. Se se sentirem obrigadas a viver num ambiente desarmônico e tenso, ou com pessoas argumentativas e agressivas, perderão o senso de equilíbrio. É nessas situações que podem se tornar amargas e se sentir derrotadas. Como o conflito e o ambiente desarmônico têm um efeito muito prejudicial sobre as pessoas 2, elas precisam ter sempre um "lugar seguro" para onde ir quando querem se sentir amadas e bem-recebidas; caso contrário, vão ser agressivas e temperamentais. Barulho alto, filmes agressivos e violentos e música explosiva também prejudicam o campo energético dessas pessoas e podem facilmente desequilibrá-las.

Ao mesmo tempo, as pessoas 2 vão se sacrificar muito para que a harmonia volte a reinar na sua vida. É muito importante que elas aceitem o fato de que a vida é feita tanto de situações positivas quanto de negativas, para que não reajam negativamente aos momentos desafiadores de tensão, depressão e turbulência interior. É por isso que ter um ambiente familiar harmonioso é tão essencial para sua saúde emocional, espiritual e mental.

Sua timidez pode fazê-las ficar "paralisadas" quando estão na companhia de estranhos. Depois que estão entretidas numa conversa (e sentem que não há perigo de se ferirem), elas abrem para os outros as pétalas macias do seu coração doce e terno. Elas são profundamente afetadas pelo comportamento imprudente ou rude. No entanto, assim que recuperam o equilíbrio, descobrem como justificar essas atitudes e as perdoam.

As pessoas 2 podem ser muito cautelosas e não se arriscam com facilidade. Elas também podem se tornar possessivas com relação a coisas e pessoas. A indecisão pode levar ao sentimento de separação e divisão.

Para permanecerem equilibradas e fortalecerem sua confiança interior, as pessoas 2 devem superar seu desejo de agradar e ser "perfeitas"; caso contrário dúvida e indecisão as levarão a viver num círculo vicioso. Sua necessidade de agradar pode levá-las a sacrificar suas próprias ideias únicas por causa de outras pessoas. Portanto, elas precisam ser diligentes e manter seus limites.

Também não devem se preocupar com assuntos sem importância, como navegar na internet e devotar uma atenção obsessiva às redes sociais, que criam um falso senso de conexão pelo qual elas anseiam. Porém, *sem produzir resultados significativos*, o resultado final é que o tempo perdido nas redes reforça uma sensação de inadequação e incompletude. Os indivíduos 2 devem sempre discernir entre o que realmente importa e o que não importa, o que é para seu bem maior e o que não é.

Chegar a esse lugar de paz significa aprender antes de mais nada a relaxar. O relaxamento é a chave para que as pessoas 2 recuperem e mantenham a harmonia interior e a paz. Nesse lugar de serenidade, seus humores e emoções não são reprimidos ou oprimidos, ambos sinais seguros de que estão desequilibradas e só precisam de um instante para se recompor. Respiração profunda, exercícios e meditação são técnicas maravilhosas e necessárias no dia a dia dessas pessoas. Para superar a divisão, a separação ou a indecisão basta ouvir, respirar fundo e mostrar gratidão.

Afirmação: Eu sou indivisível. Respiro fundo e me sinto conectado com o divino em todos os momentos. Sou grato por todas as experiências que cruzam meu caminho e vejo benefícios ocultos em cada encontro da minha vida.

NÚMERO RAIZ 3

As pessoas 3 são muito criativas, orientadas para a ação e verdadeiras, além de irradiarem alegria. Elas se movem com fluidez por suas experiências de vida e adoram explorar tudo a partir do centro do coração. Essas pessoas estão ligadas à verdade, à fertilidade e à criação. O 3 é o número que representa a trindade Mãe-Pai-Filho. Essa trindade, que rege a criação, é composta pelos números 1 (impulso primordial) e 2 (desejo de paz), impelidos à ação. As pessoas 3 são geralmente muito talentosas, muito vivazes, interessadas em muitas coisas, engenhosas e brilhantes. Elas são curiosas e adoram aprender – fazem perguntas o tempo todo.

O 3 é o primeiro número da Tríade da Criação e, portanto, é ferozmente independente, buscando total liberdade de movimento. Os indivíduos 3 têm dons artísticos mesmo quando não fazem parte do mundo das artes. Esse número exige que o indivíduo 3 se expresse de alguma forma, seja escrevendo, falando, compondo músicas, dançando, atuando, sendo estrela de um programa de rádio ou TV ou tendo uma plataforma de algum tipo para compartilhar sua mensagem. As pessoas 3, acima de tudo, precisam se comunicar. Elas sempre têm algo a dizer! São defensoras ferozes da liberdade de expressão. Seu anseio natural por renovação e nascimento lhes conferem tremendos poderes de criação.

A Tríade da Criação 3-6-9, à qual pertence o 3, infunde esses números com compaixão, ternura e uma disposição amorosa e afetuosa. As pessoas 3 são magnéticas, e seu sorriso ilumina qualquer ambiente. Elas são impressionáveis e podem ser facilmente influenciadas. Isso é especialmente verdadeiro se outros apelarem para sua natureza generosa ou lhes demonstrarem apreço, para que se sintam valorizadas e apreciadas.

As pessoas 3 têm um grande senso de humor e uma disposição alegre. Seu otimismo é contagiante e elas tendem a ver o mundo procurando o lado bom de tudo e de todos. Quando alinhados energeticamente com seus dons, os indivíduos 3 são os mais positivos e edificantes para se ter por perto. Nenhuma outra vibração emana tanta luz, graça e encanto!

O 3 pode enfrentar qualquer situação desafiadora e passar rapidamente da amargura para a aceitação (ou superá-la completamente) e vê-la sob uma luz positiva. Sua capacidade de "ver" o impacto e o resultado positivos futuros de qualquer desafio atual ou passado decorre de uma visão "de pássaro" que os indivíduos 3 têm, que lhes permite passar completamente pela dor e pelo trauma e sair do outro lado do túnel, aparentemente inteiros e renascidos. Assim, sua capacidade de recomeçar (literalmente criar sua realidade), bem como reconhecer o lado bom de tudo e de todos, é um dos seus dons mais poderosos. Esses talentos, juntamente com seus dons naturais de expressão e personalidade extrovertida, tornam esses indivíduos peritos em ajudar qualquer um a se sentir bem, seja um amigo íntimo precisando do seu apoio ou em novas situações sociais. Eles são especialistas em se sentir à vontade com qualquer grupo e tem um talento especial para se ajustar rapidamente a diferentes personalidades ou situações de mudança.

3

A imagem do 3 traz dois semicírculos abertos voltados para a esquerda, reunindo inspiração para remodelar o passado e manifestar uma nova criação. Esse número transmite um sentimento de boas-vindas e, por isso, a natureza acolhedora e agradável da pessoa 3, envolvendo seus dois braços em volta de todos que encontra, é representado pela figura 3.

Os indivíduos 3 nascem para inspirar. Eles lançam um feitiço simplesmente pelo fato de serem agradáveis, motivarem os outros a agirem por meio do seu entusiasmo apaixonado, da sua felicidade, da sua mentalidade positiva e sua atitude otimista. Sua espontaneidade se mistura com a capacidade de se conectar facilmente com qualquer pessoa, seja num elevador por 10 segundos ou em qualquer outro ambiente social. Seu charme natural, aliado ao seu magnetismo brilhante e pessoal, relaxa e "desarma" qualquer um com quem fazem contato.

Para as pessoas 3, tudo se resume a promover um ideal profundo, algo pelo que elas são tão apaixonadas que não conseguem imaginar outra pessoa que não compartilhe o mesmo ideal que elas. Esse ideal é a sua verdade, e a adesão a essa verdade é o que as impulsiona. Elas não deixarão de mover montanhas para encontrar a verdade. Assim, são grandes detetives. Se você responder a um indivíduo 3 de forma evasiva, ele não vai deixar você se safar! Pode detectar uma mentira em segundos. Mesmo que estejam de alguma forma seguindo um caminho enganoso, as pessoas 3 nunca vão parar de tentar procurar a verdade.

Elas são motivadas não tanto pela ânsia de atingir o sucesso e alcançar uma posição elevada ou poder, mas mais pelo fato de apreciarem o sucesso devido aos prazeres e à boa vida que essa conquista traz. As pessoas 3 adoram uma refeição bem preparada tanto quanto belos cenários e adornos. Elas gostam de mimar a si mesmas e aos seus entes queridos (e precisam tomar cuidado para não gastarem demais).

As pessoas 3 prosperam quando podem viajar. Estar com os outros, ver o mundo, viajar, tusso isso desperta sua criatividade inata e anseio por independência. Além disso, elas adoram explorar outros países, culturas, músicas e pessoas – conhecer outras ideias, religiões, estilos de vida e paradigmas. Além disso, são profundamente espirituais, porque o 3 se sintoniza com sua busca pela verdade.

Elas adoram defender o azarão e são defensores dos animais. Vão assumir riscos e, quando combinam sua paixão natural com sua vontade de se arriscar, seu impacto é lindo e grandioso. Sua personalidade encantadora e magnética é uma lufada de ar fresco invocando uma leveza de ser.

Ter ensino superior é importante para os indivíduos 3 e faz com que eles se sintam parte dos ideais e filosofias mais elevados que tanto prezam. Eles precisam ter uma sensação total de independência em qualquer união matrimonial, a fim de sentirem a liberdade que é parte integrante de sua felicidade. Eles apreciam e usufruem o luxo, que reflete a beleza e a natureza vibrante da sua alma.

A pessoa 3 equilibrada não sucumbirá ao mau humor ou à depressão e perdoa com facilidade a si mesmo, assim como os outros. Ter um bom círculo de amigos pode ajudar as pessoas 3 a expressarem suas ideias e seus sentimentos, embora a chave da sua felicidade seja praticar atividades criativas que as absorvem por completo.

Para as pessoas 3, a chave para uma vida feliz e significativa é *se concentrar e se especializar*.

Elas *precisam perseverar na especialidade que escolheram* e não se deixar distrair por atividades frívolas. Precisam apenas prometer o que podem entregar e pretendem realizar.

Quando os indivíduos 3 souberem que são pessoas edificantes, nada os deterá. Em seu estado natural e conectado, essas pessoas são seres luminosos e vibrantes de alegria.

Expressões desafiadoras:

Os indivíduos 3 podem ser e são multitarefas; no entanto, sua tendência para se distrair e se desviar do caminho faz com que percam energias desnecessariamente quando estão cansados ou fora de sintonia. Eles podem atrasar ou diluir o impacto de sua missão divina se não aprenderem a focar sua atenção e se dedicar a uma direção de cada vez. A vacilação pode levá-los à indecisão ou a perder tempo por horas, dias ou semanas. Esses indivíduos gostam de iniciar projetos, mas podem ter mais dificuldade para concluí-los, uma vez que podem se distrair e sair da rota estabelecida.

A pessoa 3 também fica entediada se não estiver engajada intelectual ou criativamente e pode esmorecer se não tiver automotivação. Ela precisa brincar e se divertir, mas pode ir longe demais e se esquecer de suas responsabilidades (não gosta da ideia de responsabilidade consigo mesmo e com os outros). Isso acontece especialmente quando ela não tem organização para ajudá-la a manter o foco nas prioridades. Assim, ela pode ficar com preguiça de praticar e desenvolver seus dons. A dedicação aos seus talentos, muitas vezes notáveis, é apoiada por uma abordagem sistemática das suas prioridades. As pessoas 3 acreditam que tudo está ao seu alcance, porque é muito fácil para elas alcançar o sucesso, por isso elas usam sua felicidade natural e natureza agradável como uma "fuga" para relaxar mais do que o necessário.

Quando as pessoas 3 param de perseguir seus objetivos, tanto em momentos difíceis quanto nos mais fáceis, elas podem atribuir sua falta de prática a outros fatores. Mas, no final, a maior parte da falta de ação e de compromisso se deve à sua própria preguiça. Essa confusão sobre a origem da sua falta de iniciativa pode levá-las a um círculo vicioso, que ocorre especialmente quando se deparam com obstáculos ou se cansam e não procuram vencer sua resistência com a decisão consciente de agir.

Os 3 podem ser sábios e filosóficos, logo em seguida espirituosos e engraçados, caso abdiquem da disciplina. Isso resulta numa falta de estabilidade em seu crescimento. Uma das lições do 3 é perseverar na busca pelos seus objetivos.

A pessoa 3 também pode tender a ser muito falante, às vezes fazendo isso compulsivamente, portanto precisa evitar falar quando não tem nada de importante ou novo para dizer.

Tudo em exagero faz mal, e os indivíduos 3 podem exagerar, até mesmo ser superficiais e "falsos" ou fazer promessas que não podem cumprir.

A cura mais rápida para um estado emocional negativo ou para a depressão é simplesmente "partir para a ação", ou seja, ser criativo. Expresse-se da maneira que quiser. Então, um dia, e normalmente depois de um breve intervalo de tempo, você se reconecta com a beleza e a alegria da sua alma e se sente feliz e de volta ao fluxo, ansioso para compartilhar seus dons em algum tipo de palco.

Afirmação: "Estou feliz em poder me dedicar ao que amo fazer. Concentro toda minha energia e atenção em atividades que me elevam. Eu passo meu tempo com pessoas que me permitem sentir leveza e liberdade".

NÚMERO RAIZ 4

O 4 é uma frequência de aterramento (simboliza a Terra), que também traz consigo uma qualidade misteriosa, ligada ao divino. Como um indivíduo 4, você é prático, confiável e aborda a sua vida de maneira prática. Quando se compromete com alguma coisa, você nunca deixa de entregar o que promete. Isso é sintetizado pelo quadrado: quatro lados iguais, que simbolizam a arquitetura, o lar, o equilíbrio e a construção de algo durável. Portanto, sua confiabilidade, sua capacidade de organização, seu comportamento estável e calmo, sua autodisciplina, seu atenção meticulosa aos detalhes e seu caráter responsável fazem com que você seja procurado por membros da família, colegas de trabalho ou amigos. Mas o 4 também é um enigma, e você gosta disso! (Mesmo que essa característica deixe os outros perplexos e tentando decifrá-lo.)

O paradoxo do 4 é que você sempre tem um pé no futuro; é o inventor em você querendo seguir o caminho não convencional e frustrando todas as expectativas. Suas ideias e seus valores estão à frente do seu tempo, pois são pouco convencionais e até proféticos. Muitas vezes você apenas tem um "saber intuitivo" sobre o que vai acontecer, muito tempo antes que aconteça. Esse seu outro lado favorece o individualismo, uma originalidade marcante e acontecimentos súbitos e inesperados. Como um paradoxo vivo (organizado e imprevisível), você é raramente compreendido, mas é essa característica que o torna um ser tão único. Você gosta de desafiar as convenções!

Há uma qualidade de "gênio" na vibração 4 que faz com que sua curiosidade natural o ajude a sair do caminho batido. Você naturalmente tem foco e disciplina suficientes para explorar seus palpites e "sacadas" intuitivas. Afinal, você adora se dedicar a uma boa busca! E raramente desiste depois de começar uma missão.

Embora você viva ansioso para explorar todas as possibilidades que existem além da sua própria vida pessoal, quando se trata de fazer ajustes internos (mudar seus hábitos pessoais), você é muito teimoso. Essa resistência pode ser um jeito de evitar assumir a responsabilidade pelo seu próprio crescimento e sua transformação.

4

Se você olhar para a imagem visual do número 4, vai ver que ele parece apoiado numa perna só e tem um grande triângulo que aponta para o céu. O 4, portanto, leva a poderosa Tríade da Criação, o 3, o 6 e o 9, a se aterrar, firmando-a na Terra e tornando-a real e prática. A lição para uma pessoa 4 é ficar conectada à Terra enquanto, ao mesmo tempo, explora os dons maravilhosos da Tríade da Criação. Por isso as descobertas e mudanças do 4 são *espelhadas* em sua vida pessoal, à medida que a relutância em fazer mudanças pessoais se dissipa.

O equilíbrio entre o céu e a terra se reflete na fusão da intuição com a inteligência, *aplicadas igualmente em todas as quatro áreas da vida:* física, mental, emocional e *espiritual*.

Assim, o 4 simboliza a verdadeira razão da nossa vida na Terra: *somos seres de luz divinos passando por uma experiência humana*. Estamos o tempo todo conectados, por meio da Tríade da Criação, à nossa Fonte, ao Criador, e estamos aqui para internalizar a luz em resultados práticos e em tempo real. Somos refletores do amor de Deus e o número 4 nos convida a nos lembrar de que somos membros de uma grande família galáctica.

Viver num ambiente limpo e organizado é muito importante para que você consiga se manter equilibrado e saudável. O 4 rege o Feng Shui, a arte de manter seu ambiente físico energeticamente limpo e positivo, por isso certifique-se de praticar o Feng Shui na sua casa e no seu local de trabalho com uma certa frequência. A sua clareza mental melhora muito quando você organiza a sua vida.

O 4 fica no meio da Tríade da Manifestação (2, 4 e 8), o que faz com que ele consiga captar vislumbres intuitivos do número 2 e manifestá-los na forma física em resultados reais e práticos.

Por ser um 4, você adora fazer parte de uma família e valoriza seus amigos. Você é tolerante e compassivo. Dinheiro e *status* não dizem muita coisa para você (embora os outros números do seu Código de Nascimento possam indicar o contrário). Você se mistura com pessoas de todos os meios, não importando a classe ou posição social. É o "gênio interior" em você que faz com que seu ambiente exterior possa passar despercebido, enquanto você está concentrado na sua imaginação! Você vive o momento presente. E sua tolerância com os outros é demonstrada ao pôr em prática o seu conceito de "cada um na sua", algo que você espera que os outros também façam!

Expressões desafiadoras:

Se você está fora de alinhamento do ponto de vista energético, tenderá a viver com excessiva rigidez. Essa natureza mais inflexível pode deixá-lo preso a uma rotina, enquanto se apega às suas opiniões como se elas significassem mais do que as pessoas à sua volta. Sua teimosia também pode levar a discussões. A tendência para trabalhar longas horas (o que naturalmente combina com você) pode se transformar em excesso de trabalho, portanto tenha cuidado para não ir além dos seus limites quando se trata de cumprir tarefas. Se você perceber que está ficando muito ocupado e nunca tem tempo para apreciar o perfume das rosas, faça uma pausa para simplesmente relaxar e aproveitar a vida. Emocionalmente, você pode se fechar, evitando demonstrar afeto.

Você também pode ficar muito sério às vezes, esquecendo-se de relaxar e seguir o fluxo. Se você não tem senso de humor (e leva uma vida sem humor), isso é um sinal de que é hora de relaxar! Se ficar apegado a velhos hábitos e padrões mentais ou morar num espaço desorganizado, isso irá exacerbar a sensação de que está aprisionado.

Evite ser descuidado e negligente com as suas responsabilidades. A real desconexão da expressão positiva do número 4 resulta em desonestidade e um estilo de vida completamente indisciplinado. Nesse estado emocional desorientado, você pode infligir uma dor desnecessária a si mesmo, sentindo inveja, ciúme, autopiedade e ressentimento pelos outros. Você vai desperdiçar o seu bem mais precioso, o tempo, bem como outros recursos, enquanto estiver se comparando aos outros ou se sentindo culpado, em vez de encarar a situação de cabeça erguida (não importa o quanto ela pareça desafiadora no momento), dando um passo de fé, assumindo sua experiência e sendo responsável. Para você, a simples atitude de fazer algo valioso, não importa o quanto esse gesto seja pequeno ou grandioso, o coloca de volta nos trilhos!

Afirmação: Estou inteiro, estou completo, sou mais do que o suficiente, eu sou quem sou. Vivo e deixo viver.

NÚMERO RAIZ 5

Chegamos ao ponto médio. O 5 é o número que fica bem no meio da enumeração de 1 a 9.

Se você olhar para a imagem do número 5, verá que ele está voltado para a esquerda (o passado), na parte inferior, e para a direita (o futuro), na parte superior. O 5 tem duas retas e uma linha curva. Por isso, ele é uma representação visual do ponto de pivô, que representa versatilidade, movimento, decisões, risco e um novo começo de algum tipo.

O 5 também está no ponto médio de todas as três tríades, além de estar no meio da Tríade da Mente (1, 5 e 7). Nessa posição, o 5 expande suas ideias originais criativas graças a um intelecto e uma inteligência aguçados. Você gosta de capturar todos os vários ângulos de uma questão com sua percepção incomum. Você está naturalmente conectado à consciência superior em virtude do seu grande sentimento de liberdade e espírito de aventura.

Explorar o desconhecido é o seu forte, seja por meio de viagens físicas ou devaneios mentais. Graças à sua curiosidade insaciável, você se sente motivado a experimentar tudo o que há para experimentar! O 5 rege os sentidos, então você quer provar, ver, cheirar, tocar e ouvir o máximo que puder. Embora isso possa resultar em distrações (algo em que precisa prestar atenção!), o 5 também é o melhor multitarefa entre todos os números e, portanto, você consegue lidar com várias tarefas ao mesmo tempo, ciente de que, dependendo da natureza da tarefa, ela pode exigir sua total atenção ou não. A vibração do 5 também é, por natureza, muito sensual e espiritual.

Você tem um grande magnetismo e charme, o que o torna muito atraente. Quando se sente realizado e feliz, seu entusiasmo o torna irresistível, e você naturalmente se torna o centro das atenções em qualquer reunião ou grupo.

A conexão é um dos seus principais temas, seja a conexão via voz, internet, escrita, revistas e livros, vídeo, rádio, televisão, cinema, artes. Você usa algum tipo de mídia para conhecer outras pessoas, coletar informações, compartilhar sua mensagem – tudo com o objetivo de aproximar as pessoas. O 5 é capaz de liderar grupos ou multidões de pessoas, o que o torna um adepto das redes sociais, bem como um artista, escritor ou orador. Você gosta de grandes multidões! Esse dom da conexão também faz de você um vendedor maravilhoso: você pode vender gelo a esquimós, se acreditar verdadeiramente no valor daquilo que está oferecendo. Esse poder de persuasão e seu charme natural sintoniza você, como num passe de mágica, com qualquer um que entre em contato com as suas palavras, a sua música, a sua arte ou a sua mensagem.

A vibração do 5 é muito alerta e radiante. Não há muita coisa que o indivíduo 5 não perceba. Você tem uma conexão inata com o seu entorno, que o torna extremamente sintonizado com tudo à sua volta e atento aos detalhes.

Outras palavras-chave das pessoas 5 são mudança e liberdade. Você é muito adaptável e prospera quando há movimento. Estagnação e tédio são seus maiores medos. Você é o aventureiro intrépido que gosta de viajar ou fazer qualquer coisa que abra seu coração e sua mente para coisas, ideias e culturas novas.

O destemor é algo que você ensina naturalmente aos outros apenas pela virtude de ser quem você é. O fato de estar tão envolvido no momento presente torna você flexível e versátil, o que encanta não só você, mas outras pessoas que o conhecem. Você conquista as pessoas com seu charme e sua inteligência irresistíveis, tornando-se popular e usando isso para levar seus dons divinos a um público maior.

Assim, a liberdade de movimento é parte integrante da sua vida. Você pode mudar o lugar onde mora, viajar ou perambular pelo mundo em busca de inspiração e emoção. Você também pode mudar de ideia, às vezes abruptamente, de um dia para o outro. A oscilação é a natureza do número 5, também devido à sua natureza inquieta e aventureira. Você precisa sentir sua imaginação em ação. O estímulo de todos os seus sentidos é um fator importante para o seu bem-estar.

Esse fator de excitação mostra sua capacidade de se deslumbrar com seu brilho. Aplausos e elogios são consequências naturais na sua vida quando você está na sua frequência vibracional mais elevada. Sua personalidade é vivaz. Devido a sua sintonia com a energia sutil, você tem uma grande sensibilidade para coisas belas, tanto artísticas quanto intelectuais. Apenas esteja ciente de que você tende a evitar se envolver emocionalmente com ideias ou pessoas, e isso pode levar a uma indiferença com relação aos relacionamentos.

Como uma pessoa 5, você é um agente de mudança para os outros. Seu entusiasmo e sua ousadia demonstram uma maravilhosa vontade de viver. É como se você nunca tivesse crescido e tivesse a mente radiante de uma criança durante toda a vida. Sua vontade de experimentar tudo o que o mundo tem a oferecer e todas as facetas da nossa experiência humana é inspiradora e motiva as outras pessoas. Devido à sua versatilidade e abertura naturais, os contratempos não o afetam por longo período. Você é capaz de se recuperar rapidamente e seguir em frente, vivendo lindamente no momento presente.

O 5 abrange toda a experiência humana, todos os cinco sentidos e todas as contradições. Onde quer que você esteja, algo está "acontecendo", algo está em movimento. Você ama a vida, a aventura e a liberdade. Você adora experimentar, vibrar e viver em toda a sua capacidade. O ponto de pivô do seu número também indica que você pode oscilar muito, um dia se sentindo exultante e, em outro, profundamente melancólico sem nenhuma razão aparente que não seja o fato de os outros simplesmente não entenderem com que intensidade você experimenta a vida e que, por isso, precisa de tempo para se ajustar. Sua abordagem é de imersão total, absorvendo o óbvio e todas as sutilezas ao mesmo tempo. Outros ao seu redor podem não estar tão sintonizados com as energias sutis que você capta, mas é essa experiência de imersão total o que mais o encanta e inspira.

Expressões desafiadoras:
Você pode ser muito crítico quando não está alinhado energeticamente com a expressão positiva do número 5, e isso leva a uma compulsão por detectar erros e falhas e apontá-los (em si e nas outras pessoas). Procure não ser intransigente ao fazer isso ou se abstenha completamente desse hábito.

Você pode ter o costume de usar a mente em vez do coração, ao analisar as pessoas e situações, lançando mão do intelecto em vez dos sentimentos para encontrar respostas. A lógica o agrada; no entanto, é preferível que você seja vulnerável e aberto à ternura do seu coração. Ser analítico às custas das conexões no âmbito sentimental, especialmente em seus relacionamentos íntimos, pode levar a términos e separações. Sim, o amor é profundo, mas se o mantiver sob um escrutínio incessante, você não terá espaço para respirar, viver e prosperar. Se quer manter relacionamentos profundos e amorosos, é importante que você use seus instintos para viver o amor, em vez de falar sobre ele ou intelectualizar a experiência (não deixando espaço para assimilar os sentimentos).

Você talvez seja tenso, irritável e anseie por mudanças só pelo prazer de mudar. Proteja-se contra ações – e reações – impulsivas. Qualquer energia de inquietação que você tenha pode ser canalizada para a execução de algo novo!

O vício é outro lado sombrio desse número, pois você deseja experimentar todas as experiências. Se for longe demais, você pode esquecer de usar o discernimento e de escolher apenas o que é para o seu bem maior. Como você anseia por mudança e é muito versátil, pode iniciar e terminar relacionamentos muito rápido, em vez de permitir que eles evoluam e se aprofundem.

Se vive criticando os outros, mas ao mesmo tempo não é responsável pela sua própria vida, você avançará pela vida às cegas, sem ver necessidade em corrigir seu curso, sem reconhecer o *feedback* valioso das outras pessoas e sem se beneficiar das experiências que lhe permitem amadurecer emocionalmente.

Sua atenção é atraída por muitas coisas ao mesmo tempo, e por isso você não consegue permanecer fiel aos seus impulsos *iniciais*. Ter paciência e aprender a centrar os seus dons brilhantes e magníficos são a chave para manter a calma, a paz e seu maravilhoso entusiasmo pela vida.

Afirmação: Eu canto uma canção de prazer. Eu me deleito com tudo que encontro. Eu me entrego. Eu me sinto abençoado!

NÚMERO RAIZ 6

Como um indivíduo 6, você é profundamente compassivo, amoroso e responsável com sua família e seus amigos. Você tem uma influência calmante sobre os outros. O 6 está em sintonia com a beleza e é o número do meio na Tríade da Criação 3, 6 e 9, dando origem às sementes e aos impulsos criativos recebidos do número 3.

6

Se você olhar para a imagem do 6, verá que ele tem a forma de uma mulher grávida, com um ventre arredondado, prestes a dar à luz e assumir a responsabilidade de ser mãe. Essa é a chave do número 6: nutrir os outros, servi-los de maneira amorosa, ser solidário e totalmente devotado. Você quer ser "mãe" e dar seus conselhos. É inevitável que as pessoas, os amigos, até estranhos o procurem para fazer confidências, contar segredos e lhe dar informações pessoais que nunca dariam a outras pessoas. Você exala um sentimento de acolhimento, compaixão e sabedoria que dá espaço para o amor. É como se você enviasse às pessoas um convite invisível para que elas o procurem e o vejam como um conselheiro, agente de cura, mentor… sem que você tenha emitido qualquer sinal consciente. Assim, certifique-se de impor limites, caso contrário você ficará sem energia. Certifique-se também de abrir espaço em sua vida para cuidar de *si mesmo*, com massagens, reflexologia, cura energética, e recarregar seu campo vibracional. Você gosta de se doar, mas precisa aprender a receber toda abundância do amor e as coisas boas que a vida tem a oferecer!

Você adora dar carinho e distribuir abraços, e é muito generoso com seus recursos e seu tempo. Seu equilíbrio e carisma naturais o tornam extremamente magnético! Quando você entra numa sala, as pessoas nunca deixam de notar!

O 6 rege o amor e o romance, bem como o dinheiro e a abundância. Em seus relacionamentos íntimos, depois que se compromete com uma pessoa, você se dedica a ela. Essa devoção se estende aos seus entes queridos e amigos, que o amam de verdade. Você pode ser sentimental (e tentar esconder isso) e muito idealista. Você em geral tem boas maneiras e muito bom gosto, mas não deixará de se expressar fortemente quando sentir paixão por algo.

Harmonia e beleza são muito importantes para o seu bem-estar e, para atrair abundância, você precisa se cercar de coisas belas. É melhor eliminar ou amenizar irritações, conflitos, discussões, discórdias, ciúmes e questões não resolvidas o mais rápido possível para que você possa passar o resto do seu dia em paz.

Seu lado artístico natural precisa ser expresso. Você gosta de uma bela música, da arte requintada, de móveis e roupas finas, por isso procura se adornar e se cercar de beleza para se sentir bem e completo. Quando está em casa, no entanto, você prefere se vestir com conforto. Para o 6 é importante viver num ambiente que agrade os sentidos. Qualquer coisa que pareça "feia" precisa ser removida, e você também é muito sensível a vibrações, sons e imagens. Você ama decorar a casa com suas cores e obras de arte favoritas. Morar num lugar onde reine a serenidade e a beleza lhe agrada muitíssimo.

Você atrai dinheiro quando está alinhado positivamente com o seu Código de Nascimento. Às vezes, a prosperidade pode aparecer sem que você tenha que fazer muito esforço, por meio de heranças, amigos ricos ou patrocinadores, mas com a mesma frequência ele vem por meio dos seus talentos e habilidades, que magneticamente atraem abundância.

Você é muito criativo e precisa encontrar uma maneira, no trabalho ou em outro lugar, para expressar seus dons artísticos inatos. Use sua voz sempre que puder, pois o som da sua voz carrega vibrações de cura. Você pode usá-la em sua carreira para falar, ensinar, aconselhar, compartilhar informações, cantar, em artes de cura ou na política. Assim como o número 3, você tem um sorriso irresistível!

Você também está muito sintonizado com a justiça e sempre procura encontrar a resposta mais justa em qualquer situação. Isso significa que você quer que a lei seja respeitada e entende a necessidade de garantir os direitos e necessidades básicas das pessoas por meio de leis e regulamentações.

Por ser um 6, você tem facilidade para terminar projetos quando os inicia.

Expressões desafiadoras:
O 6 fora de alinhamento pode levar a uma natureza controladora e intransigente, que o leva a se intrometer na vida das outras pessoas. Isso pode se refletir nos seus relacionamentos familiares, sociedades comerciais ou amizades. Por isso você vai defender seu ponto de vista até provar que tem razão e pode assim causar muita discussão. Esse seu lado autoritário ofuscará o seu instinto natural para cuidar das pessoas e se expressará por meio de uma atitude dominadora.

Você pode ser perfeccionista e isso pode levá-lo a ser muito crítico, pois vai esperar que todos tenham um desempenho que esteja de acordo com seus altos padrões. Às vezes você pode demonstrar um comportamento hipócrita. Outro lado sombrio da expressão 6 é o total egocentrismo.

Quando a pessoa 6 não está alinhada, ela pode oscilar entre gastar demais e ser muito extravagante ou se mostrar extremamente mesquinho. Também pode cometer exageros com relação à comida e ser muito guloso!

Outro aspecto desafiador dessa vibração 6 é que você pode querer seguir o caminho de menor resistência (e manter uma falsa sensação de harmonia). Você pode ser descuidado em relação às suas responsabilidades, especialmente quando se trata de cumprir a sua missão divina. Isso o deixa com uma reputação de "folgado", alguém que não cumpre seus compromissos e prefere "seguir o fluxo", desviando-se aqui e ali, já que não demonstra uma dedicação consciente a uma missão, um projeto ou objetivo. Sua indecisão, preguiça e dificuldade para se comprometer faz com que você seja o maior culpado pelas suas tentativas fracassadas. Essas características também dão origem a uma tendência crescente para enxergar as dificuldades maiores do que são e ficar obcecado com problemas que muitas vezes nem são reais.

Todos nós enfrentamos adversidades, dias enfadonhos e desafios; portanto, é vital que a pessoa 6 supere a inércia, que pode ocorrer diariamente ou de vez em quando.

Para que você, como um 6, realize algo significativo e alegre, algo que tenha um *impacto real* na sua vida, você precisa estar motivado interna e externamente para fazer alguma coisa, de preferência que tenha um objetivo ou um prazo, de modo a superar sua natureza passiva ocasional. Então você irá iluminar o mundo com seu esplendor e brilho amoroso!

Afirmação: Eu compartilho meu amor de maneira livre e generosa. Pratico isso usando meus dons todos os dias. Eu me cuido. Eu encaro com muita seriedade a minha missão divina de elevar os outros por meio do amor e da alegria.

NÚMERO RAIZ 7

O 7 é o número do buscador espiritual, do filósofo sensível e atento e do analista brilhante. Como um 7, você é levado a entender os mistérios da vida, para apreender o desconhecido. Você se sente confortável com assuntos esotéricos, com as modalidades de cura, e geralmente têm sonhos vívidos. Mesmo que você não seja atraído por assuntos de cunho espiritual, como um 7 você gosta de aprender, ler livros (você pode ter livros em todos os cômodos da casa) e aumentar sua erudição, demonstrando que busca reunir conhecimento e obter compreensão.

Em última análise, o 7 é o número da conclusão espiritual. Paz interior e tranquilidade vêm por meio da ponte que liga o mundo superior ao mundo abaixo – céu e terra –, pois os reinos interior e exterior são compreendidos como sendo um só.

A imagem do número 7 tem uma linha horizontal na parte superior, simbolizando o mundo acima, ou o céu, e uma linha diagonal até embaixo, significando uma ponte para o mundo inferior. O 7 também se parece com um raio e simboliza vislumbres esclarecedores, visões intuitivas que surgem do nada e iluminam a sua mente. Assim, o 7 pode conectar qualquer coisa, como ideias e assuntos que aparentemente não têm nada em comum, como o bem e o mal, luz e escuridão. Como símbolos do relâmpago, as pessoas 7 podem experimentar profundas mudanças na vida, que as pegam de surpresa. O efeito relâmpago também faz do 7 um "agente de mudança". Muitas vezes a sua presença basta para acalmar e curar.

Observe também que o 7 "se abre" para a esquerda – o passado. Assim, o indivíduo 7 tem boa memória e gosta de fazer uma retrospectiva para reunir sabedoria e compreender o presente. O 7 "aponta" diagonalmente para o canto superior esquerdo, o que indica seu interesse em desenvolver novas formas de ser, tecnologias de ponta ou descobertas científicas, premonições psíquicas do futuro e uma compreensão intuitiva de outras dimensões. Assim, uma pessoa 7 muitas vezes tem crenças e valores não ortodoxos e únicos.

Devido à sua busca por conhecimento, as pessoas 7 precisam viajar extensivamente em algum momento da vida ou ler muitos livros sobre outras terras, outras culturas, e até mesmo sobre lugares além da Terra e do espaço tempo.

Do ponto de vista financeiro, é importante que os 7 tenham um pé de meia. Caso contrário, eles ficam apreensivos com o futuro. Essa tendência para a ansiedade pode interferir em sua missão final de ser um canal para uma nova sabedoria.

O 7 simboliza as Sete Maravilhas do Mundo originais, o grande mistério, a magia e a cerimônia. Assim, como uma pessoa 7, você tem uma tendência a analisar tudo profundamente. Você é um observador dos mistérios da vida, um buscador de sabedoria e um pesquisador nato. Você se sai melhor quando fica um tempo sozinho, às vezes até passando períodos como um eremita. Na verdade, é melhor que trabalhe sozinho. Como disse Pitágoras, "Aqueles que desejam a sabedoria devem procurá-la na solidão".

Seus pontos de vista e valores às vezes podem ser misteriosos aos olhos dos outros, pois sua busca por sabedoria possivelmente mudou as crenças que tinha na infância e o ajudou a se conectar com a sua natureza divina.

O 7 é o número final da Tríade da Mente 1, 5 e 7. Ele tem, portanto, uma grande inteligência. Você pode ser pego de surpresa às vezes pela falta de compreensão e pela falta de capacidade intelectual dos outros. A pergunta "por quê?" é uma parte integral da sua sede de conhecimento. Você gosta de abordar a vida de uma perspectiva lógica, mas por fim vai precisar fundir sua intuição com a lógica para chegar aos mistérios mais profundos que deseja resolver. Uma especialização em qualquer campo é algo que o agrada, pois você pode colocar todos os seus ovos numa cesta e mergulhar nas profundezas infinitas, explorando conhecimento e sabedoria indefinidamente. Se você alguma vez sentiu que o poço secou ou foi totalmente explorado, é importante que você encontre outra fonte de vida para satisfazer sua curiosidade natural e expandir seu conhecimento e sua capacidade interior de abarcar uma grande sabedoria. Você não é fã de nada frívolo ou superficial.

Você não gosta de ficar sob o olhar atento de ninguém! Isso inclui uma aversão ao "Big Brother". Qualquer pessoa ou entidade que invada sua privacidade, que você preserva como uma leoa aos seus filhotes, não é bem-vinda. Você mantém sua vida particular em segredo e ao mesmo tempo é como se tivesse "olhos atrás da cabeça", pois observa tudo ao seu redor. Quando entra num ambiente, você sente o que está acontecendo ali, mesmo que nunca tenha revelado isso... É por isso que o 7 é um número de guardar segredos. Não é por acaso que o mais famoso espião fictício, James Bond, seja o "007"!

Se um indivíduo 7 se dedicar às artes criativas, sua capacidade de aprender e canalizar intuitivamente faz dele um ator, escritor ou artista magnético e único em qualquer campo.

Em seus relacionamentos íntimos, você precisa de privacidade e de um "refúgio" para onde possa escapar e ficar na solidão. Você pode ser muito amoroso e dedicado, contanto que não espere que seu parceiro viva de acordo com sua longa lista de ideais. Já que pode intuitivamente distinguir o verdadeiro do falso, você pode pular à frente e não dar espaço para o seu parceiro descobrir a sabedoria e a verdade à sua própria maneira e a seu tempo. Os outros precisam ganhar sua confiança, mas, quando isso acontece, você os abraça com abertura e sem julgamento, e espera o mesmo deles!

Você se sente bem quando está em meio à natureza, especialmente à beira-mar. Costuma dar muitas escapadelas (o 7 rege o descanso, o rejuvenescimento, a meditação e os períodos sabáticos). Revitalize o seu coração, a sua mente e a sua alma com longas estadias em lugares que lhe pareçam santuários espirituais.

A ponte que o 7 simboliza é uma metáfora para o crescimento durante toda a vida. Leve para a sua vida diária a sacralidade de unir luz e sombra, o visível e o invisível. Faça da sua vida uma celebração, uma canção dedicada ao Espírito, à Fonte, ou Deus. Você entende a razão da escuridão, e você, como o raio da verdade, irradia seu brilho. Você é um farol de luz no mundo. Fazer brilhar a sua luz na escuridão, de qualquer maneira que seja, é seu dom divino. Abra os salões sagrados da sabedoria que existem dentro do seu ser e você terá acesso direto à verdade, conforme revelada nos registros do tempo e da atemporalidade.

Lembre-se sempre, sua missão divina pode beneficiar uma grande comunidade de almas afins. Estenda a sua mão e inspire o mundo.

Expressões desafiadoras:

Devido à sua sabedoria e sede de conhecimento, você pode ficar impaciente com aqueles que, na sua opinião, não conseguem "captar" as coisas rapidamente. E, visto que você pode identificar com facilidade quando algo está errado, seu perfeccionismo pode transformá-lo num crítico que sempre espera resultados perfeitos, em vez de ficar aberto ao que é para o bem maior da situação. Procure não ser cético com relação à vida, seja porque os outros o decepcionaram ou porque tem emoções não resolvidas decorrentes de experiências de vida anteriores.

Você tem uma personalidade forte, por isso é importante equilibrar sua energia marcante com momentos de leveza e brincadeira. Caso contrário, você se concentrará nas poderosas qualidades de realização do 7 em detrimento da alegria e do amor.

Você pode ser muito reservado e não revelar muito sobre suas verdadeiras motivações. É natural que você mantenha seus problemas para si mesmo, mas não sendo desconfiado ou incapaz de confiar nos outros. Nos relacionamentos íntimos, é importante que você seja vulnerável do ponto de vista *emocional*, não apenas *intelectual* (às vezes você confunde a abertura intelectual com vulnerabilidade).

Quando está fora de alinhamento, você fica pessimista e frustrado. Saiba que isso acontece quando você busca seus momentos de eureca de maneira obsessiva, em vez de ser um canal de luz e amor, sem impor condições sobre como ou em que área essa sabedoria deve fluir através de voce. Mudar de ares ou passar algum tempo em meio à natureza pode ajudá-lo a se reconectar mais rapidamente!

Afirmação: Eu sou a personificação da verdade. Minha alma é minha verdadeira casa. Vivo para compartilhar a luz da sabedoria.

NÚMERO RAIZ 8

O 8 é uma vibração de liderança e força, abundância, segurança financeira e poder. As pessoas 8 têm uma visão que precisa se concretizar. O 8, portanto, rege o empreendedorismo e o executivo. Os indivíduos 8 são responsáveis e pacientes por natureza, o que os faz levar adiante uma ideia desde o seu início até um resultado de sucesso. É natural que uma pessoa 8, em algum momento, enfrente obstáculos e os altos e baixos da vida; no entanto, ela é talhada para superar as dificuldades e ganhar confiança e força. Como uma pessoa 8, você usa quaisquer desafios como trampolins para o sucesso.

Você é tímido e reservado por natureza. Não é evidente que você tenha coragem suficiente para seguir adiante, mas você persiste a cada passo do caminho e, por fim, alcança seu objetivo. Nada nem ninguém vai impedi-lo de cumprir sua missão. Sua natureza tranquila é uma proteção contra sua imensa impulsividade para alcançar o auge da sua profissão. Sua força, sua resistência e seu poder interior para buscar o sucesso são exibidos na imagem visual do número 8.

O 8 é o último dos três números da Tríade da Manifestação: o 2, o 4 e o 8.

8 O 8 parece um símbolo vertical do infinito e representa a vida eterna. Esse é o único número, além do 0, que você pode desenhar sem tirar a caneta do papel. O 8 é também a representação visual de duas janelas, com a janela de cima oferecendo uma visão do espiritual e a de baixo, uma visão do material. O 8, portanto, torna reais as visões (mensagens do espírito), trazendo-as para a Terra e materializando-as em bens que podem ser trocados por dinheiro.

O 8 representa a troca de energia de dinheiro.

O 8 está em sintonia com os negócios, na medida em que essa vibração leva uma visão (espírito) a criar um produto ou serviço (matéria), lança-o no mundo (empresa) e, em troca, recebe pagamento por esse produto ou serviço. Essa é uma das principais trocas de energia espiritual e humana na vida. Enquanto o número 4 simboliza a manifestação de ideias criativas, o 8 vai um passo adiante, adicionando a troca de energia financeira. Tanto o reino espiritual quanto o material, ambos representados pelo número 8, são necessários para que vivenciemos a realização e a abundância. De uma forma ou de outra, a pessoa 8 se concentra na manifestação do dinheiro, quer ela o tenha ou não. Geralmente ela terá a experiência de ambos. De qualquer maneira, é só depois que sua alma está completamente livre para manifestar essas mensagens do espírito que a pessoa 8 percebe seus sonhos de abundância e realização duradouros. Muitas vezes, ela acaba sendo um exemplo ou professor de leis espirituais, de manifestação e/ou financeiras.

A pessoa 8 precisa liderar de alguma forma. Ela não precisa ser um sucesso no mundo financeiro ou empresarial, desde que tenha acesso a um ambiente onde possa inspirar outras pessoas a atingir grandes alturas com sua visão. O símbolo do infinito também implica que as pessoas 8 são como uma bateria com carga contínua, sem nunca desistir.

Ao mesmo tempo, você como um 8 é muito realista e tem uma grande capacidade de organização. Sua paciência e inteligência inatas permitem que você se destaque em qualquer área. Você nasce com o desejo de assumir responsabilidades, por isso é raro encontrar um 8 que seja negligente, pois pessoas desse número se orgulham de viver de acordo com suas maiores expectativas. Sua confiabilidade é lendária, assim como seu comportamento caloroso.

Os 8 gostam de manter uma certa imagem de si mesmos, uma imagem de força, assim como convém aos líderes que eles são. No entanto, eles se preocupam com o modo como os outros os veem, principalmente quando se trata de suas realizações, e na verdade (em segredo) adoram elogios.

O símbolo do infinito também se reflete no equilíbrio entre a justiça e a honra que as pessoas 8 representam. Elas têm uma noção muito avançada do que seja ético e verdadeiro, demonstrando honra, imparcialidade e dignidade em tudo o que dizem e fazem. Assim, elas também gostam de estar com dignitários, buscando a companhia de pessoas importantes e influentes, um grupo ao qual elas naturalmente sabem que "pertencem".

É importante que você, como uma pessoa 8, compartilhe seus recursos com outras pessoas de maneira filantrópica. Quando alinhados positivamente, os 8 podem materializar qualquer coisa, pois eles parecem transformar suas visões em realidade num passe de mágica. Sua persistência e sua coragem, bem como sua natureza cooperativa, permitem que os 8 realizem qualquer coisa a que se proponham quando se trata de trabalhar em parceria. As pessoas 8 são ambiciosas, gostam de desafios e se esforçam para ser o melhor que podem ser. Elas têm originalidade e inspiração, por isso, se criarem algo que preencha sua alma, usando seus múltiplos talentos de forma prática, atingirão o sucesso. Elas também podem atuar como instrumentos de mudanças na vida de outras pessoas.

Como amigos, os indivíduos 8 são leais, dedicados e muito carinhosos com aqueles em quem confiam. No entanto, devido à sua necessidade de parecer forte e de esconder do mundo as suas necessidades, os 8 podem se sentir solitários, com uma grande necessidade de serem amados e valorizados. Se um amigo querido ou um parente precisar deles para qualquer finalidade, farão o sacrifício que for necessário para apoiá-los, sem fazer perguntas. E farão o mesmo por um ideal.

Você, como uma pessoa 8, se preocupa com a qualidade e não será visto comprando roupas de segunda mão. Você valoriza o melhor e prefere garantir a mais alta qualidade em vez de um preço menor. Isso porque você está em sintonia com a vibração da longevidade.

Como um 8, seus sonhos nunca são pequenos! Tudo o que você faz tem que atender às suas maiores expectativas quanto ao que é "melhor". Os 8 têm a coragem, o espírito de liderança e a visão necessários para alcançar a grandeza em qualquer campo. Seu prazer em enfrentar desafios e criar o melhor resultado possível para o bem maior de todos os torna colaboradores incomparáveis e influenciadores maravilhosos.

Expressões desafiadoras:
Um 8 fora de alinhamento é egoísta, materialista e impetuoso – ou sucumbe ao comportamento passivo e impotente. Seu desejo de ter sucesso pode superar seu desejo de ser feliz. Assim, os 8 devem prestar atenção ao seu coração. Se há um sentimento de solidão, se há um sentimento de saudade com relação a algo que está faltando, o 8 não deve ter medo de buscar a felicidade com a mesma sabedoria, maturidade e disciplina que têm ao cumprir sua missão divina.

As pessoas 8 são exigentes consigo mesmas e transferem essa busca por excelência e sucesso para os outros, o que só é negativo se aqueles que não estiverem à altura forem julgados. Você pode levar sua ambição longe demais se estiver fora de alinhamento do ponto de vista energético. Você vai trabalhar sem reservas por muitas horas para atingir seu objetivo, mas pode se esquecer de fazer uma pausa para apreciar a paisagem, não se permitindo pensar em nada que não seja o destino da sua jornada. Isso significa que você pode não ser capaz de aproveitar o objetivo real assim que o atingir, pois se concentra tanto em obter resultados que, quando isso acontece, você já foca o objetivo seguinte, sem reservar um tempo para apreciar a beleza que você mesmo criou. Essa falta de apreciação ao longo do caminho pode acabar levando à frustração e à insatisfação.

Essa dedicação à sua busca é louvável, desde que você preste atenção ao sentimento de inquietude ou de que algo está "faltando" ao longo do caminho. Se não fizer isso, poderá acabar reagindo com tremenda raiva quando provocado ou exibir uma falta de energia em seu corpo físico que se traduzirá em problemas de saúde ou na necessidade de descanso.

Evite ser egoísta e vingativo, obstinado, intolerante e teimoso.

Afirmação: Eu dou o melhor de mim para inspirar os outros a serem o melhor que puderem ser. Minhas ações são minhas expressões de riqueza e bem-estar. Enriqueço a minha vida ajudando a enriquecer a vida de outras pessoas.

NÚMERO RAIZ 9

O 9 é o número da transformação: algo precisa terminar para que algo novo possa começar. O 9, portanto, pode se regenerar repetidamente e exibe uma grande determinação. Esse número simboliza a evolução e o aprimoramento das habilidades psíquicas e da clarividência. Você verá em breve que a qualidade da regeneração do número 9 é confirmada pela matemática e por toda a experiência humana do ser humano na Terra. O 9 é o Rei dos Números e reinará para sempre. A pessoa 9 é calorosa, extrovertida e amorosa com um toque dramático; ela exibe uma personalidade magnética que a faz se dar bem com praticamente todo mundo. Os indivíduos 9 são compassivos, românticos, cheios de amor incondicional, gentis, empáticos, pacientes, tolerantes e sábios. Você, como um 9, é um humanitário inspirador e cheio de compaixão, com grande idealismo e força de vontade. Sua imaginação não tem limites! E você ama se doar.

Como um 9, você tem uma personalidade poderosa e pode usá-la para realizar seu maior desejo: ser útil para os outros, manifestando realizações inspiradoras e/ou produtos ou resultados benéficos. Você representa a *liderança pelo exemplo*; os outros vão olhar para você como um exemplo a ser seguido, esteja você consciente disso ou não. Seu carisma exala confiança amorosa, por isso você precisa aceitar o exemplo que dá e permitir que a sua qualidade de vida fale por si mesmo, uma vez que será imitado pelas pessoas. Você *cumpre* o que fala e quer que seus ideais elevados inspirem os outros, para que eles também possam realizar seu potencial mais elevado.

Sua alma bondosa não gosta de ver ninguém sofrendo. Quando vê alguém em sofrimento, você oferece ajuda, pois realmente se importa com o modo como os outros se sentem. E se você tem um bálsamo de cura ou algo que possa dar alívio ao estresse, você compartilhará isso com quem precisa. Você tem um dom para ensinar, curar e dar conselhos graças aos seus elevados valores de amor e beleza. Seu objetivo final é elevar a consciência vibracional da humanidade.

Você é sempre muito direto e espera o mesmo dos outros; o que você diz é exatamente o que sente. Por isso você não tende a fazer joguinhos para conseguir o que quer; você apenas pede o que você quer!

9 O 9 tem um círculo na parte superior que representa uma grande cabeça cheia de sabedoria (ou ego), aprendida com os números de 1 a 8, que o precederam. A "cabeça" está ligada à Terra por uma linha que corre pelo lado direito, representando o lado artístico e criativo da experiência humana. A sabedoria e o espírito de liderança do 9 mostra que ele é muito evoluído. Você está aqui para ajudar as pessoas, muitas vezes a passar por grandes transições, uma vez que o 9 também representa términos. Para desenvolver a capacidade de amar profundamente, sem julgamento ou expectativa, você mesmo já passou por dificuldades e provas. Aqueles que nascem para ajudar os outros experimentam a dor e se afastam de si mesmos para aprender a perdoar e ter compaixão no mais profundo nível da experiência humana.

Outro resultado da sua conexão emocional é que você entende as pessoas de todas as esferas da vida. Você respeita todas as suas várias qualidades e missões. Você também adora retribuir e tem uma tendência a ser caridoso e filantrópico. Sua natureza sensível e artística combina com sua busca pela perfeição. Como líder, você exige apenas o melhor de si mesmo.

O 9 é o número final na Tríade da Criação 3, 6 e 9 e, portanto, representa o ponto culminante e a celebração de uma missão cumprida. Sua lição principal é elevar o que é aparentemente cotidiano e ordinário para que seja algo extraordinário e significativo.

Você é naturalmente honesto e sincero, indo direto ao ponto e abordando sempre o cerne da questão. Quando os outros não são diretos com você, isso o pega de surpresa. A desonestidade, a manipulação ou os rodeios podem pegá-lo desprevenido, por isso, com exceção dos momentos em que estiver ensinando, você precisa aprender a ser mais cauteloso com os outros. Outra atitude que você precisa evitar é a impaciência com aqueles que pensam mais devagar do que você ou que não reconhecem os padrões de pensamento e ações que podem conduzir ao erro. Você gosta de estar no controle em algum nível, portanto essa pode ser uma questão desafiadora para você.

Nenhum detalhe escapa à sua observação perspicaz, pois você tem uma mente clara e nítida que chega rapidamente à raiz da questão, ao mesmo tempo que analisa o quadro geral. Você, portanto, está consciente de toda energia sutil e visível acontecendo ao seu redor.

Nos relacionamentos, você pode se esforçar para ficar no controle. Com sua ânsia por independência, você pode manter distância, o que resulta na falta da verdadeira intimidade. Você pode ser um enigma, devido à sua natureza calorosa, generosa, e ao mesmo tempo devido à sua falta de compromisso com um relacionamento sério. Isso também está ligado ao símbolo do número 9 em relação aos términos, que faz com que você de alguma forma saiba que tudo um dia chegará ao fim, e isso pode impedi-lo de se envolver totalmente com outro coração.

Você aborda a vida com paixão total e uma intensidade profunda. Sua natureza vibrante e nobre, seu entusiasmo e sua generosidade são notados por todos que são abençoados com a sua presença.

Expressões desafiadoras:
Quando está energeticamente fora de alinhamento, você se apega a ressentimentos ou lembranças, sem deixá-los ir. Você fica ressentido com a vida e pode se fechar emocionalmente. Evite ser arrogante, tirânico ou pouco sincero. A abdicação à liderança pode fazer com que você feche sua mente para a sabedoria e vague pela vida sem rumo, desperdiçando seus dons. A frustração é um sinal de que você deve se reconectar com o centro do seu coração e se render ao amor.

Evite se concentrar nas limitações. Isso vai levá-lo a querer controlar os outros, visto que você não sanou seu próprio sentimento de falta primeiro. Em vez de atender à sua necessidade de controlar, mude seu foco para criar beleza, amor e excelência. Seu papel é emanar alegria de viver para assim realizar seu maior potencial. Quando você se concentra no que é para o seu bem maior, sua sensibilidade emocional exacerbada diminui naturalmente.

Quando fora de alinhamento, você pode ser teimoso, reagindo com atitudes ríspidas e criando conflito. Embora seu temperamento possa fazê-lo chegar ao ponto de ebulição muito rapidamente, você pode seguir em frente com a mesma rapidez, pronto para perdoar e esquecer.

Sua inclinação natural para ser direto pode se transformar num ponto fraco, pois você pode ser belicoso ou agressivo demais. Falar o que pensa sem se importar em saber como isso pode afetar a(s) outra(s) pessoa(s) resulta em consequências tanto negativas quanto positivas. Evite reagir com precipitação, principalmente se o resultado for imprevisível.

No fundo, você pode ter medo da rejeição e se sentir pouco confiante. Por isso, a garantia de que você é apreciado, compreendido, respeitado e amado é algo que você precisa e deseja.

Afirmação: Sirvo aos outros com amor e sabedoria. Permaneço fiel ao meu coração, liderando sempre com amor e para o bem maior de todos.

CAPÍTULO 4
NÚMEROS MESTRES DE 11 A 99

Agora vamos entrar no misterioso reino dos números de dois dígitos 11, 22, 33, 44, 55, 66, 77, 88 e 99, também chamados de "números mestres". O Número Mestre é uma intensificação de um número de um só dígito, por isso o significado central do dígito único, antes de ser duplicado, é incorporado a uma nova experiência, que incorpora as mensagens do dígito simples e do duplo e as *combina* numa *nova* visão.

Os Números Mestres, por natureza, carregam uma responsabilidade maior do que as vibrações de um só dígito. Para se elevar até o chamado superior de um Número Mestre, você precisa ouvir atentamente seu chamado interior, que sempre revelará o caminho escolhido pela sua alma.

NÚMERO MESTRE 11

Se você nasceu no dia 11 ou 29 ou seu Propósito de Vida ou Número do Destino se reduzem a 11 (como 38, 47, 56 etc. e 119, 128, 137 etc.), isso significa que o Número Mestre 11 é um dos seus Três Importantes Números de Nascimento.

Por favor, leia também sobre o significado do número 2 (no Capítulo 3), o "número raiz" de 11.

Quando o 1 se torna 11, a *mente criativa original* e o *espírito de liderança* do número 1 são incorporados ao 11, seu Mestre Psíquico, que combina o 1 numa experiência de duplos novos começos e liderança mais esclarecida. O 11 é o equilíbrio supremo. Equilíbrio entre claro e escuro, masculino e feminino, visível e invisível, conhecido e desconhecido. Você, como 11, portanto, simboliza tanto o visível quanto o invisível, que precisam ser colocados em equilíbrio. No entanto, existe a ilusão de que o céu e a terra, o visível e o invisível, estão separados, e você precisa superar essa ilusão de divisão unindo energias e objetivos aparentemente separados. Quando você fizer isso, vai deixar de ter uma sensação de incompletude e divisão na sua vida.

O "Número Mestre" indica que você está sendo solicitado a dominar algo que está num nível mais elevado. Como uma pessoa 11, você está aprendendo a ouvir sua voz interior, a única voz verdadeira conectada à sua divindade, à sua alma. Sempre que você tiver uma sensação de separação ou divisão, procure entrar em sintonia com essa voz. Essa ideia de divisão pode vir de uma pessoa ou de um modo de pensar externo ou ignorante. Se você se recusar a ver os *dois* lados, ouvir e entender, isso impedirá que ocorra um reequilíbrio da energia. Em todos os casos de conflito ou separação, seu papel é descobrir a fonte da energia opositora. Portanto, a mudança mágica acontece quando você entende a Lei dos Opostos: que para experimentar a luz você também precisa conhecer a escuridão. A harmonia e a paz mais profundas infundem seu coração quando você ouve atentamente, entregando-se à luz da sabedoria que existe dentro de você.

Qualquer nervosismo que seja resultado do fato de o número 11 reger a luz e as correntes elétricas pode ser sanado se você estabelecer rotina e ordem na sua vida.

Os antigos templos de mistério tinham um pilar de cada lado da entrada, de modo semelhante à figura do número 11. Esses pilares são um portal e simbolizam uma iniciação. Sua missão divina é mergulhar nos mistérios e milagres da vida, atravessar esses dois pilares e unir ativo e passivo, vazio e plenitude, receptividade e ação. Tudo se torna uno dentro de você. Quando entra no Templo da Consciência, você faz a escolha de viver plenamente, com total aceitação de todas as situações que surgirem na sua vida, pois você foi feito para isso, esse é seu chamado, e ele é sempre para o seu bem maior. Não importa como isso se manifeste na sua vida!

Mars Ceres
Merkur Venus
Erde
Vesta Mond
Juno

"Para se elevar até o chamado superior de um Número Mestre, você precisa ouvir atentamente seu chamado interior, que sempre revelará o caminho escolhido pela sua alma."

Qualquer coisa pode ser canalizada através da abertura entre as colunas do número 11: uma nova invenção, um vislumbre intuitivo, uma música ou uma obra de arte, um livro. Canalizar um dom é a maior expressão desse número. O dom sempre traz à tona novas informações e inspirações, a experiência inicial do desconhecido, tornando visível o desconhecido.

Não é nenhuma surpresa, portanto, que o 11 simbolize a luz (conforme o Sistema Pitagórico, as letras da palavra "luz" em inglês [*light*] somam 29/11).

Como uma pessoa 11, você ilumina a verdade. Você tem a opção de iluminar a energia negativa ou positiva, mas *com certeza* canalizará essa energia e a trará à luz. Para estar preparado para canalizar o que é *para o seu bem maior*, é importante que você primeiro descubra o seu "professor interior". Reconectar-se com a sua voz interior é outra maneira de intensificar seu envolvimento consciente com seus guias. Você também recebe grande inspiração por meio de símbolos, músicas, obras de arte e conceitos da geometria sagrada. A sintonia com a sua alma abre um universo de sabedoria que você pode acessar quando quiser, instantaneamente, e depois compartilhar com outras pessoas. É caminhando entre a luz e a escuridão, mantendo o equilíbrio, apoiando-se em ambos os pés, assim como o número 11, que você vai ativar sua criatividade e deixar o divino se derramar sobre você por meio desse número.

É importante que você saiba escolher quais empreendimentos trazem unidade e quais causam separação na sua vida. Você vai precisar sair de cima do muro e fazer uma escolha. Essa escolha permitirá que você entre no portal 11, corra esse risco e viva plenamente o momento presente. É nesse momento que você se sente completo. Depois que o caminho para a unidade for reconhecido, honrado e praticado no dia a dia, você deixará a luta diária e a divisão para trás. Você se sentirá em paz. É no ato de rendição que você cumpre seu papel de Mestre da Luz e do Amor.

Se não passar pelo portal, não explorar seu mundo interior (tanto a luz quanto a escuridão), você projetará suas fantasias e neuroses sobre os outros e acabará sabotando seus objetivos. A vida é cheia de paradoxos, por isso não há razão para duvidar da importância e da validade de cada experiência. Se não analisar todos os lados de uma questão, você deixará de fora uma parte da experiência humana. Seu papel é ser incondicional na sua tolerância pelas pessoas e experiências que lhe parecerem diferentes. Seu portal número 11, portanto, tem tudo a ver com liberdade e amor incondicional.

Ao explorar a escuridão e a luz, o visível e o invisível, nada lhe escapa e você caminha por este mundo como um avatar do amor. Em vez de lutar contra a injustiça, você cura. Em vez de resistir à opressão e à dor, você entende que tudo o que acontece com você resulta do chamado da sua alma. Nada acontece com você que não seja, em última análise, pelo seu bem maior.

Como um indivíduo 11, você entende que, ao nascermos na Terra, passamos a viver sob o véu da ilusão (*maya*), que nos protege de saber tudo que já vivenciamos ou ainda vamos vivenciar. Se não fosse por ele, ficaríamos sobrecarregados e não conseguiríamos seguir adiante. Esse véu se levanta um pouco cada vez que entramos no portal 11. Na entrada do portal, a luz irradia através do nosso Terceiro Olho e revela nossa verdadeira origem divina. Tornamo-nos "videntes" iluminados ao entrar na luz. Essa é a iluminação de cada instante, a união com o amor pelo qual tanto ansiamos. Portanto, quanto mais você, como um 11, confia na sua intuição e se rende a ela, mais eleva sua vibração. O 11 é o mestre que lhe ensina.

Qualquer um que cruze o seu caminho fica encantado com seu inegável carisma. Você simplesmente transforma as pessoas com a influência pura da sua aura poderosa. Para você pessoalmente, essa essência espiritual aparece de maneira inesperada, aparentemente por coincidência, e em sincronia com os seus objetivos, guiando você para a luz de modo que possa desempenhar o papel principal que lhe foi destinado. Surpresas e imprevistos fazem parte da sua vida. Deixe que essa força invisível oriente você, à medida que também exerce uma influência invisível e mágica sobre as outras pessoas.

NÚMERO MESTRE 22

Se você nasceu no dia 22 ou se o seu Número do Propósito da Vida e/ou seu Número do Destino é 22, você tem as qualidades não apenas do número raiz 4, mas também do Número Mestre 22.

Por favor, leia também sobre o significado do número 4 (no Capítulo 3), o "número raiz" de 22.

Você é o Mestre Arquiteto da Paz. Você manifesta realização e transforma seus sonhos em realidade. Você trabalha duro e incorpora o poder do Princípio de Buda. Refiro-me ao 22 como o número "Buda".

O Número Mestre 22 intensifica o 4, de um só dígito, representando trabalho, disciplina e honestidade, que chega ao 22 por meio da paz, da intuição e da cooperação. Assim, seu trabalho abrange o estudo espiritual, a autodisciplina e a honestidade espiritual.

"O 11 é o equilíbrio supremo. Equilíbrio entre claro e escuro, masculino e feminino, o visível e o invisível, o conhecido e o desconhecido."

Como um 22, você é:
* Capaz de trazer a sabedoria divina superior para a realidade física.
* Talhado para construir um projeto/negócio/ideia do zero com resultados duradouros.
* Um mestre em invocar paz e calma na vida diária.

Para criar soluções pacíficas e manifestar resultados com impacto, você precisa ser extremamente disciplinado. Às vezes, você pode se sentir como se fosse inferior ou não possuísse todos os recursos interiores necessários. Essa falsa crença vai levá-lo a confiar demais em fontes externas ou na opinião de pessoas para obter aprovação. Entenda que você está aqui como um Mestre Número 22 para confiar nas suas próprias habilidades, o que requer uma tremenda força interior. Para ser um mestre da manifestação, você precisa de paciência e forte vigilância para permanecer "nos trilhos".

O número raiz 4, redução do número 22, lhe dá os dons do planejamento, da dedicação e da ordem para que você não se desvie de áreas irrelevantes ou mesmo prejudicial ao seu bem-estar. Sem monitorar constantemente suas ações, porém, empreendidas com total integridade e honestidade, você pode ficar cego para as ações maléficas das outras pessoas ao seu redor, que poderão levar à ilusão e à frustração. Você experimentará ilusão em vez de iluminação interior.

Os Números Mestres exigem mais de você, mas eles também propiciam as ferramentas necessárias para você realizar muito mais! Portanto, use sua capacidade de *discernir* a verdade da ilusão. Mate os dragões do medo e da energia nebulosa e substitua-os pela magnífica luz da verdade.

Reconheça sua maestria espiritual, refletida na maneira como você assume a responsabilidade e aceita o modo como a vida se mostra a você. Pratique essa responsabilidade espiritual em sua vida diária, em seus relacionamentos e na realização dos seus objetivos. Lembre-se de que os papéis que outras pessoas desempenham em sua vida têm inúmeras razões – inclusive mostrar a você o que *não* fazer! Essa é uma lição tão válida quanto a da pessoa que lhe inspira com atitudes positivas. Aceitar todas as experiências e os relacionamentos como válidos e úteis de alguma forma é a chave para ajudá-lo a superar a inércia que dificulta a mudança interior. Algumas situações ou indivíduos são tão desafiadores que o obrigam a fazer grandes mudanças, que resultam em reajustes que transformam a sua vida e acabam exercendo um impacto positivo sobre você. Outros irão refinar sua sensibilidade, impulsionando-o a assumir um novo papel de edificação da sociedade.

Portanto, se você se abstiver do crescimento interior, evitando a dor, pode não desenvolver uma compreensão profunda do que seja a paz, do que o leva a vivenciá-la e do que o impede de senti-la. As perguntas e respostas sobre o que constitui uma vida de paz são a chave para você desbloqueá-la na sua alma. Você sabe que é necessário um processo interior pelo qual nós, como seres humanos, precisamos passar para desencadear a transformação do eu egoico em ser espiritual e que esse despertar é resultado da autoconsciência e da autoaceitação. Você entende que, quando nos tornamos adultos, precisamos buscar a autorrealização, em vez de encontrar substitutos que nos orientem como nossos pais. Do mesmo modo, é importante que você não se deixe levar por modismos, pelas últimas tendências, e evite buscar com seus amigos ou vizinhos uma aprovação externa. A conformidade é o lado sombrio do 22/4. É vital, para a sua paz e o seu bem-estar, que você seja livre e independente, para que possa criar sua própria ordem com base na sua verdade, e que aceite as consequências das suas ações como um feedback do universo (não um julgamento).

Se você, como um 22, estiver fora de alinhamento, pode sucumbir à indiferença, viver sem rumo, ser imprudente, apático, presunçoso ou frustrado. Você pode se ressentir da falta de reconhecimento, ter inveja do sucesso dos outros ou ser exagerado.

O 22/4 engloba dois dos três números da Tríade da Manifestação 2, 4 e 8 e, portanto, carrega grande energia – realizações que se tornam reais. Em qualquer área que você atue, alcançará uma posição de destaque, pois você não tem medo de desafios e os vê como etapas necessárias, até bem-vindas, para atingir o sucesso. Os Números Mestres carregam majestade e grandeza, e a sua expressão desse poder é a capacidade que tem de manifestar por meio de grandes projetos que você direciona à existência (você não deve cuidar dos detalhes, mas deixar os assuntos secundários para os outros). Como o Número Mestre "Arquiteto da Paz", você sempre quer estar em paz com o seu trabalho e com os seus valores, para que também possa aproveitar os benefícios do poder que lhe foi concedido. Evite ser ambicioso demais e manifestar apenas visando seu lucro pessoal, sem se importar com os *meios* pelos quais você atinge os seus objetivos.

NÚMERO MESTRE 33

Se o seu Número do Propósito da Vida e/ou seu Número do Destino é 33, você tem as qualidades não só do número raiz 6, mas também do Número Mestre 33. (O 33 nunca é Dia de Nascimento.)

Por favor, leia também sobre o significado do número 6 (no Capítulo 3), o "número raiz" de 33.

Você encarna o Doador Altruísta e o Guardião Cósmico. As outras pessoas o tomam como exemplo. Você tem que discernir entre o martírio e o serviço compassivo.

Como um 33, você é:

* Extremamente sensível e pode ser um empata poderoso.
* Talhado para ser um mestre da compaixão.
* Preocupado com o bem-estar das massas.

Quando expresso em seu alinhamento vibracional mais elevado, o Número Mestre 33 simboliza uma pessoa que encarna o amor incondicional. O 33 carrega todas as qualidades do seu número raiz, o 6 (veja o Capítulo 3), mas é ainda mais sensível – sente as emoções das pessoas tão profundamente quanto as suas próprias. Esse é o tipo de amor que diz a qualquer um que cruzar o seu caminho: "Eu aceito você e o amo, não importa o que você faça ou deixe de fazer. Eu sempre continuarei a amá-lo em qualquer circunstância".

Esse amor incondicional é estendido a *você* também. Depois que o tempo passar e você estiver no ponto de transição para outra dimensão, você só se lembrará se serviu e amou o máximo que pôde. Nada importará mais do que ter levado uma vida cheia de significado e uma vida de amor. Serviço e compaixão criam as nossas mais profundas experiências de amor e alegria. O 33/6 abrange a gama desse anseio subjacente dos seres humanos de servir e amar uns aos outros.

Para sintonizar as profundezas da conexão centrada no coração, necessária nesse nível de compaixão, há momentos em que você pode sentir grande dúvida ou angústia, ilusão e decepção na vida. Existem muitas responsabilidades que uma pessoa com Número Mestre 33/6 assume para entender como ativar consistentemente a profunda empatia dessa poderosa vibração. Dizem que Jesus morreu na cruz aos 33 anos, aceitando toda a experiência humana como sua própria, acolhendo-a com grande humildade, a serviço do despertar da humanidade para o amor. Essa é a expressão máxima do 33, um amor que dá origem aos ideais mais elevados por meio da morte do ego.

Observe que nossa coluna vertebral tem 33 vértebras, que é o principal suporte do corpo humano. Assim, o 33 assume tanto o aspecto físico quanto a expressão emocional da nossa experiência humana, além de incorporar os chakras.

Você pode ter dificuldade com questões de intimidade e lealdade. Colocar-se no lugar dos seus entes queridos é essencial para o seu crescimento emocional. Isso significa se olhar no espelho e refletir sobre como suas palavras afetam as outras pessoas, como suas atitudes influenciam as pessoas à sua volta. Você também pode ter uma tendência a ser perfeccionista, e esperar perfeição é uma atitude contrária ao perdão. Você precisa aprender a perdoar os outros por não estarem à altura do que você espera, começando por perdoar a si mesmo por ser imperfeito (algo que é perfeitamente natural ao ser humano!).

Você está aqui para elevar os outros por meio da alegria e do serviço amoroso incondicional, incorporando uma pessoa *empata*, despretensiosa e preocupada apenas

> *"Como um 44, você tem um grande magnetismo, espírito de liderança, persistência e autocontrole. Essas qualidades permitem que você alcance os mais altos escalões do poder e da riqueza, o que lhe confere uma grande possibilidade de servir ao mundo."*

com o bem-estar de todos; um mestre de equilíbrio e da harmonia, que lidera as outras pessoas pelo exemplo.

Quando você, como um 33, está fora de alinhamento, pode sucumbir ao criticismo com relação a si mesmo e aos outros, à pretensão, ao perfeccionismo, à irresponsabilidade, à falta de limites bem definidos, à resistência à reflexão, à preocupação, à insensibilidade, à ansiedade, à rigidez em suas crenças, ao abuso de poder e ao uso do dinheiro para controlar outras pessoas.

O 33/6 compreende dois dos três números da Tríade da Criação 3, 6 e 9. Você é extraordinariamente intuitivo e pode usar seus dons em projetos artísticos e empreendimentos criativos. Com sua suprema apreciação da beleza, seu senso de estética é excepcional e você pode ter domínio da música, das artes, da cor, do movimento e/ou das formas criativas no mais alto grau.

NÚMERO MESTRE 44

Se o seu Número do Propósito da Vida e/ou seu Número do Destino é 44, você tem as qualidades não só do número raiz 8, mas também do Número Mestre 44. (O 44 nunca é Dia de Nascimento.)

Por favor, leia também sobre o significado do número 8 (no Capítulo 3), o "número raiz" de 44.

Você encarna o Visionário Prático e Diretor Engenhoso, neste caso para capacitar os outros, restaurando a ordem e a dedicação em sua vida.

Como um 44, você é:

* Um construtor e manifestador da consciência de grupo.
* Talhado para criar novas modalidades de renda e abundância.
* Alguém que confia na ordem do universo.

Você é muito engenhoso e capaz de manifestar ideias valiosas que beneficiem as outras pessoas. Suas criações visam ajudar outras pessoas a reconstruir a própria vida. Sua capacidade mental é notável, assim como seu poder de persuasão. O 44 tem uma personalidade poderosa, que corresponde aos seus objetivos expansivos. Como um 44, você tem um grande magnetismo, espírito de liderança, persistência e autocontrole. Essas qualidades permitem que você alcance os mais altos escalões do poder e da riqueza, o que lhe confere uma grande possibilidade de servir o mundo.

Você é prático e forte por natureza. Suas *grandes* ideias germinam na sua imaginação poderosa, que é capaz de conceber visões intrincadas e grandiosas. Essa engenhosidade lhe permite administrar e mesclar muitos níveis de poder e personalidades diferentes, encontrando assim soluções mágicas para problemas que outros não são capazes de resolver. Você faz isso incluindo todos no processo, permitindo que suas ideias contribuam para a solução final, agindo como líder, administrador e mago ao mesmo tempo e levando projetos complexos a uma conclusão harmoniosa. Esse gênio natural para a descoberta de soluções em grupo também decorre da sua capacidade inata de analisar e raciocinar ao mesmo tempo em que demonstra compaixão e espírito de liderança com total confiança e controle.

As pessoas veem serenidade e integridade em você, o que faz com que se sintam instantaneamente seguras e centradas. Você é justo, eficiente, forte e ético, além de demonstrar tato e um intelecto incisivo que exerce um poder enorme sobre os que o cercam, pois toda a sua energia é concentrada na tarefa de tornar seus ideais e suas ideias *reais*.

Você não foge ao trabalho e está sempre comprometido com suas responsabilidades e seus projetos, demonstrando a autodisciplina e a tenacidade indispensáveis a qualquer grande líder ou organizador. Como acontece com todo Número Mestre, as vibrações do 44 também requerem ideais elevados e total integridade para que possam ser utilizadas em benefício de outras pessoas. Seu grande desejo é melhorar a vida das pessoas, sua qualidade de vida, e você usa sua influência, seu poder e sua fortuna para manifestar todos os níveis de melhorias e elevação em sua comunidade.

Quando, como Mestre Número 44, você está fora de alinhamento, torna-se imprudente, viciado em trabalho e estressado. Você usa o dinheiro para controlar os outros, espera que eles expressem suas boas ideias, não tem disciplina, é crítico nos bastidores, inveja o sucesso dos outros, não assume responsabilidades e é dominado por suas próprias ambições.

Como 44, você usa a disciplina, a humildade, a perseverança e a dedicação total para permanecer no caminho escolhido pela sua alma. Muitas vezes atingir um objetivo é o que lhe traz a maior realização, pois você sabe que foi preparado para viver esse momento, essa vida, e a satisfação da conclusão é superior a qualquer outra recompensa que possa receber.

NÚMERO MESTRE 55

Se o seu Número do Destino é 55, você tem as qualidades não só do número raiz 1, mas também do Número Mestre 55. (O 55 nunca é Dia de Nascimento ou Número do Propósito de Vida.)

Por favor, leia também sobre o significado dos números 1 (no Capítulo 3) e 10 (Capítulo 5).

Se o seu Número do Destino é 55, sua vida é refletida por mudanças grandes e essenciais. Você é um Buscador da Liberdade e incorpora a Dupla Inteligência, indicada pela sua abertura e vontade de ser adaptável sob todas as condições.

Como um 55, você é:

* Adaptável a mudanças.
* Talhado para liberar sua mente de padrões de pensamento rígidos e ultrapassados.
* Capaz de mudar de ponto de vista com facilidade para gerar uma mudança em si mesmo e de ajudar outras pessoas a fazerem o mesmo.

É de vital importância que você não confunda mudanças pequenas ou superficiais com mudanças verdadeiras e essenciais. Você vibra com a ideia de se aventurar e encara o risco como um instrumento de criação. Assim, você é uma força criativa em todos os níveis. Você sempre precisa impulsionar sua energia em novas direções, com o objetivo final de provocar mudanças fundamentais.

Veja o número 10 (Capítulo 5) e os números 1 e 5 (Capítulo 3) para conhecer as camadas de expressão do lado sombrio do Número Mestre 55.

NÚMERO MESTRE 66

Se o seu Número do Destino é 66, você tem as qualidades não só do número raiz 3, mas também do Número Mestre 66. (O 66 nunca é Dia de Nascimento ou Número do Propósito de Vida.)

Por favor, leia também sobre o significado dos números 3 (no Capítulo 3) e 12 (Capítulo 5).

Se o seu número de destino é 66, sua vida está imbuída de Duplo Poder Criativo e de uma Voz que precisa ser ouvida enquanto serve os outros. Isso vale para qualquer modo de autoexpressão, desde as artes e a música até escrever ou falar. Seu duplo 6 faz de você um pai cósmico para todos e permite que seu coração e sua alma abordem cada ação, palavra e pensamento com extrema empatia e compaixão. Você capacita os outros com suas palavras amorosas de apoio e sua bela mensagem.

Como um 66 você é:

* Capaz de assumir com facilidade suas responsabilidades.
* Talhado para nutrir, já que você incorpora o domínio do Princípio Mãe/Pai, o Princípio da Vida em que o masculino e o feminino se fundem num Divino Parental.
* Capaz de ajudar a transformar o estado emocional de outras pessoas por meio da alegria e da gratidão.

Por ser intuitivo, você precisa se render aos reinos subconscientes. Isso permite que você volte para casa e ame várias e várias vezes. Quando está fora do alinhamento, você se torna alheio aos reinos espirituais e ignora sua intuição e suas responsabilidades, chegando até mesmo a se vitimizar, em vez de optar pela vitória espiritual. Esteja ciente de que a força de qualquer Número Mestre se reflete nas expressões negativa e positiva do seu significado.

Veja o número 12 (Capítulo 5) e os números 3 e 6 (Capítulo 3) para conhecer as camadas de expressão do lado sombrio do Número Mestre 66.

NÚMERO MESTRE 77

Se o seu Número do Destino é 77, você tem as qualidades não só do número raiz 5, mas também do Número Mestre 77. (O 77 nunca é Dia de Nascimento ou Número do Propósito de Vida.)

Por favor, leia também sobre o significado dos números 5 (no Capítulo 3) e 14 (Capítulo 5).

Se o seu Número do Destino ressoa com o Número Mestre 77, sua vida é preenchida com dupla percepção espiritual e capacidade psíquica. Essa é uma vibração de transcendência, e aqueles cujos nomes completos da certidão de nascimento ressoam com ela transcendem todos os obstáculos por meio da entrega à luz. Você está aqui para elevar e inspirar muitos! Você canaliza a mudança de maneiras muito místicas, muitas vezes até sem o seu conhecimento, pois a energia sintonizada com o 77 é a do duplo relâmpago do céu para a Terra, uma mudança impressionante que fervilha em sua percepção consciente de maneira quase milagrosa. Você tem o dom de sintonizar com seus guias espirituais e com o reino angélico sem nem mesmo estar ciente dessa sofisticada conexão. O 77 representa dupla inteligência e inventividade, que permitem que você alcance grandes alturas de sabedoria espiritual.

Como um 77, você é:

* Capaz de chegar ao cerne de qualquer assunto.
* Talhado para libertar outras pessoas da dor mental e espiritual.
* Capaz de compartilhar sua inteligência com quem tem medo de assumir riscos, pois sua coragem contagia essas pessoas e elas voltam a se equilibrar energeticamente.

Seu foco é agudo e sua compreensão do estado psicológico da natureza humana é grande. Sua eloquência é capaz de inspirar e "vender" o que quer que seja. Além disso, você tem talento para a mídia e incorpora expressão e alegria sem medo. Você também tem um grande interesse por temas místicos.

Veja o número 14 (Capítulo 5) e os números 5 e 7 (Capítulo 3) para conhecer as camadas de expressão do lado sombrio do Número Mestre 77.

NÚMERO MESTRE 88

Se o seu Número do Destino é 88, você tem as qualidades não só do número raiz 7, mas também do Número Mestre 77. (O 88 nunca é Dia de Nascimento ou Número do Propósito de Vida.)

Por favor, leia também sobre o significado dos números 7 (no Capítulo 3) e 16 (Capítulo 5).

Se o seu Número de Destino ressoa com o Número Mestre 88, você tem um incrível espírito de liderança e capacidade de superar obstáculos, o que lhe confere grande força como resultado. Esse é o Mestre Executivo que conduz os outros com uma visão profunda. Você incorpora dignidade e excelência à perfeição, o amor que vai além dos limites percebidos, e assim simboliza a versão humana de infinitas possibilidades – sem limites.

Como um 88, você é:

* Capaz de manifestar qualquer coisa.
* Talhado para determinar o seu futuro usando a intensa força da sua imaginação criativa.
* Capaz de assumir com sucesso todas as facetas da sua vida até o enésimo grau, dirigindo leis espirituais naturais.

Você é o Abundante e se sente um presente de Deus. O Número Mestre 88 também o leva a assumir grandes responsabilidades por ser pioneiro.

Veja o número 16 (Capítulo 5) e os números 7 e 8 (Capítulo 3) para conhecer as camadas de expressão do lado sombrio do Número Mestre 88.

NÚMERO MESTRE 99

Se o seu Número do Destino é 99, você tem as qualidades não só do número raiz 9, mas também do Número Mestre 99. (O 99 nunca é Dia de Nascimento ou Número do Propósito de Vida.)

Por favor, leia também sobre o significado dos números 9 (no Capítulo 3) e 18 (Capítulo 5).

Se seu Número do Destino ressoa com o Número Mestre 99, sua vida incorpora as qualidades da Realização por meio do Amor Incondicional. Todas as respostas e toda sabedoria estão contidas dentro de você. Você é realizado e tem resposta para praticamente qualquer coisa (e sabe disso!). Suas habilidades podem gerar fortunas.

Como um 99, você é:

* Conhecedor de tudo e está apto a responder a maioria das perguntas.
* Talhado para se doar – sua vida é dedicada a ajudar causas e a elevar a humanidade.
* Um líder supremo que lidera pelo exemplo, exibindo a mais alta integridade e sabedoria.

Você é muito poético, profundamente romântico e compassivo, o que faz com que a sua mera presença transmita conforto às pessoas. Em sua expressão mais elevada, você é capaz de transcender completamente o ego e se fundir com o amor incondicional.

Veja os números 18 (Capítulo 5) e 9 (Capítulo 3) para conhecer as camadas de expressão do lado sombrio do Número Mestre 99.

CAPÍTULO 5

NÚMEROS DE DOIS DÍGITOS DE 10 A 98

Agora vamos descobrir o significado dos números de dois dígitos de 10 a 98.

NÚMEROS DE 10 A 19

NÚMERO 10

Se você nasceu no dia 10 ou 28 de qualquer mês ou se o seu Número de Propósito de Vida ou Número do Destino é 10, 28, 37 ou 46 (ou se o seu Número de Destino é 55, 64, 73, 82, 91, 109 etc.), você internaliza as qualidades do número 10.

O 10 é a vibração da "Manifestação Instantânea". Isso significa que você pode manifestar ideias, pensamentos, objetivos e emoções com facilidade e muitas vezes instantaneamente. O 10 adiciona um elemento de proteção divina. As palavras de quem tem esse número também exercem um grande impacto sobre os outros. Os fortes dons de implementação dessa frequência carregam uma grande responsabilidade, uma vez que seus pensamentos e sentimentos se manifestarão, sejam eles positivos ou negativos. Por isso, sempre que possível, não deixe de ver a sua vida a partir da perspectiva do "copo meio cheio". O 10 é composto pelo número 1 e pelo número 0 (a linha reta e a curva/círculo), os blocos de construção da geometria sagrada e do universo, que dão acesso direto à sabedoria cósmica. (O código binário, usado pelos computadores, é composto apenas de 1 e 0, o que mostra o impacto que o número 10 exerce.) Dedique sua vida a criar amor e luz de todas as maneiras e você manifestará resultados mágicos.

O lado sombrio do número 10 é expresso quando você está fora de alinhamento. Fique atento a estas tendências: você é rígido e inflexível, tem opinião forte, é teimoso ou propenso ao exagero. Você também pode se tornar tirânico se negligenciar seu despertar espiritual e sua busca pela expansão da consciência.

Certifique-se de ler a seção sobre o número 1 (no Capítulo 3), para ter uma visão completa do número 10.

NÚMERO 11 (VER CAPÍTULO 4)

NÚMERO 12

Se você nasceu no dia 12 de qualquer mês ou se o seu Número de Propósito de Vida ou Número do Destino é 12, 38 ou 48, ou se o seu Número de Destino é 57, 66, 75, 84, 93, 129 etc., você internaliza as qualidades do número 12.

Você escolheu uma vida de serviço e está investindo em educação em todos os níveis, do físico ao espiritual. Você é muito criativo e provavelmente tem uma grande capacidade de se expressar. Você é afetuoso e amoroso por natureza e luta para tornar o mundo um lugar melhor para se viver. Você pode precisar desistir de algo para alcançar o conhecimento e a sabedoria que procura.

Lembre-se, você carrega um "conhecimento" dentro de você, portanto olhe para dentro quando buscar uma solução. Quando se dedicar à expansão do seu conhecimento espiritual e intuitivo, você obterá sucesso e alcançará a felicidade.

O lado sombrio do número 12 é expresso quando você está fora de alinhamento. Fique atento a estas tendências: você se sente uma vítima (ou está vitimizando outras pessoas), sacrificando sua vida a ponto de comprometer sua missão ou valores para servir outra pessoa ou causa, ou você desistiu de sua soberania, é um capacho de todo mundo ou está cheio de amargura.

Certifique-se de ler a seção sobre o número 3 (no Capítulo 3) para ter uma visão completa do número 12.

NÚMERO 13

Se você nasceu no dia 13 de qualquer mês ou tem o número 13 como seu Número de Propósito de Vida ou Número do Destino, ou se o seu Número do Destino é 58, 67, 76, 85, 94, 139 etc., você internaliza as qualidades do número 13.

Como um 13, você vivencia muitas mudanças que se destinam a transformá-lo e capacitá-lo ao longo da vida. O 13 ressoa com uma certa genialidade e você definitivamente aborda a vida de um jeito inovador. Você pode atrair mudanças repentinas, que se destinam a mantê-lo alerta e consciente. Nascimento, vida, morte e renascimento são temas constantes, que estão presentes em todas as áreas da sua vida. Portanto, você passa por muitas mudanças ao longo da vida, à medida que ela dá suas voltas e reviravoltas, substituindo o que é antigo por novas crenças, pessoas e perspectivas.

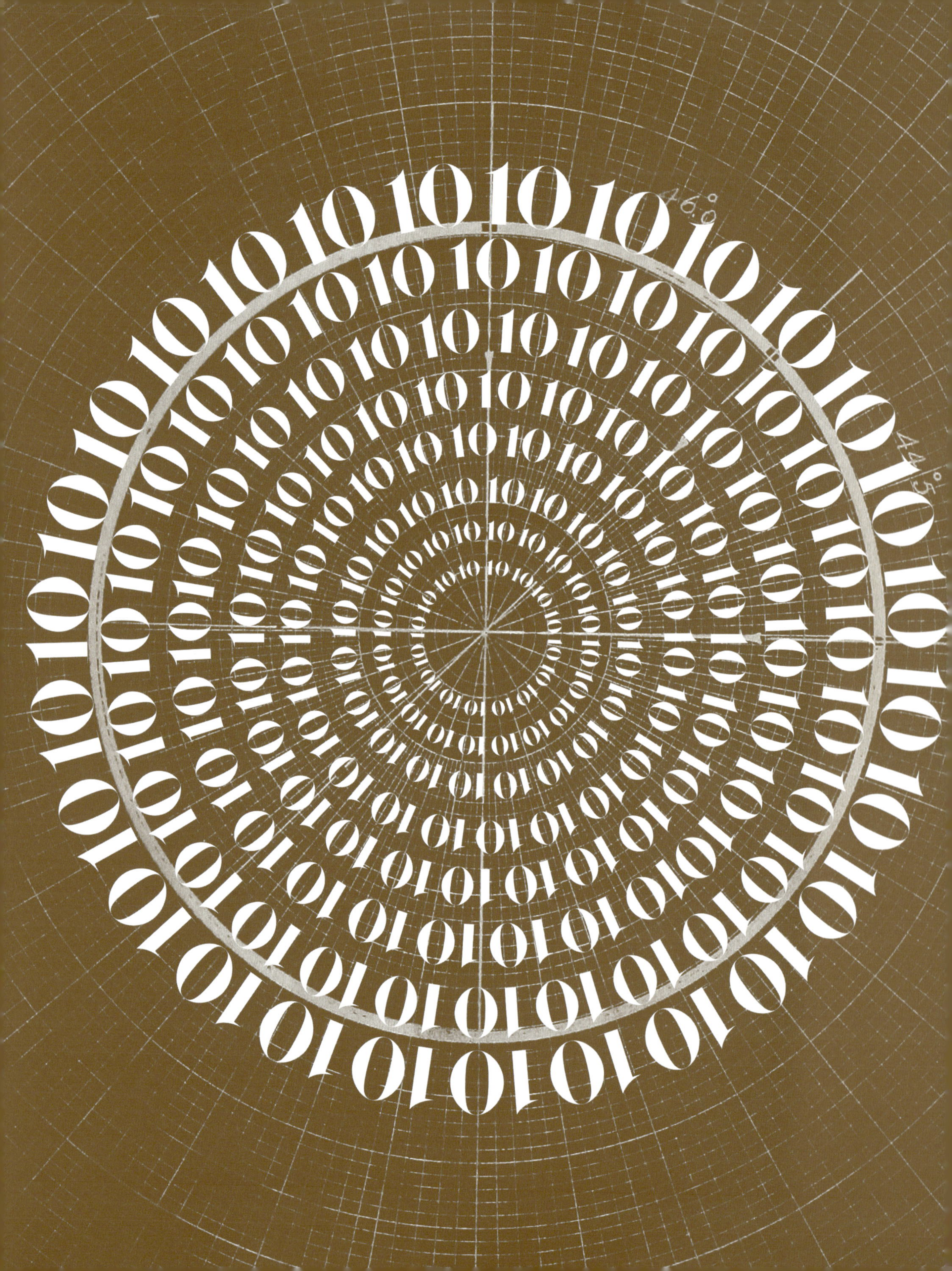

Você é capaz de acessar os mundos visível e invisível, manifestando e criando projetos inovadores em ambos ao mesmo tempo.

O lado sombrio do número 13 é expresso quando você está fora de alinhamento. Preste atenção a estas tendências: você concentra muita energia no plano material, negligenciando a sua natureza espiritual. Você pode participar de ações destrutivas ou ter comportamentos dominadores em relação aos outros. Sua impaciência e seu temperamento podem explodir e de repente destruir o que você construiu com tanta facilidade.

Certifique-se de ler a seção sobre o número 4 (no Capítulo 3) para ter uma visão completa do número 13.

NÚMERO 14

Se você nasceu no dia 14 de qualquer mês ou tem o número 14 como seu Número de Propósito de Vida ou Número do Destino, ou se o seu Número do Destino é 59, 68, 77, 86, 95, 149 etc., você internaliza as qualidades do número 14.

Os antigos associavam o número 14 aos escribas. Eu chamo o número 14 de "número da Mídia", pois ele lhe infunde a capacidade de se conectar e compartilhar informações em qualquer plataforma. Por isso o 14 representa a comunicação magnética com o público. Você está cheio de ideias, tem uma imaginação ativa e muita energia. Gosta de emoção e movimento, mas deve manter uma expressão positiva do seu número para não se sentir instável.

O lado sombrio do número 14 se expressa quando você está fora de alinhamento. Fique atento a estas tendências: você se distrai com facilidade, fica muito nervoso e estressado, é excessivamente analítico ou negligente com as suas responsabilidades ou se sente emocionalmente instável e desequilibrado. Você pode obter ganhos temporários e algumas perdas sob a vibração desse número, por isso é importante que não se fie na opinião de outras pessoas, mas volte-se para sua intuição, seu comunicador interior, se precisar de conselhos.

Certifique-se de ler a seção sobre o número 5 (no Capítulo 3) para ter uma visão completa do número 14.

NÚMERO 15

Se você nasceu no dia 15 de qualquer mês ou tem o número 15 como seu Número de Propósito de Vida ou Número do Destino, ou se o seu Número do Destino é 69, 78, 87, 96 ou 159 etc., você internaliza as qualidades do número 15.

O 15 era chamado, pelos antigos sacerdotes caldeus, de "Alquimista Espiritual". Como uma pessoa 15, você tem grande magnetismo e exibe um encantamento em tudo que faz. Você está em sintonia com a música, o drama e/ou as artes plásticas e exibe carisma e talento que o tornam atraente. Quando está alinhado energeticamente, você atrai com facilidade a prosperidade e as pessoas o ajudam com presentes e favores. Sua principal missão é elevar os outros, abençoando-os com felicidade. Você não tem medo de trabalhar para tornar seus objetivos uma realidade. Você persevera e tem força de vontade, e suas fortes convicções o ajudam a se sentir muito seguro com relação ao que visualiza para o seu futuro.

O lado sombrio do número 15 é expresso quando você está fora de alinhamento. Fique atento a estas tendências: você pode pisar nos calos das pessoas, ser arrogante ou excessivamente curioso a ponto de bisbilhotar a vida alheia. Você também pode sacrificar suas próprias necessidades ajudando os outros, ou ser muito indeciso. Com esse número você deve sempre focar sua intenção no bem maior de todos.

Certifique-se de ler a seção sobre o número 6 (no Capítulo 3) para ter uma visão completa do número 15.

NÚMERO 16

Se você nasceu no dia 16 de qualquer mês ou tem o número 16 como seu Número de Propósito de Vida ou Número do Destino, ou se o seu Número do Destino é 79, 88, 97, ou 169 etc., você internaliza as qualidades do número 16.

O 16 é um número poderoso de transformação espiritual, que simboliza o raio intuitivo do despertar. Se você ouve a sua voz interior, uma mensagem poderosa do número 7, saiba que ela se intensifica ainda mais no número 16, pois a sua intuição sempre o avisará sobre mudanças inesperadas e até perigos – seja por meio de sonhos ou de vislumbres instintivos. Para viver na mais elevada expressão desse poderoso número de despertar, é de absoluta importância que você aguce a sua intuição, pois ignorá-la pode resultar na atração imediata de desafios. Você trabalha melhor quando está sozinho. É nesses momentos que recebe iluminações poderosas e repentinas. Você gosta de sentir sua força pessoal. Você também prefere a qualidade à quantidade.

O lado sombrio do número 16 é expresso quando você está fora de alinhamento. Preste atenção a estas tendências: é importante que você aprenda sobre ser fiel e sincero, portanto, evite a promiscuidade e a infidelidade. Outras expressões do lado sombrio desse número são a impaciência, o hábito de analisar tudo e ser impulsivo ou imprudente. Exibir um lado tirânico, usando palavras ou atitudes abusivas, é uma expressão extremamente negativa dessa vibração.

Certifique-se de ler a seção sobre o número 7 (no Capítulo 3) para ter uma visão completa do número 16.

NÚMERO 17

Se você nasceu no dia 17 de qualquer mês ou tem o número 17 como seu Número de Propósito de Vida ou Número do Destino, ou se o seu Número do Destino é 89, 89, 98, 179 etc., você internaliza as qualidades do número 17.

O 17 é o que chamo de "Número da Imortalidade". Com esse número em seu Código de Nascimento, você deixará um legado para a sua família, para a sua comunidade ou para o mundo em geral. Você se sente compelido a estudar e tornar visíveis os segredos e mistérios ocultos do universo. Você também quer ajudar a levar paz e amor para a humanidade.

"O 16 é um número poderoso de transformação espiritual, que simboliza o raio intuitivo do despertar."

Os antigos se referiam ao 17 como a "Estrela dos Magos". Trata-se de um número profundamente espiritual, que para os antigos caldeus também simboliza a estrela de oito pontas de Vênus. Muitas vezes as pessoas com esse número em seu Projeto Anímico passam por desafios muito cedo na vida, os quais superam mais tarde. Por isso são capazes de se sintonizar com o amor e a paz. Você tem a mentalidade e a resiliência de um verdadeiro sobrevivente.

O lado sombrio do número 17 é expresso quando você está fora de alinhamento. Preste atenção a estas tendências: seu desafio na vida é alcançar um alto nível de desapego, a fim de entender que poder e influência só devem ser usados em benefício das outras pessoas, para elevá-las. Você pode ser teimoso e pessimista e perder completamente a fé ao ver os rumos que o mundo está tomando. Essas dúvidas podem ser superficiais e ter suas raízes em aspectos sem sentido da vida, não na abundância natural em constante expansão e na natureza infinita do universo.

Certifique-se de ler a seção sobre o número 8 (no Capítulo 3) para ter uma visão completa do número 17.

NÚMERO 18

Se você nasceu no dia 18 de qualquer mês ou tem o número 18 como seu Número de Propósito de Vida ou Número do Destino, ou se o seu Número do Destino é 99, 189 ou 198, você internaliza as qualidades do número 18.

O 18 adora sonhar e precisa de mais tempo de descanso, para que sua imaginação incrível se torne consciente. Sua criatividade e compaixão, juntamente com seu carisma natural e suas emoções intensas, podem levá-lo a uma posição de liderança. Você tem a capacidade de mover montanhas e construir impérios. Você é muito sensível aos ritmos da vida. Às vezes a sua sensibilidade é tão intensa que se transforma em nervosismo, por isso é importante que você medite e refresque a cabeça regularmente.

O lado sombrio do número 18 é expresso quando você está fora de alinhamento. Preste atenção a estas tendências: ou você lidera inspirando as outras pessoas ou você pode induzi-las ao erro e lhes dar o exemplo do que não fazer. Você pode, assim, usar o seu poder para gratificar o seu ego. Você pode ser melindroso, facilmente irritável, ingênuo a ponto de ser facilmente enganado pelos outros, alheio aos perigos próximos, viver um conflito entre espiritualidade e materialismo, ou conscientemente ganhar com o conflito.

Certifique-se de ler a seção sobre o número 9 (no Capítulo 3) para ter uma visão completa do número 18.

NÚMERO 19

Se você nasceu no dia 19 de qualquer mês ou tem o número 19 como seu Número de Propósito de Vida ou Número do Destino, ou se o seu Número do Destino é 199, você internaliza as qualidades do número 19.

Os antigos chamavam o número 19 de "Príncipe dos Céus", sendo que a palavra "príncipe" é uma referência simbólica ao Sol. O 19 é composto do primeiro e do último dígitos, 1 e 9, e representa uma vibração de iniciação, porque ele o impulsiona a andar com as suas próprias pernas, depois de acessar a gama de sabedoria contida no 1 e no 9. Assim, você pode atrair muitas mudanças e guinadas na vida, que exigirão que você recomece do zero.

As outras pessoas são atraídas para o seu campo de energia. Você tem uma criatividade maravilhosa, que pode ser acompanhada de uma insegurança igualmente forte. Seu propósito é acreditar em si mesmo e ficar sobre as suas próprias pernas. É desse modo que você alcança a verdadeira paz e a felicidade. Sendo o seu próprio Sol!

O lado sombrio do número 19 é expresso quando você está fora de alinhamento. Fique atento a estas tendências: você se sente inseguro e não tem confiança para tomar uma decisão ou se coloca na posição de vítima. Você pode ficar impulsivo e impaciente. Você gosta de manter seus segredos para si mesmo e pode se transformar em alguém que engana os outros ou até chega ao ponto de sofrer uma "queda" e perder seu prestígio.

Certifique-se de ler as seções sobre os números 1 (no Capítulo 3) e 10 (este Capítulo) para ter uma visão completa do número 19.

NÚMEROS 20 A 29

NÚMERO 20

Se você nasceu no dia 20 de qualquer mês ou tem o número 20 como seu Número de Propósito de Vida ou Número do Destino, você internaliza as qualidades do número 20.

Os antigos sacerdotes caldeus chamavam o número 20 de "O Despertar". Em algum momento da vida, você passará por um poderoso despertar, que fará com que tenha um novo propósito e novos objetivos. Os 20 poucos anos acrescentarão proteção divina à sua vida. Quando tiver 20 anos, você poderá encontrar sucesso na vida ao fazer parte de uma equipe. Você trabalha bem com grupos e pode instaurar a harmonia mesmo quando existem pontos de vista diferentes. As escolhas que você faz exigem testes, e isso requer que você decida que rumo quer dar à sua vida. Você está constantemente se adaptando e se renovando.

O lado sombrio do número 20 é expresso quando você está fora de alinhamento. Preste atenção a estas tendências: você fica ressentido, demonstra descontrole emocional, considera-se fraco, desilude-se com facilidade, sente-se deslocado neste mundo, resiste à mudança e não é cooperativo nem diplomático no seu estilo de comunicação.

Certifique-se de ler a seção sobre o número 2 (no Capítulo 3) para ter uma visão completa do número 20.

NÚMERO 21

Se você nasceu no dia 21 de qualquer mês ou tem o número 21 como seu Número de Propósito de Vida ou Número do Destino, você internaliza as qualidades do número 21.

Os antigos sacerdotes caldeus chamavam o 21 de "Coroa dos Magos". Esse é o número místico da consciência cósmica. O 21 também rege a verdade. Nosso século XXI é definido pela frase: "A Verdade vos libertará". Você está aqui para ajudar a libertar a todos (incluindo você mesmo) do que é falso, supérfluo ou enganoso. Você é uma pessoa muito criativa, versátil e bem equilibrada, e pode se expressar por meio de qualquer modalidade, carreira, forma ou material, na medida em que sua mensagem permeia todas as formas e toca o coração das pessoas.

É importante que você desfaça qualquer dúvida, incluindo sentimentos de inadequação, insegurança ou rejeição. Depois que percebe o seu valor, superando suas inseguranças, você desenvolve uma confiança sólida e passa a ser grato e generoso com toda a vida e com todos que conhece; uma dádiva maravilhosa que flui do seu coração para todos ao seu redor.

O lado sombrio do número 21 é expresso quando você está fora de alinhamento. Fique atento a estas tendências: você teme a rejeição, torna-se excessivamente crítico, dissipa seus dons com atividades frívolas, recorre à mentira ou suas inseguranças resultam em egocentrismo.

Certifique-se de ler a seção sobre o número 3 (no Capítulo 3) para ter uma visão completa do número 21.

NÚMERO 22 (VER CAPÍTULO 4)

NÚMERO 23

Se você nasceu no dia 23 de qualquer mês ou tem o número 23 como seu Número de Propósito de Vida ou Número do Destino, você internaliza as qualidades do número 23.

O 23 é o número da vida (23/5). Você tem desejo de liberdade e quer explorar e aproveitar a vida ao máximo. O 23 era chamado de "Estrela Real do Leão" pelos antigos e, portanto, é um número muito poderoso. Sua força está em suas ideias e na sua inteligência. Você tem um raciocínio rápido e uma grande memória, além de aprender com facilidade. Você também tem confiança para manifestar suas ideias no mundo físico. A comunicação e a pesquisa vêm naturalmente para você. O 23 é uma vibração ambiciosa e corajosa, condizente com o símbolo da "Estrela Real do Leão". Você é leal e apaixonado.

O lado sombrio do número 23 é expresso quando você está fora de alinhamento. Fique atento a estas tendências: você age com precipitação, é teimoso e explosivo, impaciente, egocêntrico e paternalista.

Certifique-se de ler a seção sobre o número 5 (no Capítulo 3) para ter uma visão completa do número 23.

NÚMERO 24

Se você nasceu no dia 24 de qualquer mês ou tem o número 24 como seu Número de Propósito de Vida ou Número do Destino, você internaliza as qualidades do número 24.

Com sua presença magnética e seu poder de sugestão, você exerce um grande impacto sobre os outros. Depois de perceber como você pode servir aos outros com paixão e alegria, você pode atrair abundância e relacionamentos estimulantes com facilidade. Seu sucesso é impulsionado pelas pessoas que o ajudam. Você é um companheiro caloroso e amoroso e adora sua casa, seus filhos e a natureza. Você assume a responsabilidade pela sua vida e seus objetivos, e esse impulso e esse amor pela vida fazem de você um parceiro animado. Suas visões e seus sonhos nutrem sua alma e elevam os outros. Você tem o desejo de viver em abundância e cercado de beleza.

O lado sombrio do número 24 é expresso quando você está fora de alinhamento. Preste atenção a estas tendências: Você se torna ciumento, dominador e controlador com facilidade, interferindo na vida das outras pessoas. Você não é digno de confiança e coloca muita pressão sobre si mesmo, a ponto de fazer sacrifícios.

Certifique-se de ler a seção sobre o número 6 (no Capítulo 3) para descobrir uma visão completa do número 24.

NÚMERO 25

Se você nasceu no dia 25 de qualquer mês ou tem o número 25 como seu Número de Propósito de Vida ou Número do Destino, você internaliza as qualidades do número 25.

Você é um pensador e um idealista seletivo, analítico e científico. Você precisa de paz e sossego e tende a ser mais reservado. As pessoas o admiram por causa do seu conhecimento e da sua sabedoria. Na verdade, você costuma observar pessoas e situações com muita atenção e por isso acaba conhecendo-as a fundo. Como qualquer 7, você quer conhecer os mistérios ocultos da vida. O 25 pode ser um cruzado espiritual. Você tem uma qualidade rara: aprende com os erros do passado. É importante que você tenha grande respeito por seu parceiro; caso contrário, prefere ficar sozinho.

O lado sombrio do número 25 é expresso quando você está fora de alinhamento. Fique atento a estas tendências: com a necessidade que tem de privacidade, você pode ser reservado e alguém difícil de se conhecer. Pode ser um verdadeiro desafio saber o que você está sentindo. Observe quando sentir um conflito interior, pois isso pode fazê-lo perder energia. Evite começar algum projeto e não concluí-lo. Quando está totalmente fora de alinhamento, você pode ser cruel.

Certifique-se de ler a seção sobre o número 7 (no Capítulo 3) para ter uma visão completa do número 25.

"Refiro-me ao 27 como o número 'Gandhi'. Você gosta de compartilhar e elevar as pessoas, e faz isso sem esperar nada em troca."

NÚMERO 26

Se você nasceu no dia 26 de qualquer mês ou tem o número 26 como seu Número de Propósito de Vida ou Número do Destino, você internaliza as qualidades do número 26.

Você é dotado de um espírito de liderança natural e é excelente nos negócios, nas questões que envolvem dinheiro e na administração de empresas. Você tem a resistência e a determinação de um atleta. Entende o mundo material/físico e sabe intuitivamente o que faz praticamente qualquer empresa prosperar. Você não é uma pessoa detalhista; é sua visão do todo que o inspira e nutre. Devido aos seus altos padrões e à sua busca por reconhecimento e sucesso, você pode fazer quase tudo muito bem, superar desafios e se destacar. Você é muito generoso.

O lado da sombra do número 26 é expresso quando você está fora de alinhamento. Fique atento a estas tendências: você pode ser impulsivo e impaciente. Você não investe tempo suficiente em seus relacionamentos pessoais, o que pode levar a uma vida pessoal desorganizada. Procure não ansiar tanto por poder nem ser excessivamente materialista.

Certifique-se de ler a seção sobre o número 8 (no Capítulo 3) para ter uma visão completa do número 26.

NÚMERO 27

Se você nasceu no dia 27 de qualquer mês ou tem o número 27 como seu Número de Propósito de Vida ou Número do Destino, você internaliza as qualidades do número 27.

Você irradia um senso de excelência e autoridade, mesclado com um espírito humanista. O 27 é uma vibração de coragem, amor, compaixão e liderança sábia.

Refiro-me ao 27 como o número "Gandhi". Você gosta de compartilhar e elevar as pessoas, e faz isso sem esperar nada em troca. Procure se concentrar em suas próprias ideias criativas e não ouça pessoas cujas opiniões estejam em desacordo com as mensagens transmitidas pela sua bússola interior.

O lado sombrio do número 27 é expresso quando você está fora de alinhamento. Fique atento a estas tendências: Você pode ficar indeciso e confuso. Quando os outros não estão à altura da sua ideia de perfeição, você se torna intolerante. Seus padrões de perfeccionismo podem torná-lo bastante crítico.

Certifique-se de ler a seção sobre o número 9 (no Capítulo 3), para descobrir uma visão completa do número 27.

"Como um 30, você tem grandes dons artísticos e um forte desejo de se expressar. Essa expressão pode ser positiva ou negativa, mas ela acontecerá de qualquer maneira."

NÚMERO 28

Se você nasceu no dia 28 de qualquer mês ou tem o número 28 como seu Número de Propósito de Vida ou Número do Destino, você internaliza as qualidades do número 28.

Como um 28, você tem uma abordagem original da vida e ideias inovadoras e engenhosas. Isso faz você querer explorar a vida ao máximo e desperta sua natureza ambiciosa. Você tem uma "lembrança" inata de quem você é no âmbito da alma e está aqui para lembrar os outros dessa conexão eterna. Lembre-se de que tudo o que acontece com você, de positivo ou negativo, é um lembrete da sua verdadeira origem. Assim, quaisquer contradições que você sentir são "atrações especiais" que você convocou em sua vida para despertá-lo para a sua verdadeira natureza e seu destino.

O lado sombrio do número 28 é expresso quando você está fora de alinhamento. Fique atento a estas tendências: pode lhe faltar autodisciplina e cautela, por isso você não olha antes de saltar. Você confia nas pessoas erradas, o que pode atrair oposição em todas as partes da sua vida.

Certifique-se de ler as seções sobre os números 1 (no Capítulo 3) e 10 (este Capítulo) para ter uma visão completa do número 28.

NÚMERO 29

Se você nasceu no dia 29 de qualquer mês ou tem o número 29 como seu Número de Propósito de Vida ou Número do Destino, você internaliza as qualidades do número 29.

Como um 29 extremamente intuitivo, você está aqui para desenvolver uma fé inegável em seus dons e confiar na bondade da sua alma. Essa fé total em suas origens divinas cria um otimismo natural em sua vida. O 29 se reduz ao Número Mestre 11, com o qual você vibra também. Você leva sua vida e seu papel a sério. Quando honra a si mesmo como um individualista, um criador de ideias e visionário, sua vitalidade e sua confiança na bondade de todas as coisas operam curas milagrosas. Você tem altos padrões aos quais nunca renuncia e por isso pode exigir muito de si mesmo. Em sua expressão mais elevada, você é um líder e um professor de grande sabedoria.

O lado sombrio do número 29 é expresso quando você está fora de alinhamento. Preste atenção a estas tendências: você pode estar com medo e incerto e isso ocasiona a divisão e a indecisão que ocorrem na sua vida. Você pode atrair amigos não confiáveis, confiar com muita facilidade e ficar facilmente ansioso perto de outras pessoas. Sua ansiedade pode paralisá-lo ou aumentar sua teimosia.

Certifique-se de ler a seção sobre os números 2 (no Capítulo 3) e 11 (no Capítulo 4) para ter uma visão completa do número 29.

NÚMEROS 30 A 39

NÚMERO 30

Se você nasceu no dia 30 de qualquer mês ou tem o número 30 como seu Número de Propósito de Vida ou Número do Destino, você internaliza as qualidades do número 30.

Como um 30, você tem grandes dons artísticos e um forte desejo de se expressar. Essa expressão pode ser positiva ou negativa, mas ela acontecerá de qualquer maneira. Expresse seu sentimento por meio de palavras ou projetos criativos, como a escrita, a música, a dança ou outros modos de expressão. Você inspirará outros a fazerem o mesmo. Você tem uma mente muito ativa e superior. Embora seja descontraído e caloroso socialmente, você também precisa de um tempo na sua própria companhia, por isso certifique-se de diminuir o seu ritmo de vida de tempos em tempos e procurar o seu refúgio. Desse modo você protegerá e nutrirá os seus talentos. Você gosta de correr riscos e precisa de belos cenários para ser feliz. O 30 nasceu para elevar, para compartilhar o lado mais positivo e otimista da vida e para celebrar. O 0 que compõe o número 30 confere proteção divina.

O lado sombrio do número 30 é expresso quando você está fora de alinhamento. Fique atento a estas tendências: você pode duvidar de si mesmo e se distrair com facilidade. Isso resulta em desperdício de energia e faz você andar em círculos. Evite negligenciar as suas responsabilidades. Qualquer surto de mau humor é um sinal de que você precisa se reorientar.

Certifique-se de ler a seção sobre o número 3 (no Capítulo 3) para ter uma visão completa do número 30.

NÚMERO 31

Se você nasceu no dia 31 de qualquer mês ou tem o número 31 como seu Número de Propósito de Vida ou Número do Destino, você internaliza as qualidades do número 31.

O 31, assim como o 13, significa genialidade e pensamento pouco convencional. Você é muito determinado, mas precisa de um tempo sozinho para colocar suas ideias e abordagens em prática. Você tem facilidade para fazer retrospectivas e uma superioridade mental. Você gosta de ser autossuficiente e precisa do seu próprio espaço, o que lhe permite transformar suas ideias em resultados de sucesso. Você tem um grande desejo de segurança, embora não às custas da sua liberdade pessoal.

O lado sombrio do número 31 é expresso quando você está fora de alinhamento. Fique atento a estas tendências: você pode ficar nervoso e se isolar, tornando-se um recluso e cultivando uma mentalidade pouco próspera. Qualquer desejo de solidão é um sinal de que você precisa enfrentar problemas persistentes de raiva, ressentimento ou mal-entendidos. Proteja-se contra o excesso de trabalho e evite a desorganização.

Certifique-se de ler a seção sobre o número 4 (no Capítulo 3) para ter uma visão completa do número 31.

NÚMERO 32

Se você tem o número 32 como seu Número de Propósito de Vida ou Número do Destino, você internaliza as qualidades do número 32.

O 32 era conhecido pelos antigos como a "Vibração do Político". Ele significa máxima liberdade e conexão com as pessoas, especialmente por meio da presença ou da fala magnética. Você tem charme e magnetismo naturais. Sua mensagem tende a ser positiva e sobre boas visões para o futuro. Você é como um guerreiro, que ativa seu senso de responsabilidade e o que é para o bem maior de todos – os mais elevados valores de um líder ou político verdadeiramente em sintonia com a sua missão divina.

O lado sombrio do número 32 é expresso quando você está fora de alinhamento. Fique atento a estas tendências: sua vida só tem sentido com adrenalina e entusiasmo. Você pode estar tenso, recorrer à análise excessiva e apresentar impulsividade e impaciência. Você pode desistir com facilidade, se sentir superior aos outros e ser orgulhoso.

Certifique-se de ler a seção sobre o número 5 (no Capítulo 3) para ter uma visão completa do número 32.

NÚMERO 33 (VER CAPÍTULO 4)

NÚMERO 34

Se tem o número 34 como seu Número de Propósito de Vida ou Número do Destino, você internaliza as qualidades do número 34.

O 34 governa a ordem, o crescimento constante e uma abordagem paciente para manifestar seus objetivos. Você é naturalmente atraído pelos mistérios e segredos ocultos da vida. Tem uma maneira toda sua de abordar o trabalho criativo de uma forma organizada, para elevar sua compreensão e sua mentalidade. Aprender com o passado, com o que foi bom e com o que foi negativo é algo que você sabe fazer muito bem. Você é um pensador rápido, um excelente planejador e um mestre da lógica ao abordar os desafios da vida. Seu crescimento é constante, pois você confia no divino.

O lado sombrio do número 34 é expresso quando você está fora de alinhamento. Fique atento a estas tendências: você pode se tornar impulsivo e impaciente. Pode falar demais e usar táticas violentas para conseguir o que quer.

Certifique-se de ler a seção sobre o número 7 (no Capítulo 3) para ter uma visão completa do número 34.

NÚMERO 35

Se tem o número 35 como seu Número de Propósito de Vida ou Número do Destino, você internaliza as qualidades do número 35.

Buscar riqueza, posição e poder é o seu principal objetivo. A energia da troca de dinheiro fascina você. Autoexpressão (3) e liberdade (5), quando combinadas, criam abundância na sua vida. Você é reconhecido por fazer um trabalho bem feito. É generoso, afetuoso, encantador e totalmente engajado em sua independência. Você está numa aventura final para encontrar o verdadeiro significado da prosperidade. Você tem naturalmente grandes reservas de energia.

O lado sombrio do número 35 é expresso quando você está fora de alinhamento. Preste atenção a estas tendências: você pode ser crítico e autoindulgente. Você pode ter falsas crenças sobre dinheiro e impor uma mentalidade negativa sobre a abundância, quando, na verdade, o dinheiro é um instrumento para fazer mudanças positivas. Você pode ser irracional e imprevisível, bem como indisciplinado.

Certifique-se de ler a seção sobre o número 8 (no Capítulo 3) para ter uma visão completa do número 35.

NÚMERO 36

Se tem o número 36 como seu Número de Propósito de Vida ou Número do Destino, você internaliza as qualidades do número 36.

Como um 36, você está aqui para viver em sintonia com o centro do seu coração. Quando você faz as pazes com sua verdadeira missão, sua visão de como implementá-la permite que você passe a viver a vida que nasceu para viver. O 36 se reduz a 9 e é composto pela Tríade completa da Criação 3, 6 e 9. Assim, você deve usar a energia das suas inspirações e invenções para o bem. Você é confiável e honesto. Use sua profunda aceitação da verdade para superar qualquer dúvida e você chegará ao cerne da fonte de toda a criação. Suas criações podem ser geniais.

O lado sombrio do número 36 é expresso quando você está fora de alinhamento. Fique atento a estas tendências: você pode passar por ciclos de altos e baixos, que levam ao desequilíbrio. Você pode agir com pressa e sem pensar. Você pode se mostrar emocionalmente distante devido à sua grande sensibilidade. Você pode se preocupar com conclusões e finais.

Certifique-se de ler as seções do número 9 (no Capítulo 3) para ter uma visão completa do número 36.

NÚMERO 37

Se tem o número 37 como seu Número de Propósito de Vida ou Número do Destino, você internaliza as qualidades do número 37.

Como um 37, você é sensível e discreto. Tende a ter boas amizades ao longo da vida. Essa vibração também pode enfatizar o amor e o romance. As parcerias em geral são boas, tanto nos negócios quanto na vida. Você tem um relacionamento magnético com o público, especialmente no campo das artes. Você é sábio na forma como expressa suas emoções. Você também é profundamente espiritual. Você tem o desejo de ser proeminente e bem-sucedido em seu campo de trabalho, para que possa expressar seus sentimentos e conectar outras pessoas à centelha divina que existe dentro delas.

O lado sombrio do número 37 é expresso quando você está fora de alinhamento. Fique atento a estas tendências: você pode ser desonesto, enganador ou manipulador. Você pode não confiar em sua intuição e pode recorrer a outras pessoas em busca de respostas. Proteja-se contra conflitos emocionais. Você pode ficar agressivo.

Certifique-se de ler as seções sobre os números 1 (no Capítulo 3) e 10 (este Capítulo) para ter uma visão completa do número 37.

NÚMERO 38

Se tem o número 38 como seu Número de Propósito de Vida ou Número do Destino, você internaliza as qualidades do número 38.

Como um 38, você é extremamente intuitivo e sintonizado com o divino. Você confia nessa ponte entre o seu consciente e sua o inconsciente: a conexão com o invisível. Esse é um número da clarividência natural. O 3 criativo alimenta o 11, resultando num número de liderança espiritual e empreendedorismo. Você é mais feliz quando está a serviço dos outros. Seu campo de energia (aura) às vezes pode ser maior do que a média. Você é um instrumento de sabedoria e paz.

O lado sombrio do número 38 é expresso quando você está fora de alinhamento. Preste atenção a estas tendências: você pode não ter uma conexão com a sua natureza, ter desafios emocionais e físicos devido à criatividade bloqueada, viver de modo extravagante (gastar mais do que ganha), ser imoral e enganar as pessoas. Você pode ficar paranoico e ter fobias.

Certifique-se de ler as seções sobre os números 2 (no Capítulo 3) e 11 (Capítulo 4) para ter uma visão completa do número 38.

NÚMERO 39

Se tem o número 39 como seu Número de Propósito de Vida ou Número do Destino, você internaliza as qualidades do número 39.

Você é gentil e ama a humanidade; portanto, quer ser útil de alguma forma. Tornar o mundo um lugar de mais gentileza, bondade e qualidade de vida é uma de suas visões. Você precisa viver e criar num lugar de paz e contentamento. Você adora aprender e é muito filosófico. Você pode recorrer à sua mente e a seu coração, ganhando uma compreensão fácil dos assuntos à mão. Sua vida é suave e feliz quando você aceita a sua capacidade de falar com sentimento e vulnerabilidade – não apenas com a mente. É nesses momentos que você se rende à Fonte.

O lado sombrio do número 39 é expresso quando você está fora de alinhamento. Fique atento a estas tendências: você pode abusar do seu lado sensual. Pode ser insen-

> *"Você exige muito das outras pessoas, mas ainda mais de si mesmo. Você é um pacificador nato. O 0 do 40 lhe dá proteção divina."*

sível aos outros ou ficar preguiçoso ou se distrair com facilidade. Se a vida lhe parece um drama ou você recorre a exageros ou mentiras, isso é um sinal de que você está insatisfeito do ponto de vista criativo.

Certifique-se de ler as seções sobre os números 3 (no Capítulo 3) e 12 (este Capítulo) para descobrir uma visão geral completa do número 39.

NÚMEROS 40 A 49

NÚMERO 40

Se tem o número 40 como seu Número de Propósito de Vida ou Número do Destino, você internaliza as qualidades do número 40.

Você se dedica a seguir uma estratégia ou um plano de ação e persevera até que cada projeto esteja totalmente concluído. Esse senso de ordem e estrutura faz você se sentir à vontade e feliz. Você também é um empreendedor nato e tem talento para gerenciar outras pessoas. Você exige muito das outras pessoas, mas ainda mais de si mesmo. Você é um pacificador nato. O 0 do 40 lhe dá proteção divina.

O lado sombrio do número 40 é expresso quando você está fora de alinhamento. Fique atento a estas tendências: você pode ter uma disposição negativa, que leva ao pessimismo e à confusão. Você pode enxergar a vida como uma série de obstáculos. Pode ser indisciplinado e pouco confiável. Pode perseguir objetivos que são ilusões e desperdiçar dinheiro.

Certifique-se de ler a seção sobre o número 4 (no Capítulo 3) para ter uma visão completa do número 40.

NÚMERO 41

Se tem o número 41 como seu Número de Propósito de Vida ou Número do Destino, você internaliza as qualidades do número 41.

Você tem uma abordagem aberta e flexível da vida, o que lhe confere a capacidade de se recuperar rapidamente dos revezes, sem deixar que exerçam um impacto forte ou duradouro sobre você. Se for aberto e autêntico com relação à vida, você demonstrará a mesma abertura e liberdade em qualquer relacionamento. Você sempre se mostra cheio de entusiasmo, com um espírito pioneiro e uma versatilidade maravilhosa.

O lado sombrio do número 41 é expresso quando você está fora de alinhamento. Fique atento a estas tendências: você pode ser resistente a mudanças e inflexível em sua atitude. Pode se sentir tímido e com medo de assumir responsabilidades. Pode ser impulsivo e perder terreno quando age com precipitação. Evite o excesso de indulgência.

Certifique-se de ler a seção sobre o número 5 (no Capítulo 3) para ter uma visão completa do número 41.

NÚMERO 42

Se tem o número 42 como seu Número de Propósito de Vida ou Número do Destino, você internaliza as qualidades do número 42.

O 42 rege o afeto e a lei do dar e receber. Sua intenção mais profunda é amar e ser amado. As pessoas apreciam você e a compaixão e a empatia que compartilha, e elas estão dispostas a fazer o que for preciso para mantê-lo por perto. Você pode ter visões que inspiram sua criatividade. Seu ambiente doméstico tem que ser bonito e acolhedor. Do mesmo modo, você precisa de uma maneira de dar vazão à sua imaginação fértil. Você é charmoso, carismático e muito generoso.

O lado sombrio do número 42 é expresso quando você está fora de alinhamento. Fique atento a estas tendências: você pode ser egoísta e achar que está aqui para salvar o mundo. Você pode se sentir incompreendido, negligenciado ou desvalorizado. Também pode se sentir sobrecarregado. Pode ser desonesto e irresponsável.

Certifique-se de ler a seção sobre o número 6 (no Capítulo 3) para descobrir uma visão completa do número 42.

NÚMERO 43

Se tem o número 43 como seu Número de Propósito de Vida ou Número do Destino, você internaliza as qualidades do número 43.

O 43 confere uma forte intuição, que ocorre quando tudo está fluindo bem e a sua mente está clara. Você é prático, criativo e forte, tanto no reino físico quanto no espiritual. O 43 também pode simbolizar revolução. Seus maiores avanços ocorrem quando você está sozinho, ou sozinho na natureza. Quando está em alinhamento, você pode atrair finais felizes e abundância na sua vida.

O lado sombrio do número 43 é expresso quando você está fora de alinhamento. Fique atento a estas tendências: você pode sentir dor emocional ou física por cometer excessos. Você pode se sentir isolado, com raiva ou em conflito. Você aprecia o exercício do poder.

Certifique-se de ler a seção sobre o número 7 (no Capítulo 3) para ter uma visão completa do número 43.

NÚMERO 44 (VER CAPÍTULO 4)

NÚMERO 45

Se tem o número 45 como seu Número de Propósito de Vida ou Número do Destino, você internaliza as qualidades do número 45.

O 45 é o número que mostra como a manifestação da liberdade o ajuda a acessar a sabedoria mais elevada. O 4 lhe dá uma base firme (imagine a Grande Pirâmide como um quadrado perfeito de quatro lados). O 5 lhe dá a capacidade de se comunicar e vivenciar a liberdade de movimento, e o número raiz 9 completa o quadro, mantendo a sabedoria e o amor de todos os oito números anteriores de um dígito. Essa combinação lhe dá uma energia magnética. Você é um humanitário nato, que mescla independência com disciplina.

O lado sombrio do número 45 é expresso quando você está fora de alinhamento. Fique atento a estas tendências: às vezes, a praticidade das suas ideias deixa a desejar. Você pode viver arrependido e desanimado. Se você meditar sobre o passado ou sobre qualquer oportunidade perdida, pode se sentir melancólico. Você pode ser egoísta e orgulhoso.

Certifique-se de ler a seção sobre o número 9 (no Capítulo 3) para ter uma visão completa do número 45.

NÚMERO 46

Se tem o número 46 como seu Número de Propósito de Vida ou Número do Destino, você internaliza as qualidades do número 46.

Por ser um 46, os outros o veem como alguém motivado e independente, uma pessoa que vai a todos os lugares. Você encarna manifestação e paixão transformada em ação, com disciplina, criatividade e compaixão para realmente causar impacto. É seu papel assumir a liderança. Faça disso a sua missão. Você é bem equilibrado e capaz de delegar tarefas, orientando as pessoas sobre como manifestar suas ideias. Sua intuição também pode levar a novas invenções que beneficiem o mundo todo.

O lado sombrio do número 46 é expresso quando você está fora de alinhamento. Fique atento a estas tendências: você pode ser infantil e irresponsável. Pode tirar vantagem de quem o admira. Pode ser egocêntrico e falar sem pensar. Às vezes pode julgar ou mesmo condenar os outros. Supere o orgulho excessivo e a dificuldade para perdoar.

Certifique-se de ler as seções sobre os números 1 (no Capítulo 3) e 10 (este Capítulo) para ter uma visão completa do número 46.

NÚMERO 47

Se tem o número 47 como seu Número de Propósito de Vida ou Número do Destino, você internaliza as qualidades do número 47.

Ter metas específicas e inspiradoras é importante para o seu sucesso. Para implementar suas visões, você usa seu encantamento e seu magnetismo naturais e, assim,

> *"Por ser um 46, os outros o veem como alguém motivado e independente, uma pessoa que vai a todos os lugares."*

consegue ajuda para realizar seus sonhos. Ao atravessar o portal 11 (4 + 7 = 11), você entra nos salões da verdade e da libertação total. Assim, você ativa o que o inspira, assumindo riscos e usando seus dons na sua profissão. Você tem muito a dar e isso inspira confiança. Se você tentar tomar parte do trabalho que é mundano, você não será feliz. Sempre procure discernir o que é importante e descartar o que não é. Esse equilíbrio diário é crucial para a sua paz de espírito, abundância e felicidade.

O lado sombrio do número 47 é expresso quando você está fora de alinhamento. Fique atento a estas tendências: você não tem muito discernimento e é indeciso, o que dissipa sua energia. Você pode sucumbir a distrações e tentações que o afastam do seu propósito. Você pode se apegar a delírios – ou ser sentimental demais.

Certifique-se de ler as seções sobre os números 2 (no Capítulo 3) e 11 (no Capítulo 4) para descobrir uma visão geral completa do número 47.

NÚMERO 48

Se tem o número 48 como seu Número de Propósito de Vida ou Número do Destino, você internaliza as qualidades do número 48.

Você é incrivelmente independente. Não é provável que se apegue a qualquer pessoa, pois anseia por total liberdade de expressão e movimento. Seus pensamentos em geral estão voltados para o objetivo de aprender e você gosta de expandir seus horizontes, viajando e conhecendo outras culturas ao redor do mundo. Você é um pensador lógico, focado na manifestação e na crença de que há muito a aprender nesta vida. Você tem um maravilhoso senso artístico e pode prosperar nas artes ou áreas que exigem soluções criativas. Concentre-se numa área pela qual você seja apaixonado e comprometa-se totalmente.

O lado sombrio do número 48 é expresso quando você está fora de alinhamento. Fique atento a estas tendências: você pode ficar mal-humorado e sentir sua criatividade bloqueada. Você pode ser cínico e intolerante. Pode se sentir muito sensível. Se você se afastar da espiritualidade, pode se sentir incompleto.

Certifique-se de ler as seções sobre os números 3 (no Capítulo 3) e 12 (este Capítulo) para descobrir uma visão geral completa do número 48.

NÚMERO 49

Se tem o número 49 como seu Número do Destino, você internaliza as qualidades do número 49.

Como um 49, sua compaixão e suas ideias brilhantes se mesclam para se manifestar em resultados que beneficiarão muitos. Você tem uma variedade de talentos, que estão enraizados em sua integridade, sua intuição, suas habilidades executivas e sua atenção à justiça. O seu sucesso financeiro é garantido quando você aplica esses talentos no mundo corporativo. Você é naturalmente paciente e sincero, além de diplomático e, portanto, sabe quando é importante esperar... um ingrediente essencial para o sucesso. Você também é leal e carinhoso.

O lado sombrio do número 49 é expresso quando você está fora de alinhamento. Preste atenção a estas tendências: você pode não ter ímpeto para atingir o sucesso e recorrer à ganância ou aos excessos. Você pode ter medo de correr riscos ou ter medo de mudanças. Você pode desconfiar do desconhecido, do invisível e do espiritual e hesitar, perdendo assim uma oportunidade.

Certifique-se de ler as seções sobre os números 4 (no Capítulo 3) e 13 (este capítulo) para descobrir uma visão completa do número 49.

NÚMEROS 50 A 59

NÚMERO 50

Se tem o número 50 como seu Número do Destino, você internaliza as qualidades do número 50.

O 5 combina sua busca por liberdade e alegria com o 0, da proteção divina. A sua vida está cheia de movimento, conquistas e busca por aventuras. Você pode se sentir atraído por uma carreira pública ou usar sua eloquência ao falar em público. De qualquer forma, você quer tornar o mundo em que reside um lugar melhor. Com seu magnetismo natural e poder de persuasão, você também sabe "vender" aquilo pelo que é apaixonado. Sua imaginação é fértil.

O lado sombrio do número 50 é expresso quando você está fora de alinhamento. Fique atento a estas tendências: você pode se sentir esgotado e sobrecarregado. Pode ser irresponsável e esbanjador, ao mesmo tempo que se distrai com facilidade. Você pode ser indeciso e não concluir os projetos que iniciou.

Certifique-se de ler a seção sobre o número 5 (no Capítulo 3) para ter uma visão completa do número 50.

NÚMERO 51

Se tem o número 51 como seu Número do Destino, você internaliza as qualidades do número 51.

Os antigos se referiam ao 51 como o número do "Guerreiro". Você tem uma inteligência sagaz, que é aguçada pela sua profunda percepção e pelo seu discernimento. Isso permite que você faça julgamentos sólidos, baseados em fatos, enquanto equilibra suas decisões com compaixão. Você está cheio de ideias práticas e tem uma mente ativa, que está sempre criando novos projetos. Por isso você é um visionário inovador no mais alto grau. Com sua energia "guerreira", você sabe que está cumprindo uma missão.

O lado sombrio do número 51 é expresso quando você está fora de alinhamento. Preste atenção a estas tendências: você pode ser tacanho e intolerante quando só ambiciona o poder total. Pode ser cruel com os outros ou duro consigo mesmo. Pode atrair grandes rivalidades. Pode ser muito estoico e severo.

Certifique-se de ler a seção sobre o número 6 (no Capítulo 3) para ter uma visão completa do número 51.

NÚMERO 52

Se tem o número 52 como seu Número do Destino, você internaliza as qualidades do número 52.

O 52 é o último número do baralho de cinquenta e duas cartas, o número de semanas de um ano civil e o número final que os antigos caldeus usavam. É uma vibração sagrada, que desperta o desejo de aprender segredos místicos e explorar o desconhecido. Você precisa entender a ligação entre os mundos visível e invisível. Sua sabedoria e sua confiança são profundas, fazendo com que se destaque na multidão.

O lado sombrio do número 52 é expresso quando você está fora de alinhamento. Fique atento a estas tendências: proteja-se contra a estreiteza mental e o ciúme. Você pode fechar a porta para o mundo exterior devido à incapacidade de lidar com ruídos ou distrações. Você pode se sentir separado da Fonte.

Certifique-se de ler a seção sobre o número 7 (no Capítulo 3) para ter uma visão completa do número 52.

NÚMERO 53

Se tem o número 53 como seu Número do Destino, você internaliza as qualidades do número 53.

O 53 é um número de liderança e, portanto, é melhor que você trabalhe por conta própria. Você busca a abundância financeira abrindo um negócio ou prefere prosperar num campo que lhe permita usar seu talento para inventar coisas. Você é criativo, livre, articulado e extremamente curioso. Pode realizar muito, mesmo diante de obstáculos, o que é ótimo, pois existe em você um sentimento profundo de que há muito a realizar.

O lado sombrio do número 53 é expresso quando você está fora de alinhamento. Fique atento a estas tendências: você pode ser agressivo, exibir um ar de arrogância e gostar de uma briga. Você gosta de ficar sozinho e precisa aprender a compartilhar também.

Certifique-se de ler a seção sobre o número 8 (no Capítulo 3) para ter uma visão completa do número 53.

NÚMERO 54

Se tem o número 54 como seu Número do Destino, você internaliza as qualidades do número 54.

O 54 equilibra liberdade e disciplina. Por isso é preciso que haja também um equilíbrio entre trabalho e lazer na sua vida, entre fazer planos e ser livre para explorar. Isso o torna mais idealista ou sonhador, às vezes.

O lado sombrio do número 54 é expresso quando você está fora de alinhamento. Fique atento a estas tendências: você pode ser cínico e não se sentir confortável na sua própria pele. Evite não terminar os projetos que iniciou.

Certifique-se de ler a seção sobre o número 9 (no Capítulo 3) para ter uma visão completa do número 54.

NÚMERO 55 (VER CAPÍTULO 4)

NÚMERO 56

Se tem o número 56 como seu Número do Destino, você internaliza as qualidades do número 56.

O 56 é um número extremamente sensível. Você precisa equilibrar seu desejo de aventura e liberdade com sua forte necessidade de ter amor, um lar e uma família. Lá no fundo, você tem convicções firmes, baseadas na verdade e na paz. Você é charmoso e popular, leal e muito carinhoso. Essa é uma vibração muito musical.

O lado sombrio do número 56 é expresso quando você está fora de alinhamento. Preste atenção a estas tendências: você pode ser muito sensível, se sobrecarregar com facilidade ou sofrer de ansiedade. Você pode ter obsessão por limpeza. Você pode ser excessivamente nervoso. Tomar decisões pode ser desafiador para você.

Certifique-se de ler as seções sobre os números 2 (no Capítulo 3) e 11 (Capítulo 4) para ter uma visão completa do número 56.

NÚMERO 57

Se tem o número 57 como seu Número do Destino, você internaliza as qualidades do número 57.

O 57 é uma mistura de destreza intelectual e alma de inventor. Você é único em sua abordagem à vida. Sua inclinação artística permite que você expresse suas ideias originais de maneiras belas; você nasceu para usar seus dons de maneira criativa. Você tem ideais elevados e é caridoso.

O lado sombrio do número 57 é expresso quando você está fora de alinhamento. Preste atenção a estas tendências: você pode sentir pena de si mesmo, passando a se vitimizar. Você pode não ser capaz de ver o lado bom das coisas. Você precisa desenvolver seu lado espiritual para ter a percepção que pode protegê-lo e lhe dar inspiração. Você pode ser uma pessoa amarga.

Certifique-se de ler as seções sobre os números 3 (no Capítulo 3) e 12 (este Capítulo) para ter uma visão completa do número 57.

NÚMERO 58

Se tem o número 58 como seu Número do Destino, você internaliza as qualidades do número 58.

O 58 é uma vibração de paz e equilíbrio. Você precisa de silêncio e um ambiente silencioso para manter sua segurança e sua estabilidade naturais intactas. Você está aberto para realizar qualquer trabalho, e isso aumenta sua capacidade de implementar seus projetos e objetivos. O 58 se reduz para 13, o que permite que você tome decisões com rapidez. Você tem padrões muito elevados e bom autocontrole. Você é naturalmente encantador.

O lado sombrio do número 58 é expresso quando você está fora de alinhamento.

Preste atenção a estas tendências: você pode se sentir sob tensão, e isso o leva a não descansar o necessário. Você pode ser alguém difícil de agradar, pode ser voluntarioso e teimoso, até dogmático. Pode se sentir antagônico.

Certifique-se de ler as seções sobre os números 4 (no Capítulo 3) e 13 (este Capítulo) para ter uma visão completa do número 58.

NÚMERO 59

Se tem o número 59 como seu Número do Destino, você internaliza as qualidades do número 59.

Como um 59, você é persuasivo e brilhante na forma como se conecta por meio do coração e da mente. Seu poder de persuasão faz de você um ótimo vendedor ou advogado. Você tem o dom de se sentir à vontade com qualquer pessoa, não importa quem seja e de onde venha. Você prospera na diversidade, em que pode usar sua compaixão e seu raciocínio rápido para enfrentar qualquer situação. Você tem um brilho natural nos olhos.

O lado sombrio do número 59 é expresso quando você está fora de alinhamento. Fique atento a estas tendências: você precisa aprender a discernir entre o que é benéfico e positivo e o que não é. Você pode se arriscar demais, apenas para se sentir vivo. Proteja-se contra a impulsividade e a precipitação. Você precisa aprender quando recuar.

Certifique-se de ler a seção sobre o número 5 (no Capítulo 3) e 14 (este Capítulo) para ter uma visão completa do número 59.

NÚMEROS 60 A 69

NÚMERO 60

Se tem o número 60 como seu Número do Destino, você internaliza as qualidades do número 60.

O 60 funde o número do amor, do serviço e da compaixão com 0, a vibração de proteção divina. Esse é um número de harmonia, alegria, gratidão, calor e prazer. Assim você é: encantador, magnético, sábio, artístico e dotado de um grande talento literário.

> *"O 60 funde o número do amor, do serviço e da compaixão com 0, a vibração de proteção divina."*

Você gosta de viajar a trabalho. Você é responsável e confiável, também para realizar seu trabalho.

O lado sombrio do número 60 é expresso quando você está fora de alinhamento. Fique atento a estas tendências: você pode usar seu conhecimento com segundas intenções. Você pode ser rebelde. Evite o egoísmo e o comportamento egoísta. Você pode servir outras pessoas a ponto de ser subserviente.

Certifique-se de ler a seção sobre o número 6 (no Capítulo 3) para ter uma visão completa do número 60.

NÚMERO 61

Se tem o número 61 como seu Número do Destino, você internaliza as qualidades do número 61.

O 61 tem uma abordagem intelectual e idealista da vida. Você tem um forte interesse em fenômenos misteriosos e estranhos e nas artes divinatórias. Você se esforça para viver uma vida de realizações e tem um grande potencial. A conexão íntima pode ser um desafio para você. Essa também é uma vibração favorável a guardar segredos, por isso é um grande número se você fizer uma pesquisa importante (no campo espiritual, científico ou outro) ou se trabalhar em áreas jurídicas ou que exijam algum tipo de disfarce.

O lado sombrio do número 61 é expresso quando você está fora de alinhamento. Fique atento a estas tendências: você pode se sentir incerto e hesitar, e esse comportamento pode dificultar seu avanço. Você pode se sentir instável e precisar ter mais disciplina e autoconfiança. Tenha cuidado para não entrar numa mentalidade negativa.

Certifique-se de ler a seção sobre o número 7 (no Capítulo 3) para ter uma visão completa do número 61.

NÚMERO 62

Se tem o número 62 como seu Número do Destino, você internaliza as qualidades do número 62.

O 62 é composto pelo 6 e pelo 2, que se combinam para fazer de você um cuidador maravilhoso. Você é um mestre na ativação da cura e do amor em sua vida e pode se tornar um excelente profissional de saúde, um praticante de cura espiritual ou um mentor.

Você também está focado em manifestar abundância financeira e tem um talento especial para os negócios e para gerenciar outras pessoas, levando-as a cumprir sua visão. Como qualquer número que se reduz a 8, você encontra uma maneira de usar obstáculos como um caminho para o crescimento. Você é habilidoso e inteligente em encontrar soluções.

O lado sombrio do número 62 é expresso quando você está fora de alinhamento. Fique atento a estas tendências: você pode se desequilibrar se tiver problemas de saúde. Tome nota quando você se sentir reprimido ou fora de sincronia nos seus relacionamentos pessoais.

Certifique-se de ler a seção sobre o número 8 (no Capítulo 3) para ter uma visão completa do número 62.

NÚMERO 63

Se tem o número 63 como seu Número do Destino, você internaliza as qualidades do número 63.

O 63 é um número extremamente apaixonado e criativo. Como o 36, o 63 ativa a Tríade 3, 6 e 9, da Criação, pois se reduz ao número raiz 9. Essa é uma vibração de grande força e compaixão. Você tem um desejo profundo de elevar o mundo e criar algo de valor para os outros. Seu talento artístico é pronunciado. Sua criatividade pode levá-lo à genialidade.

O lado sombrio do número 63 é expresso quando você está fora de alinhamento. Fique atento a estas tendências: você pode se arrepender se viver no passado e olhar para trás, lamentando experiências passadas. Proteja-se contra a desesperança. Suas emoções podem levá-lo ao descontrole e deixá-lo desequilibrado. Você pode se sentir constrangido e alheio a tudo.

Certifique-se de ler a seção sobre o número 9 (no Capítulo 3) para ter uma visão completa do número 63.

NÚMERO 64

Se tem o número 64 como seu Número do Destino, você internaliza as qualidades do número 64.

O 64 lhe dá uma percepção aguçada e uma inteligência que surge do centro do seu coração e se traduz na manifestação de ideias. Portanto, você tem uma forte vontade de vencer e implementar. Você é atraído para a literatura ou outras atividades criativas. Você exala confiança e tem uma personalidade cativante.

O lado sombrio do número 64 é expresso quando você está fora de alinhamento. Fique atento a estas tendências: você pode ser desorganizado. Evite o excesso de otimismo. Certifique-se de investir algum tempo no seu desenvolvimento espiritual e tenha fé na ordem natural e amorosa do universo. Você pode sentir medo e se identificar com o sofrimento.

Certifique-se de ler as seções sobre os números 1 (no Capítulo 3) e 10 (este Capítulo) para ter uma visão completa do número 64.

NÚMERO 65

Se tem o número 65 como seu Número do Destino, você internaliza as qualidades do número 65.

O número 6 imbui você de amor e compaixão, e o 5 expressa um anseio por liberdade e movimento. Uma combinação dos dois, o 65 pede que você concilie seu desejo de liberdade com os compromissos familiares. Quando sua vida está em equilíbrio, todos os seus desejos podem ser realizados, pois esse número está em sintonia com o luxo e com a prosperidade. Você sabe lidar com o dinheiro com sabedoria e comedimento.

O lado sombrio do número 65 é expresso quando você está fora de alinhamento. Fique atento a estas tendências: você pode ser autoindulgente e ter más intenções. Você pode ser excessivamente sensível ao ponto do desequilíbrio.

Certifique-se de ler as seções sobre os números 2 (no Capítulo 3) e 11 (Capítulo 4) para ter uma visão completa do número 65.

NÚMERO 66 (VER CAPÍTULO 4)

NÚMERO 67

Se tem o número 67 como seu Número do Destino, você internaliza as qualidades do número 67.

O 67 combina sua natureza compassiva natural com o intelecto superior. Esse número também está ligado à ordem natural e aos blocos de construção do universo devido à influência do número 13. Assim, está ligado à matemática, aos números e às invenções. Você planeja movimentos sábios e bem pensados e é muito prático. Sua persistência permite que você alcance resultados duradouros.

O lado sombrio do número 67 é expresso quando você está fora de alinhamento. Fique atento a estas tendências: você pode ficar preguiçoso e irresponsável. Pode se tornar dogmático. Evite ser obsessivo ou fanático.

Certifique-se de ler as seções sobre os números 4 (no Capítulo 3) e 13 (este Capítulo) para ter uma visão completa do número 67.

NÚMERO 68

Se tem o número 68 como seu Número do Destino, você internaliza as qualidades do número 68.

O 68 é ótimo para propagar sua mensagem e se conectar com outras pessoas, além de ser um líder compassivo. Você gosta de fazer escolhas boas e edificantes. Você está muito ciente dos seus objetivos e tem uma visão ampla de como usar seu magnetismo natural para implementá-los. O seu senso de humor permite que você rompa barreiras e resistências vindas de outras pessoas. Amor e liderança impulsionam sua voz e o levam a alcançar uma ampla gama de pessoas.

O lado sombrio do número 68 é expresso quando você está fora de alinhamento. Fique atento a estas tendências: você pode ser introvertido. Cuidado para não ser insensível. Você pode ser astuto e cheio de artimanhas.

Certifique-se de ler as seções sobre os números 5 (no Capítulo 3) e 14 (este Capítulo) para ter uma visão completa do número 68.

NÚMERO 69

Se tem o número 69 como seu Número do Destino, você internaliza as qualidades do número 69.

O 69 ativa uma bondade profunda e amorosa e a responsabilidade pelos outros. Você pode sacrificar sua vida para servir a uma causa ou transmitir sua mensagem. Você se dá bem em profissões ligadas à cura e à saúde e gosta de cuidar ou ensinar de alguma forma. Você é muito criativo e suas expressões artísticas transmitem uma magia. Demonstrar seu coração amoroso e sua bondade incondicional é o seu maior objetivo.

O lado sombrio do número 69 é expresso quando você está fora de alinhamento. Preste atenção a estas tendências: você pode colocar sua vida em segundo plano e viver em servidão em vez de servir. Você pode ficar obcecado ou apaixonado por outras pessoas ou bens. Evite a ganância ou a corrupção.

Certifique-se de ler as seções sobre os números, 6 (no Capítulo 3) e 15 (este capítulo) para descobrir uma visão completa do número 69.

NÚMEROS 70 A 79

NÚMERO 70

Se tem o número 70 como seu Número do Destino, você internaliza as qualidades do número 70.

O 70 é uma vibração de mudança e silêncio. Você é um excêntrico e um solitário nato e precisa passar algum tempo num lugar tranquilo, de preferência perto da natureza. O 70 é composto pelo 7, extremamente intuitivo, e o 0, da proteção divina. Sua intuição pode ajudar nos seus negócios. Você busca apreender a verdade e usa sua vasta inteligência para descobrir a origem de um problema e encontrar soluções. Você tem o desejo de contribuir e controlar essa contribuição.

O lado sombrio do número 70 é expresso quando você está fora de alinhamento. Fique atento a estas tendências: você pode se isolar, o que pode levar à instabilidade. Seus humores flutuantes podem interromper seu fluxo intuitivo. Você pode se preocupar demais. Evite a vaidade exagerada.

Certifique-se de ler a seção sobre o número 7 (no Capítulo 3) para ter uma visão completa do número 70.

NÚMERO 71

Se tem o número 71 como seu Número do Destino, você internaliza as qualidades do número 71.

O 71 representa sua vontade de crescer de maneira lenta e constante. Você é dinâmico e determinado. Tem grande fé e é equilibrado energeticamente. Você pode ser um solitário e não se distrai com facilidade. O 71 se reduz ao número raiz 8 e rege o sucesso financeiro. Você faz um bom trabalho.

O lado sombrio do número 71 é expresso quando você está fora de alinhamento. Fique atento a estas tendências: você pode ser preguiçoso e indiferente. Cuidado para não viver como um eremita. Você pode perder oportunidades. Pode precisar lutar para permanecer fiel aos seus valores espirituais básicos.

Certifique-se de ler a seção sobre o número 8 (no Capítulo 3) para ter uma visão completa do número 71.

NÚMERO 72

Se tem o número 72 como seu Número do Destino, você internaliza as qualidades do número 72.

O 72 é o número da compaixão e do talento artístico que surge da sua capacidade de "entrar em sintonia". Sua intuição e sua sabedoria são usadas para levar paz. Você tem um temperamento forte e é igualmente impetuoso em sua produtividade. Você sabe lidar com quantias altas de dinheiro e é uma ótima pessoa para realizar grandes projetos e empreendimentos. Você tem padrões muito altos e adora aprender.

O lado sombrio do número 72 é expresso quando você está fora de alinhamento. Fique atento a estas tendências: você pode ser bastante materialista e apegado aos seus bens e valores. Você pode desejar mais do que precisa. Cuidado para não negligenciar seus ideais espirituais.

Certifique-se de ler a seção sobre o número 9 (no Capítulo 3) para ter uma visão completa do número 72.

NÚMERO 73

Se tem o número 73 como seu Número do Destino, você internaliza as qualidades do número 73.

O 73 é o número da independência e precisa se sentir versátil e livre para expressar sua criatividade. A natureza independente desse número inspira as outras pessoas. Você é um artista inventivo e muito afetuoso. Adora aprender, ler e dar asas à sua imaginação fértil. Sua confiança é inegável e lhe abre as portas para cargos de liderança. Busque sempre a sabedoria interior.

O lado sombrio do número 73 é expresso quando você está fora de alinhamento. Fique atento a estas tendências: você pode ser resistente a mudanças e novos começos. Sua obstinação retarda seu crescimento. Você acredita que passar por dificuldades

> *"O 78 é o número final no baralho de tarô e significa riqueza, alquimia e realização."*

é a única maneira de obter sabedoria e que deve escolher entre viver uma vida espiritual ou uma vida de abundância.

Certifique-se de ler as seções sobre os números 1 (no Capítulo 3) e 10 (este Capítulo) para ter uma visão completa do número 73.

NÚMERO 74

Se tem o número 74 como seu Número do Destino, você internaliza as qualidades do número 74.

O 74 carrega uma natureza extremamente idealista. Você é sensitivo e convém que preste atenção aos seus sonhos e palpites, pois eles podem conter premonições. Sua lição é equilibrar a natureza terrena e mundana do número 4 com o intuitivo e espiritual número 7. A combinação desses dois talentos e qualidades cria o dom da profecia. Você é um mestre de sabedoria e pode canalizar energia.

O lado sombrio do número 74 é expresso quando você está fora de alinhamento. Fique atento a estas tendências: você pode ser bastante obstinado e exigente com os outros, especialmente aqueles próximos a você. Pode passar por dificuldades financeiras, ter mentalidade de pobreza ou ser materialista demais.

Certifique-se de ler as seções sobre os números 2 (no Capítulo 3) e 11 (Capítulo 4) para ter uma visão completa do número 74.

NÚMERO 75

Se tem o número 75 como seu Número do Destino, você internaliza as qualidades do número 75.

O 75 canaliza uma sensação alegre de liberdade, nascida de um sentimento de serenidade. Você percebe que ouvir a sua percepção espiritual o inspira a ser aventureiro e a assumir riscos. Na verdade, sua voz interior o lembra de que você precisa sempre carregar a chama das oportunidades ilimitadas no coração e na mente. Sua fé e seu idealismo inabaláveis se fundem com sua curiosidade e sua criatividade para manifestar soluções inteligentes.

O lado sombrio do número 75 é expresso quando você está fora de alinhamento. Fique atento a estas tendências: você pode ser excessivamente analítico ou idealista. Pode correr em círculos até parecer que seu trabalho não está gerando resultados satisfatórios. Cuidado para não ser vítima da sua frustração.

Certifique-se de ler as seções sobre os números 3 (no Capítulo 3) e 12 (este Capítulo) para descobrir uma visão geral completa do número 75.

NÚMERO 76

Se tem o número 76 como seu Número do Destino, você internaliza as qualidades do número 76.

O alinhamento com a vibração 76 permite que você trabalhe de forma constante e por longas horas em projetos profundamente inspiradores e satisfatórios para você. Trabalhar realmente lhe dá prazer. Você é honesto e confiável, além de saber planejar, administrar e organizar. Você tem o dom de transformar seus vislumbres intuitivos em realidade física. Mudança e transformação podem ser uma constante em sua vida, e você abraça essas mudanças como importantes experiências de crescimento.

O lado sombrio do número 76 é expresso quando você está fora de alinhamento. Fique atento a estas tendências: você pode ser desonesto ou recorrer a atividades fraudulentas. Evite ser fanático ou teimoso.

Certifique-se de ler as seções sobre os números 4 (no Capítulo 3) e 13 (este Capítulo) para ter uma visão completa do número 76.

NÚMERO 77 (VER CAPÍTULO 4)

NÚMERO 78

Se tem o número 78 como seu Número do Destino, você internaliza as qualidades do número 78.

O 78 é o número final no baralho de tarô e significa riqueza, alquimia e realização. Seu sucesso vem da confiança que você tem na sua voz interior para obter respostas (7) e concretizar esses *insights* e soluções (8). Você tem uma grande paixão por servir aos outros e elevá-los por meio da alegria. Devido à sua mente forte, sua confiança interior e sua compaixão, você é uma pessoa magnética, com quem é fácil se relacionar em muitos níveis.

O lado sombrio do número 78 é expresso quando você está fora de alinhamento. Fique atento a estas tendências: você pode ser preguiçoso e dissipar sua energia. Pode facilmente se sentir sobrecarregado. Pode perder uma fortuna com a mesma facilidade com que a conquistou.

Certifique-se de ler as seções sobre os números 6 (no Capítulo 3) e 15 (este Capítulo) para ter uma visão completa do número 78.

NÚMERO 79

Se tem o número 79 como seu Número do Destino, você internaliza as qualidades do número 79.

O 79 canaliza a sabedoria por meio da intuição e é uma vibração de alta liderança. Como um 79, você demonstra uma inteligência aguçada, que se funde com uma profunda compaixão pela humanidade. Esse é o número das realezas e pode indicar uma posição que influencia um amplo espectro da humanidade.

O lado sombrio do número 79 é expresso quando você está fora de alinhamento. Fique atento a estas tendências: você pode ser um recluso e abdicar da sua missão de liderar pelo exemplo. Evite ser implacável e hipócrita.

Certifique-se de ler as seções sobre os números 7 (no Capítulo 3) e 16 (este Capítulo) para ter uma visão completa do número 79.

NÚMEROS 80 A 89

NÚMERO 80

Se tem o número 80 como seu Número do Destino, você internaliza as qualidades do número 80.

O 80 é o número da liderança executiva e dos negócios. Você sabe manter uma visão e liderar outras pessoas. Essa vibração também é abençoada pelo 0, que confere proteção divina. Qualquer posição que lhe permita delegar e liderar permitirá que você expresse seus dons. O empreendedorismo é especialmente adequado para você. Essa é uma vibração de abundância financeira, e sua mente estará focada em atrair prosperidade.

O lado sombrio do número 80 é expresso quando você está fora de alinhamento. Fique atento a estas tendências: Você pode ser inflexível e determinado em seu modo de agir. Fique atento para não ser agressivo. Você pode gostar de ficar sozinho, mas compartilhar é uma lição importante para você.

Certifique-se de ler a seção sobre o número 8 (no Capítulo 3) para ter uma visão completa do número 80.

NÚMERO 81

Se tem o número 81 como seu Número do Destino, você internaliza as qualidades do número 81.

O 81 é 9 vezes 9 e isso lhe dá uma tremenda sabedoria e poder. Você tem a liderança original do número 1, que se fundiu com a liderança executiva do número 8 e se expressa por meio da liderança compassiva do número 9. Assim, seu papel é ajudar os outros a deixarem de lado seus bloqueios emocionais e guiá-los rumo à autoconfiança e à criatividade. Você desfruta dos luxos da vida e aspira manifestar abundância.

O lado sombrio do número 81 é expresso quando você está fora de alinhamento. Fique atento a estas tendências: você pode esconder suas emoções para não compartilhar suas vulnerabilidades mais profundas. Ou pode ter uma reação exagerada para se defender. Observe quando não estiver realmente ouvindo, ou se sentindo tenso, nervoso, sem rumo ou frustrado.

Certifique-se de ler a seção sobre o número 8 (no Capítulo 3) para ter uma visão completa do número 80.

NÚMERO 82

Se tem o número 82 como seu Número do Destino, você internaliza as qualidades do número 82.

O 82 é outro número de liderança. A coragem do 8 é expressa com uma grande sensação de paz e equilíbrio. Você terá que encontrar um equilíbrio entre sua carreira e seus relacionamentos pessoais. Ambos contribuem para que você tenha uma índole gentil e bondosa, mas um caráter forte e confiante. Você é um modelo para os outros.

O lado sombrio do número 82 é expresso quando você está fora de alinhamento. Fique atento a estas tendências: você pode não ter compaixão e ser intolerante com os outros. Pode ser implacável ao buscar seus objetivos. Tenha cautela para não querer dominar os outros. Esteja aberto a uma parceria igualitária e compartilhada.

Certifique-se de ler as seções sobre os números 1 (no Capítulo 3) e 10 (este Capítulo) para ter uma visão completa do número 82.

NÚMERO 83

Se tem o número 83 como seu Número do Destino, você internaliza as qualidades do número 83.

O 83 tem uma vibração muito intuitiva, embora você possa não ser tão aberto com relação à sua sensibilidade mediúnica natural. Você é um canal que torna visível o invisível. O que traz para a consciência permite que você e todas as outras pessoas se sintam fortes e confiantes. Esse é um número com um grande poder de liderança. Você tem o dom de conciliar opostos.

O lado sombrio do número 83 é expresso quando você está fora de alinhamento. Fique atento a estas tendências: você pode ficar paranoico e propenso a fobias. Pode ser insensível ou excessivamente sensível. Talvez sinta que precisa proteger seus dons intuitivos.

Certifique-se de ler as seções sobre os números 2 (no Capítulo 3) e 11 (no Capítulo 4) para ter uma visão completa do número 83.

NÚMERO 84

Se tem o número 84 como seu Número do Destino, você internaliza as qualidades do número 84.

O 84 é uma poderosa vibração de manifestação. Você gosta de planejar, construir e tornar suas visões concretas e reais. A sua criatividade é um grande trunfo, pois lhe permite ser flexível dentro de um contexto de disciplina e estrutura. Você também tem uma personalidade independente e pode mesclar o pouco convencional com o que já foi testado e comprovado.

O lado sombrio do número 84 é expresso quando você está fora de alinhamento. Fique atento a estas tendências: você pode se sentir uma vítima ou passar a querer controlar os outros. Pode haver um conflito interior entre honrar sua natureza criativa ou seu lado organizado. Saiba que ambos precisam ser cultivados.

Certifique-se de ler as seções sobre os números 3 (no Capítulo 3) e 12 (este Capítulo) para ter uma visão completa do número 84.

NÚMERO 85

Se tem o número 85 como seu Número do Destino, você internaliza as qualidades do número 85.

O 85 não se incomoda de trabalhar arduamente, desde que haja uma maneira de conciliar liberdade e visão. Devido ao seu empenho para implementar metas e planos, esse número representa o sucesso. As oportunidades podem surgir do nada, e muitas vezes é preciso decidir rápido. Como um líder que preza pela liberdade e a alegria, você precisa equilibrar trabalho e diversão.

O lado sombrio do número 85 é expresso quando você está fora de alinhamento. Fique atento a estas tendências: você pode ter opiniões muito fortes e ser rígido ao se dirigir aos outros. Você pode se sentir sob tensão e isso o leva a ter um sono muito superficial. Você pode ser uma pessoa difícil de agradar.

Certifique-se de ler as seções sobre os números 4 (no Capítulo 3) e 13 (este Capítulo) para ter uma visão completa do número 85.

NÚMERO 86

Se tem o número 86 como seu Número do Destino, você internaliza as qualidades do número 86.

O 86 é uma vibração de liderança por meio do amor. Você está profundamente comprometido com o ideal de ajudar os outros a ter mais autoconfiança e sabe como elevar as pessoas por meio do humor e incutindo nelas um senso de responsabilidade do qual possam se orgulhar. Você é um mensageiro da alegria. É importante que equilibre sua necessidade de liderar com sua necessidade de ter um convívio afetuoso com seus familiares.

O lado sombrio do número 86 é expresso quando você está fora de alinhamento. Fique atento a estas tendências: você pode ser insensível aos outros. Procure não se concentrar demais em si mesmo. Você pode negligenciar suas responsabilidades e exagerar nos prazeres sensuais.

Certifique-se de ler as seções sobre os números 5 (no Capítulo 3) e 14 (este Capítulo) para ter uma visão completa do número 86.

NÚMERO 87

Se tem o número 87 como seu Número do Destino, você internaliza as qualidades do número 87.

O 87 dá à liderança um viés de magia, assim como a alquimia energética que você cria pode se transformar numa experiência de cura. Você tem a capacidade de hipnotizar e magnetizar as pessoas. Seu carisma e sua compaixão são irresistíveis e permitem que você facilite o despertar espiritual delas. Mesmo que viaje pelo mundo, você prospera quando tem uma base segura e amorosa. Quando está alinhado com seus dons criativos, você atrai abundância com facilidade.

O lado sombrio do número 87 é expresso quando você está fora de alinhamento. Preste atenção a estas tendências: você pode ter dificuldade para equilibrar os planos material e espiritual. Sua intensa paixão pode se transformar em obsessão. Você pode se doar demais e esgotar seus recursos energéticos.

Certifique-se de ler as seções sobre os números 6 (no Capítulo 3) e 15 (este Capítulo) para ter uma visão completa do número 87.

NÚMERO 88 (VER CAPÍTULO 4)

NÚMERO 89

Se tem o número 89 como seu Número do Destino, você internaliza as qualidades do número 89.

O 89 está alinhado com recursos infinitos e se sente confortável sob os holofotes. Você gosta de viagens internacionais e dos elogios que recebe por ser um bom líder. Sua confiança se funde com sabedoria e amor, e isso lhe dá um ar de realeza. Você atrai riquezas e anseia por deixar um legado. Você tem uma perspectiva única sobre a vida que nem sempre é compreendida pelos outros.

O lado sombrio do número 89 é expresso quando você está fora de alinhamento. Preste atenção a estas tendências: você tende a precisar que o admirem e se sente perdido se não recebe elogios constantes. Entenda que poder e influência devem ser usados apenas em benefício das outras pessoas. Você pode ser teimoso e pessimista.

Certifique-se de ler as seções sobre os números 8 (no Capítulo 3) e 17 (este Capítulo) para ter uma visão completa do número 89.

NÚMEROS 90 A 98

NÚMERO 90

Se tem o número 90 como seu Número do Destino, você internaliza as qualidades do número 90.

O 90 é o número do líder sábio, que se dedica a melhorar a qualidade de vida das pessoas. Esse número traz um forte compromisso com a tarefa de inspirar os outros. O 90 inclui o 0 da proteção divina e demonstra uma espiritualidade mesclada com amor incondicional. Essa vida pode ser singular em sua abordagem; porém, o objetivo é sempre trazer energia positiva a todos os empreendimentos e pessoas. Amor e sabedoria compartilhados com coragem e humildade são os temas principais.

O lado sombrio do número 90 é expresso quando você está fora de alinhamento. Preste atenção a estas tendências: você pode estar tão absorto em sua tarefa de ser um

> *"O 91 é uma combinação de finais e começos, que tem o poder de mudar e criar novas experiências para instruir e fortalecer os outros."*

mensageiro que pode se tornar uma pessoa indiferente e se distanciar dos outros. Seu ego pode ser muito inflado, representando a imagem do número 9, que se assemelha a alguém com uma grande cabeça.

Certifique-se de ler a seção sobre o número 9 (no Capítulo 3) para ter uma visão completa do número 90.

NÚMERO 91

Se tem o número 91 como seu Número do Destino, você internaliza as qualidades do número 91.

O 91 é uma combinação de finais e começos, que tem o poder de mudar e criar novas experiências para instruir e fortalecer os outros. O 91 é um número extremamente criativo e tem uma grande habilidade de manifestação.

Como um 91, você é levado a liderar pelo exemplo, a encontrar o seu lugar no mundo e a buscar o sucesso. Você tem um jeito único de encarar a vida.

O lado sombrio do número 91 é expresso quando você está fora de alinhamento. Fique atento a estas tendências: você pode ser teimoso e obstinado. Você pode se isolar. Evite querer dominar os outros.

Certifique-se de ler as seções sobre os números 1 (no Capítulo 3) e 10 (este Capítulo) para descobrir uma visão completa do número 91.

NÚMERO 92

Se tem o número 92 como seu Número do Destino, você internaliza as qualidades do número 92.

Como um 92 extremamente intuitivo, você leva sua vida e seu papel a sério. Quando honra o indivíduo independente que existe em você, alguém com ideias e visões originalíssimas, sua vitalidade e sua confiança na bondade que existe em tudo criam uma cura milagrosa. Em tudo o que faz e diz, você equilibra amor e intimidade, compaixão e cooperação. Como um líder sábio, você é um exemplo de paz. Você tem a grande missão de ajudar e apoiar a humanidade.

O lado sombrio do número 92 é expresso quando você está fora de alinhamento. Fique atento a estas tendências: você pode ter divisão e indecisão acontecendo na sua vida. Você pode confiar com muita facilidade e ficar ansioso com aqueles à sua volta.

Devido à sua grande sensibilidade, convém que você se proteja contra aqueles que não lhe querem bem.

Certifique-se de ler as seções sobre os números 2 (no Capítulo 3) e 11 (Capítulo 4) para ter uma visão completa do número 92.

NÚMERO 93

Se tem o número 93 como seu Número do Destino, você internaliza as qualidades do número 93.

Como um 93, você é extremamente intuitivo e precisa expressar seus sentimentos de alguma maneira. Você quer usar sua criatividade para servir aos outros. Você precisa viver e criar sentindo paz e contentamento. Você gosta de aprender e é muito filosófico. Por ter o hábito de sempre consultar sua mente e seu coração, você compreende com facilidade os acontecimentos à sua volta. Sua vida transcorre com alegria e suavidade quando você usa sua capacidade de falar com sentimento e vulnerabilidade, não apenas de modo racional. É nesses momentos que você se rende à Fonte.

O lado sombrio do número 93 é expresso quando você está fora de alinhamento. Fique atento a estas tendências: você pode ser insensível com relação aos sentimentos das outras pessoas, ser preguiçoso ou se distrair com facilidade. Se a vida parecer um drama ou você recorrer ao exagero ou às mentiras, isso é sinal de que está se sentindo frustrado e insatisfeito. Você pode ter dificuldade para se comprometer com projetos ou parcerias.

Certifique-se de ler as seções sobre os números 3 (no Capítulo 3) e 12 (este Capítulo) para ter uma visão completa do número 93.

NÚMERO 94

Se tem o número 94 como seu Número do Destino, você internaliza as qualidades do número 94.

O 94 cria um forte desejo de manifestar sabedoria e amor. Você quer que a compaixão seja demonstrada de forma prática. Você é muito aberto a abordagens não convencionais e transmite genialidade em suas ideias. Você precisa de estabilidade e uma base segura para se sentir em paz, embora, paradoxalmente, seu crescimento esteja ligado às surpresas e mudanças inesperadas que ocorreram na sua vida. Você tem uma variedade de dons pautados em sua integridade, sua intuição, suas habilidades executivas e seu senso de justiça. Você é naturalmente paciente e sincero, assim como diplomático e, portanto, sabe quando é importante esperar (a paciência é um ingrediente essencial para o sucesso). Você também é leal e carinhoso.

O lado sombrio do número 94 é expresso quando você está fora de alinhamento. Preste atenção a estas tendências: você não se sente tão confortável com a mudança e pode ter medo de correr riscos ou de mudanças. Você pode desconfiar do desconhecido, do invisível e do espiritual e hesitar demais, perdendo assim as oportunidades.

Certifique-se de ler as seções sobre os números 4 (no Capítulo 3) e 13 (este Capítulo) para ter uma visão completa do número 94.

NÚMERO 95

Se tem o número 95 como seu Número do Destino, você internaliza as qualidades do número 95.

Como um 95, você busca a liberdade com um sentimento expressivo de compaixão. Você adora viajar e estar sempre em movimento, e a emoção de levar seus dons a tantas pessoas quanto possível o estimula a assumir o papel de liderança que tanto deseja. Sua busca por independência rege tudo o que você faz, e a comunicação dessa busca faz de você uma força a ser reconhecida. Embora você não seja prático no modo como manifesta sua natureza humanitária, sua capacidade de tocar as pessoas neutraliza a maioria dos desafios estruturais, e você ainda pode implementar sua visão. Você prospera quando há variedade e sabe usar sua compaixão e sua perspicácia para enfrentar qualquer situação.

O lado sombrio do número 95 é expresso quando você está fora de alinhamento. Preste atenção a estas tendências: você pode ter objetivos idealistas demais. Você precisa aprender a discernir entre o que é favorável e positivo e o que não é. Proteja-se contra a impulsividade e não entre em ação precipitadamente.

Certifique-se de ler as seções sobre os números 5 (no Capítulo 3) e 14 (este Capítulo) para ter uma visão completa do número 95.

NÚMERO 96

Se tem o número 96 como seu Número do Destino, você internaliza as qualidades do número 96.

O 96 é uma poderosa vibração de amor incondicional, compaixão e alquimia. Sua natureza doce e gentil anseia por se dedicar àqueles com que você se importa, seja a sua família ou amigos, seus clientes ou a humanidade como um todo. Você tem a missão de elevar a todos por meio da alegria e mudar a vida das pessoas com a magia de um sorriso. Você tem dons artísticos e é muito criativo, por isso encanta cada coração que toca. Compartilhar seu coração de maneira amorosa e incondicional é a sua maior missão.

O lado sombrio do número 96 é expresso quando você está fora de alinhamento. Fique atento a estas tendências: você pode se sacrificar demais por causa dos outros ou de uma causa. Cuidado para não negligenciar suas próprias necessidades para servir aos demais. Você pode ser ganancioso ou corrupto.

Certifique-se de ler as seções sobre os números 6 (no Capítulo 3) e 15 (este Capítulo) para ter uma visão completa do número 96.

NÚMERO 97

Se tem o número 97 como seu Número do Destino, você internaliza as qualidades do número 97.

O 97 é uma vibração do canal espiritual do amor incondicional. Você precisa de paz e tranquilidade devido à sua serenidade interior natural. Um ambiente calmo e a proximidade com a natureza o ajudam a canalizar sabedoria. Como um 97, você tem uma inteligência arguta, que se funde com sua compaixão pela humanidade. O 97 é uma vibração de realeza e pode indicar uma posição que influencia uma grande parcela da humanidade.

O lado sombrio do número 97 é expresso quando você está fora de alinhamento. Fique atento a estas tendências: você pode ser sensível demais e se fechar em si mesmo, tornando-se um recluso. Você pode abdicar da sua missão de liderar pelo exemplo, mostrando a maneira de utilizar a intuição em todos os aspectos da vida. Cuidado para não ser hipócrita.

Certifique-se de ler as seções sobre os números 7 (no Capítulo 3) e 16 (este Capítulo) para ter uma visão completa do número 97.

NÚMERO 98

Se tem o número 98 como seu Número do Destino, você internaliza as qualidades do número 98.

O 98 é uma vibração muito idealista e representa a liderança por meio do amor. Você se preocupa com a abundância e a importância de dar condições para todos manifestarem prosperidade. Sua busca por independência e segurança financeira inspira outros a seguirem o seu exemplo. Você acredita nos recursos infinitos do universo e faz disso uma grande parte da sua vida e sua missão. Sua confiança se funde com a sabedoria e o amor, o que lhe incute um ar de realeza. Você anseia por deixar um legado. Você tem uma perspectiva única da vida que nem sempre pode ser compreendida por todos.

O lado sombrio do número 98 é expresso quando você está fora de alinhamento. Fique atento a estas tendências: você é extremamente sensível e pode ter dificuldade para compartilhar seus verdadeiros sentimentos. Você pode parecer distante. Entenda que o poder e a influência devem ser usados apenas para o benefício dos outros e para elevá-los. Você pode ser teimoso e pessimista.

Certifique-se de ler as seções sobre os números 8 (no Capítulo 3) e 17 (este Capítulo) para ter uma visão completa do número 98.

NÚMERO 99 (VER CAPÍTULO 4)

CAPÍTULO 6

AS LETRAS DO SEU NOME: DE A A Z

PELO FATO DE TODO NÚMERO TRANSMITIR UMA MENSAGEM ÚNICA, CADA LETRA DO ALFABETO TEM UM SIGNIFICADO ESPECÍFICO. O alfabeto contém um simbolismo sagrado. Trata-se de um instrumento maravilhoso para acessarmos uma outra parte do contrato anímico de uma pessoa e apreendermos o significado mais profundo e espiritual das palavras. Use este capítulo como uma chave para descobrir qual o impacto que a linguagem, os nomes e as palavras exercem sobre você ao longo dos dias. Você ficará surpreso ao descobrir a profunda influência que a numerologia das letras exerce sobre a sua vida.

Seu nome atual e o nome que recebeu ao nascer são compostos de várias letras. Algumas são suas iniciais, outras são repetidas e outras aparecem apenas uma vez. As letras que iniciam ou terminam um nome têm um peso extra, assim como a letra do meio de um nome, se ele tiver um número ímpar de letras. (Descubra o significado do posicionamento de uma letra e das letras repetidas no Capítulo 11.)

Você pode observar que todas as 26 letras têm formatos diferentes. Essa é a primeira pista de que elas não afetam você da mesma maneira! À medida que descobrir o significado por trás de cada letra, você começará a reparar que, nas descrições a seguir, algumas palavras estão com a primeira letra em maiúscula. Preste atenção às palavras e aos nomes próprios que ativam cada letra, para saber mais a respeito.[1]

Atente para as letras que correspondem às suas iniciais, a primeira vogal de cada um dos seus nomes, as letras duplicadas posicionadas lado a lado (o nome ANNa, por exemplo, tem dois Ns próximos um do outro, e JiLL tem dois Ls lado a lado) ou as letras que se repetem. Essas letras terão uma ênfase *maior na sua vida (saiba mais sobre esse assunto no Capítulo 11).*

Vamos mergulhar agora no significado secreto de cada letra do alfabeto!

A = 1

O A se equilibra sobre dois pés e mostra iniciativa, Ação, Ativação e liderança. O A gosta de assumir o comando!

O A tem uma trave central que equilibra o plano espiritual e o físico, o reino superior e o inferior.

O A alcança um ponto de chegada – ele é Ambicioso. Um "A" num boletim escolar representa a nota melhor e mais alta.

O A precisa decidir com rapidez, do contrário será excessivamente Analítico.

O A é a primeira letra do alfabeto e representa o Ar que respiramos, a primeira lufada de ar que respiramos ao nascer. Diga "Ah" e o som será semelhante ao da respiração. Assim, o A também é muito engajado e criativo, confiante e ativo. O "a" em inglês é o artigo indefinido "um" ou "uma" (como em "um quadro", "uma casa" etc.)

O A precisa conter seu entusiasmo caso ele se torne negativo. Esse entusiasmo negativo pode ser expresso como uma ambição desmedida, presunção, egoísmo ou um comportamento autoritário, brusco ou ciumento.

O A é totalmente formado por linhas retas, o que dá foco, clareza, direção, objetividade e consciência.

A EXPRESSÃO VIBRACIONAL MAIS ELEVADA DO A OCORRE QUANDO: o A Ativa a Ação e as realizações e Aceita e reconhece que tudo é possível!

---

[1] A análise feita pela autora do significado das letras do alfabeto baseia-se na língua inglesa, por isso há casos em que se manteve a palavra em inglês entre parênteses quando não foi possível traduzi-la por outra em português que começasse com a mesma letra. (N. da T.)

B = 2

O B se parece com dois cômodos de uma casa. Esses cômodos estão fechados, por isso eles "dão à luz" (*births*) algo sagrado e secreto.

Por ser a segunda letra do alfabeto, o B representa o número 2 e os dois lados de uma moeda. Equilíbrio (*balance*).

O B tem uma linha no meio, que divide os "cômodos" superior e inferior. Ela distingue o mundo espiritual do mundo físico, trazendo a compreensão de ambos, mas também os mantém separados.

O B é a primeira letra da palavra "corpo" em inglês (*body*), a morada da nossa alma.

O B é uma representação visual dos seios (*breasts*), cuja função é amamentar o Bebê, que precisa da Barriga da mãe para formar o seu corpo (*body*). Note que a palavra "bebê" tem dois Bs.

O verbo "ser" em inglês (*to be*) inicia-se com a letra B. O B também simboliza um corpo em equilíbrio (*body in balance*), seja ele feminino ou masculino, cujo cérebro (*brain*) abriga temporariamente a alma, receptáculo da nossa "Beleza" interior.

O B é amoroso por natureza, é um companheiro carinhoso, precisa de um lar harmonioso e prospera quando está em parceria. O B não gosta de sons e ruídos dissonantes e se sente profundamente tocado pela música.

Por ser uma letra com espaços fechados, o B pode guardar segredos, mas precisa ter cautela com o comportamento sigiloso, o mau humor, a preguiça, os relacionamentos codependentes, a hipersensibilidade e o desejo de agradar.

O B é composto por uma linha reta na vertical, que representa a coluna vertebral (energia e inspiração descendo da Fonte), e duas curvas, que embalam nossas inspirações e ideias, segurando-as junto ao peito (*breast*), para lhes dar segurança, de modo que possam iniciar (*begin*) uma nova jornada. O B é capaz de realizar mais de uma atividade por vez.

A EXPRESSÃO VIBRACIONAL MAIS ELEVADA DO B OCORRE QUANDO: o B nasce (*Births*) e leva à existência (*Being*) por meio da respiração (*Breathes*), levando todos ao seu Melhor (*Best*), por meio do equilíbrio (*Balance*).

C = 3

O C é um Círculo aberto, que Cuida da Criatividade, ansioso para Compartilhá-la por meio da Comunicação.

O C oscila como uma "Cadeira de balanço" e também é inconstante (*changeable*) e flexível.

O C soa como o verbo "ver" em inglês (*see*) e está aberto para a direita (o futuro). Portanto, o C pode "ver" o futuro.

Por ser a terceira letra do alfabeto, o C representa o número 3 e a Tríade da Criação.

O C precisa Compartilhar sua voz, sua escrita, sua música, sua arte, seu canto. O C tem muita facilidade para sentir a fluidez do som, das palavras, da Cor.

O C tem a forma de meia-lua e brilha com a luz da Clareza. As pessoas C adoram brilhar e são mais felizes quando elevam o astral das outras pessoas. Os Cs podem hesitar em se tornar visíveis, por isso a luz deve ser lançada sobre eles.

Coloque a letra C na horizontal e o que você vê é um sorriso. Os Cs adoram causar alegria e sorrisos. Como uma boca sorridente, o C simboliza a voz e a música.

O C é artístico e não está interessado em trabalhos mundanos. Em vez disso, ele quer sentir prazer em tudo e está em sintonia com a brincadeira, a exploração criativa e a "visão" da beleza antes que ela se torne real – nos Conceitos abstratos. O C deve deixar os assuntos administrativos nas mãos de outras pessoas.

O C quer compartilhar seu coração e suas emoções, permitindo que os sentimentos, as palavras, as artes e a música fluam sem barreiras.

O C pode ser crítico com relação a si mesmo e aos outros, pode compartilhar além do que é capaz, pode sair dos trilhos ou fazer fofoca. Também pode reprimir seus dons de expressão e se tornar intolerante com quem demonstra alegria, dissipar sua energia e ficar sério demais.

A EXPRESSÃO VIBRACIONAL MAIS ELEVADA DO C OCORRE QUANDO: o C Compartilha a alegria de uma Criança e nos Conecta com a Criação Cósmica por meio do processo Criativo.

D = 4

O D vem da letra grega "Delta" e, de acordo com os fenícios, significa "porta".

O D é um "cômodo" fechado e mais parece um quadrado, o símbolo do número 4.

O D está enraizado na experiência física e usa a Disciplina para tornar o Divino um Desenho visível. O D, portanto, rege a arquitetura. "Domus" em latim significa "casa" e o D é Doméstico por natureza.

O D adora seu lar e é Decente, Dedicado à família e ao país, forte, Definido e capaz de Delegar e tomar Decisões. É um bom Defensor e Diretor, com um grande desejo de abrir a Porta (*door*) para o Divino.

O D está ligado ao Desempenho e à Disciplina e detém o Domínio sobre a Morte (*death*) e o Divino.

O D pode ser muito disciplinado e estabelecer limites de crescimento e expansão.

O D gosta de trabalhar e é confiável e bom em concluir projetos, mas precisa ter cautela para não dedicar muita energia ao trabalho e nenhuma à diversão.

O D é direto e sincero, por representar o 4, e gosta de fazer acordos sem deixar arestas.

O D é formado por uma linha reta, que traz o divino para baixo, e é totalmente fechado por uma curva na forma da letra C ao contrário, criando uma base segura para tornar o Divino manifesto.

O D repara nos detalhes, mas não é um "vidente" como o C ou o S. Precisa de provas e evidências visíveis: ver para crer. Os Ds são metódicos, pacientes e é melhor deixá-los aprender e trabalhar no seu próprio ritmo.

180 216	A	1
110 132	F Y	2
76 91	O U C	3
50 60	A N T E	4
45 54	X P A L I	5
30 36	N I T S I M P	6
27 32	L Y O U D O N	7
21 25	T U N D E R S T A N	8
15 18	D I T W E L L E N O U G H	9
13 15	A L R E I T H I N B T E I N	10

"O F precisa se sentir calmo e livre para não se sentir sobrecarregado e não causar confusão."

A EXPRESSÃO VIBRACIONAL MAIS ELEVADA DO D OCORRE QUANDO: o D Desenvolve um Desenho Divino para manifestar seu Destino com Disciplina.

E = 5

O E é aberto, assim como o número 5, e está voltado para a direita, o futuro.

O E tem uma linha no meio, que equilibra os mundos espiritual e físico.

O E é Energia. (O N é a décima quarta letra e o 14 se reduz a 5. Ambos, o E e o N representam a Energia e são muito frequentes em nomes próprios.) O E explora os cinco sentidos e está aberto à mudança.

O E é Extrovertido, falante, Expressivo, Emotivo e gosta de falar e cantar.

O E adora Experimentar tudo o que existe na vida, inclusive as experiências místicas, o visível e o invisível.

Quando a letra E aparece duas vezes numa palavra ou nome próprio, ele expande sua natureza expressiva, ao mesmo tempo em que ativa os cinco sentidos.

O E é composto apenas por linhas retas, dando clareza, foco e consciência.

O E pode ser impaciente, inquieto e muito mutável. Ele pode investigar em excesso e se apegar a prazeres sensuais. Muita autoindulgência pode causar problemas de saúde.

O E tem expectativas e é progressista, vivendo para expressar e explorar as alegrias futuras, raramente olhando para trás. O E gosta de novidades (todas as letras na palavra "*new*" ("novo" em inglês) ressoam com o número raiz 5).

A EXPRESSÃO VIBRACIONAL MAIS ELEVADA DO E OCORRE QUANDO: o E está Empolgado para Explorar todas as Experiências e confiar na Expansão Eterna.

F = 6

O F está voltado para a frente, olhando para o futuro.

O F é uma letra Focada e Firme, formada por linhas retas. A linha vertical representa uma conexão direta entre o céu e a terra, e as duas horizontais, dois braços estendidos para a frente, prontos para servir as outras pessoas.

O F gosta de assumir a responsabilidade Fundamental pela família, pelos amigos e pelo Futuro, por isso é uma vibração parental.

O F é leal, compassivo, artístico, carinhoso e capaz de perdoar. Ele precisa de harmonia, beleza e música em seu ambiente.

O F pode ser uma pessoa nutriz, mas pode levar seu instinto maternal a extremos, a ponto de sufocar o filho.

O F precisa se Sentir (*feel*) calmo e Livre (*free*) para não se sentir sobrecarregado e não causar confusão. Ele precisa ter cautela para não se tornar controlador, não se intrometer na vida dos outros e não ser fanático ou desdenhoso com relação às outras pessoas.

O F sente com profundidade e quer se sentir apreciado. Seu senso de Família se estende à sua comunidade. O F tem visões fortes. Uma de suas maiores alegrias é ajudar ou orientar os outros para que eles possam expressar sua confiança emocional.

A EXPRESSÃO VIBRACIONAL MAIS ELEVADA DO F OCORRE QUANDO: o F expressa sua amorosa capacidade de Perdoar (*Forgive*) e se Sentir (*Feel*) Completo (*Fulfilled*) ao estender a Liberdade (*Freedom*) para a Família e os Amigos (*Friends*).

G = 7

O G é uma representação visual de uma espiral e simboliza uma Galáxia.

O G apoia-se numa estrutura que balança, para que possa mudar com facilidade.

O G é expressivo assim como o C e aberto também para a direita, mas mais interiorizado e tranquilo. O G não é tão comunicativo quanto o C.

O G simboliza a Graça e a Gratidão de uma Grande força e Grandeza espiritual, com a energia de um deus ou uma deusa, um especialista ou Guru, uma consciência Galáctica e Genial.

Por ser uma espiral, o G simboliza Crescimento (*growth*) constante.

O G, assim como o P (ambos com número raiz 7), se esforça para atingir a perfeição e deseja encontrar soluções para revelar os significados ocultos das coisas. A capacidade para elevar os pensamentos numa espiral e usar a imaginação permite que os Gs compreendam os motivos ocultos das pessoas, investigando as origens do comportamento e das ações humanas.

O G é sábio, clarividente e determinado. Ele adora música e sua capacidade de curar. O G tem discernimento e é muito seletivo. Ele é muito sensível a barulhos e precisa de paz e sossego. Estar em contato com a natureza é importante para seu equilíbrio emocional. Ele prefere exercícios mentais ao exercício físico.

Os Gs podem ser reservados e solitários, pois temem a intimidade. O G não fica feliz em grandes multidões. Ele tem que ter cautela com a indiferença e a crítica.

A EXPRESSÃO VIBRACIONAL MAIS ELEVADA DO G OCORRE QUANDO: o G Guia as outras pessoas para que vivenciem a expansão Galáctica e a consciência de Deus (*God*) por meio da Gratidão e da Generosidade.

H = 8

O H simboliza uma janela, que se abre para cima e para baixo. Casas e Hotéis têm janelas. O H é uma janela para a alma, por isso o indivíduo H tem uma visão que precisa abarcar a totalidade da vida e incluir todas as experiências.

O H é formado por linhas retas: duas linhas verticais representando opostos e uma linha horizontal representando o equilíbrio entre a luz e a escuridão.

O H tem uma grande clareza e foco, uma vez que ele vê com nitidez. A vista do H pode ser feliz ou triste, clara ou escura, e abarcar todas as visões como parte da totalidade da nossa experiência humana é fundamental para o H.

Para ver com limpidez, o H tem que olhar para cima e para baixo; a oitava letra também representa o infinito. O H Cura (*heal*) com Honestidade, vendo além do Horizonte.

O H é a letra do início e do fim da palavra "*health*" (saúde). A saúde perfeita é muito importante para que o H permaneça coordenado e equilibrado. O exercício confere ao H força e longevidade. Ele pode funcionar bem sob pressão.

O H precisa ter muito discernimento ao decidir como passar seu precioso tempo; pode haver uma tendência a desperdiçar todo o progresso suado, por meio das aberturas na parte superior e inferior da letra, e dissipar energia. O H pode ser egoísta, intolerante, exigente, desconfiado e muito cauteloso com relação a dinheiro.

A EXPRESSÃO VIBRACIONAL MAIS ELEVADA DO H OCORRE QUANDO: o H é uma janela para a alma, que leva as pessoas para Casa (*Home*), ou seja, para si mesmas, e também para além do Horizonte.

I = 9

O I é uma linha vertical reta que vai do céu à terra, representando a Inteligência e a Inspiração.

Ao exibir apenas uma linha reta, ele torna o eu muito focado e singular.

A letra I significa "eu" em inglês, o modo como nos referimos a nós mesmos como Indivíduos, e ela se parece com o número 1. Eu me sinto Importante!

O I traz *Insights* e tem grande interesse em soluções Intuitivas e Intelectuais.

O I propicia Imunidade contra distrações (dependendo de outras letras e números do código anímico da pessoa).

O I Invoca Ideias, que são Infundidas com um senso Infinito de possibilidade.

O I representa a Renda (*income*) e o prefixo "in" pode significar Intensificação.

O I é muito criativo e impressionável e precisa sentir com profundidade – a música e as artes são recursos importantes, que o ajudam a se sentir motivado e a se expressar de forma clara e articulada.

Por ser a nona letra, o I tem conhecimento e sabedoria para entender o abstrato, embora seja um humanitário.

O I precisa ter cautela com a Intolerância, o mau humor, o egocentrismo e a Ignorância e evitar ser muito Intenso e arrogante.

A EXPRESSÃO VIBRACIONAL MAIS ELEVADA DO I OCORRE QUANDO: o I Inspira por meio da Intuição, da Inteligência do coração, ansiando por resultados Infinitos.

"O K precisa se conectar com as outras pessoas. Ele também se beneficia de um bom parceiro, na vida pessoal e/ou profissional."

J

10 e 1

J = 10 e 1

O J parece um gancho voltado para a esquerda. Ele usa sua excelente memória para conectar pessoas a ideias, histórias e conhecimentos.

O J capta Inspiração do alto e traz essa inspiração para a terra. Além disso, sua curva permite um reaproveitamento das informações para qualquer ocasião ou objetivo.

O J é único e abre seu próprio caminho como líder; portanto, não quer que ninguém lhe diga o que fazer.

O J é ousado e se Joga nas situações. Como essa letra se apoia sobre uma estrutura instável, que oscila como uma cadeira de balanço, ele precisa ter cuidado e não se apressar ao fazer as coisas.

Como um 10/1, o J é ambicioso e muito criativo quando busca alcançar seus objetivos.

O J tem um excelente Julgamento e é um bom Jurado, devido ao seu forte senso de Justiça.

O J pode ser inteligente, um verdadeiro "Palhaço" (*joker*), espirituoso, piadista e muitas vezes profundamente espiritual ou religioso.

Jesus, João, Jeremias, José, Jacó, Judite – muitas grandes figuras da Bíblia eram grandes contadores de histórias, como se tivessem um "gancho" para puxar as pessoas e fazê-las ouvir sua narrativa e sua mensagem.

O J deve ter cautela com o Ciúme (*jealousy*), a desonestidade, o hábito de não concluir o que começa, um ego inflado, o materialismo e um temperamento rude e ditatorial.

A EXPRESSÃO VIBRACIONAL MAIS ELEVADA DO J OCORRE QUANDO: o J transforma uma atitude cheia de Julgamento numa compreensão da Justiça divina ("Colhemos o que semeamos"), orientando as pessoas para uma vida de Júbilo.

K

11 e 2

K = 11 e 2

O K é a décima primeira letra do alfabeto e ele representa uma Chave (*key*) para o desconhecido.

O K é representado por uma linha vertical que vai do céu à terra, depois se volta para a direita – o futuro – e se ramifica na forma de um "v", que simboliza dois braços abertos estendidos para cima, buscando captar ideias espirituais do alto e fundamentar essas ideias na realidade física.

O K tem os dois pés firmemente plantados no chão.

O K tem um ponto intermediário distinto, que separa os dois Vs, que apontam para cima e para baixo. O K, portanto, busca inspiração num grande raio à sua volta, uma imagem do Mestre intuitivo do número 11.

O K anseia por dominar a arte de se blindar contra a energia vibracional inferior, atingindo um ponto em que o movimento para cima, na direção da energia vibracional mais elevada, é inegável.

O K representa a energia Kundalini, que se move para cima e para baixo na coluna e nos chakras, e distribui a vibração por todo o corpo e a aura.

O K precisa de um Reino (*kingdom*) para explorar seus poderosos dons psíquicos e intuitivos e aprender a fazer sua luz brilhar. O K tem um Saber (*knowing*) que se estende desde o Cinestésico (*kinesthetic*) e é capaz de desbloquear as chaves da verdade e da sabedoria universais. A necessidade de Saber (*know*) é imensa no K!

O K precisa se conectar com as outras pessoas. Ele também se beneficia de um bom parceiro, na vida pessoal e/ou profissional.

O K é extremamente sensível. Como o número 11 rege a luz e as correntes elétricas, o K precisa cuidar dos nervos e a melhor maneira de fazer isso é praticar a respiração profunda e os exercícios físicos diários. O K simboliza o movimento por meio da energia cinética focada.

O K pode se magoar com facilidade devido à sua grande sensibilidade. Tenha cautela com a intolerância e a desonestidade, o engano, a reação explosiva e a tensão interior. O nervosismo pode ser curado por meio da rotina e da ordem.

A EXPRESSÃO VIBRACIONAL MAIS ELEVADA DO K OCORRE QUANDO: o K conhece a Chave (*Key*) para todo o Conhecimento (*Knowledge*) que está contida dentro de nós e pode ser acessada instantaneamente se confiarmos no sentimento de "Saber" (*Knowing*).

L = 12 e 3

O L é Amor (*love*) e Luz (*light*). As duas linhas retas são um poderoso ângulo de 90°, do Amor divino se derramando da Fonte e fazendo brilhar a Luz do conhecimento e da sabedoria.

O L se assenta com firmeza sobre uma linha reta e está equilibrado e aterrado. Por isso, mesmo que o L ressoe com o número raiz 3, ele não é tão disperso e mutável quanto o C, que é uma linha curva.

O L anseia por se instruir e é sábio, Amoroso (*loving*) e romântico, sendo muito dedicado aos seus entes queridos. Ele é sociável, amigável, gosta de Rir (*laugh*) e geralmente exibe uma disposição feliz.

O L gosta de acender a Lâmpada do abajur e se aconchegar no sofá com um livro na mão; ele tem um espírito caseiro.

O L é muito criativo mas, por ser uma letra formada apenas por retas, não é tão flexível ou espontâneo quanto o C.

O L rege as Leis, por isso ele tem um bom senso de justiça e um entendimento natural das Leis universais e humanas. Ele também aprende com facilidade os motivos ocultos das pessoas e deixa boas primeiras impressões.

O L tem uma voz capaz de persuadir e adora falar, especialmente sobre o Amor e o que aprendeu (embora precise se abster das fofocas).

O L tem uma forte Libido e Luxúria (e precisa ter cautela com a Lascívia) e um belo sentido Lírico.

Ele pode ficar excessivamente emotivo ou negativo e encontrar falhas em todos e em tudo. Também pode ser indeciso, pois as duas linhas do L seguem em direções diferentes, mas pode entender o valor de ambas as escolhas ou questões. Ele pode se sentir uma vítima ou ser o algoz.

A EXPRESSÃO VIBRACIONAL MAIS ELEVADA DO L OCORRE QUANDO: o L segue as Leis naturais da Vida (*Life*), elevando a todos com Amor (*Love*) e Luz (*Light*).

M = 13 e 4

O M, a décima terceira letra, representa a parte mediana do alfabeto de 26 letras.

O M é composto por linhas retas e é como se estivesse de pé sobre os dois pés, com um V no Meio, acrescentando equilíbrio, receptividade e disposição para ouvir Mensagens.

O M tem Movimento e estabilidade, tem uma excelente Memória e rege o princípio da Mãe, das Águas e das Montanhas.

O M é um bom Gestor (*manager*) e tem uma Mente organizada e focada (já que o 13 se reduz a 4), bem como um traço de genialidade. O M pode lidar com situações e decisões de importância Maior.

O M é pronunciado com os lábios completamente fechados e é a única letra em que isso corre. Ele, portanto, representa o silêncio, os segredos e as profundezas do oceano, que são totalmente desprovidos de som. Em alemão, existe um ditado segundo o qual "Águas paradas são profundas", e o M demonstra uma grande profundidade e sabedoria. O M está alinhado com a Meditação.

O M tem um senso Maternal, é um Mentor nato e bom conselheiro. Ele pode ter tino para os negócios, está em sintonia com o Dinheiro (*money*) e pode ser Milionário.

O M não tem medo de trabalhar duro e tende a ser organizado e prático. Presta muita atenção aos detalhes e pode sair pela tangente de maneira brilhante. Ele gosta de usar as Mãos, como Músico ou artista, ou por meio de Massagens, e tem vocação para a Mecânica. Também é paciente e se Move no seu próprio ritmo.

O M precisa ter cautela para não ser muito convencional ou demonstrar frieza em relação aos outros. Ele pode ser temperamental e mal-humorado, ignorar questões emocionais não resolvidas, não demonstrar seu amor pelos outros (mesmo que ame profundamente), ser descuidado e ter dificuldade para relaxar.

A EXPRESSÃO VIBRACIONAL MAIS ELEVADA DO M OCORRE QUANDO: o M demonstra Maestria na vida, ficando no Meio-termo e movendo-se na direção da Música do Misticismo e da Magia.

N = 14 E 5

O N inicia a segunda metade do alfabeto e, portanto, representa um ponto de virada e um recomeço.

Assim como o número 5, que está aberto para a esquerda e para a direita, o N está aberto para o que está acima e para o que está abaixo, acolhendo todas as experiências e disposto a explorar.

O N tem a mesma aparência quando gira 180° e fica equilibrado em sua base.

O N é uma letra de linhas retas e tem Vs que se abrem na diagonal para o céu e a terra, mostrando que tem uma abertura para receber reflexões espirituais e materiais. O N abraça a versatilidade, não tem medo de mudanças, gosta de viajar e estar com as pessoas, e é Ágil (*nimble*) sobre os pés.

Se o N girar no sentido horário 90° para a direita ou no sentido anti-horário para a esquerda, ele se torna um Z, mostrando habilidades intuitivas que podem estar ocultas. (O Z é formado por dois 7s interconectados, representando poderosos dons intuitivos.)

O N demonstra bondade e tem habilidades de cura. O fato de estar ligado ao número 14 também o imbui de habilidades em empreendimentos relacionados à mídia e um desejo de comunicar uma mensagem.

O N adora se colocar em movimento e é imaginativo e ambicioso. No entanto, ele precisa tomar cuidado para não se ocupar demais só para se sentir vivo. Distrações desnecessárias podem tirá-lo do caminho, impedindo-o de terminar projetos. Ele também pode ser atraído por comportamentos de risco ou ser teimoso e gostar de discutir.

O N é como uma antena, captando ideias de qualquer lugar. Observe que a palavra "antena" tem dois Ns.

A EXPRESSÃO VIBRACIONAL MAIS ELEVADA DO N OCORRE QUANDO: o N é o buraco da Agulha (*Needle*), que puxa o fio da vida para costurar uma Nova história, um convite para experimentar apenas o Agora (*Now*).

O = 15 E 6

O O é a imagem de um círculo, que representa o cosmos unificador e tudo que existe nele, o Olho e o zero. O O nunca muda de forma, não importa o quanto você o vire.

O O é uma letra mágica, que abrange a totalidade do amor humano.

O O ama o lar, a família, a beleza e a abundância. Por ser a décima quinta letra, ele simboliza o "Alquimista Espiritual", elevando os outros por meio da alegria.

O O também se parece com uma boca aberta. Ele representa a expressão, o calor, a sensualidade, o equilíbrio e a segurança. O amor é fisicamente expresso por meio de um orgasmo, e o sentimento de bem-aventurança pode ser uma experiência orgástica.

O O está em sintonia com os negócios, pois quer harmonia e negocia até chegar a um acordo.

O O tem acesso a toda sabedoria e pode ser um Oráculo, por isso tem talento para muitos campos de conhecimento.

O O pode inspirar os outros, para o bem o para o mal. É tudo ou nada.

Um O negativo é temperamental e intransigente, pode condenar as outras pessoas ao Ostracismo, pode transbordar emocionalmente, gosta de oposição, é materialista, desconfiado e possessivo, além de ser ciumento e às vezes cair no desânimo.

Palavras ou nomes próprios com dois Os, lado a lado, se assemelham a um par de Olhos. Palavras como "Olhar" (*look*) e "Livro" (*book*) requerem o uso dos olhos.

A EXPRESSÃO VIBRACIONAL MAIS ELEVADA DO O OCORRE QUANDO: o O está aberto à Fonte Original, abraçando a Opulência de seus dons e sendo o Oráculo do amor e da alegria.

P = 16 e 7

O P é a imagem de uma pessoa com uma cabeça grande. Essa letra tem propósito.

O P é composto por uma linha reta vertical que vai do céu à terra e um laço no topo, que simboliza uma grande mente, cheia de conhecimento e sabedoria.

O P tem Poder. Muitos cargos profissionais de destaque começam com P, como Presidente, Papa, Primeiro-Ministro, Padre, Psiquiatra, Psicólogo, Pastor, Pregador, Policial, Profeta, Piloto, Político.

O P se sobressai por Perseverar, por levar um Plano ou Programa à Perfeição.

O P precisa estar completamente Presente para liderar e ter sucesso.

O P é Profissional; ele visa a Perfeição, construindo uma Pirâmide e chegando a uma Posição de Primazia.

O P sente que sua vida é de suma importância. Essa é uma letra extremamente Pessoal e Privativa.

O P é a décima sexta letra e é muito Psíquico. Simboliza a hipófise, uma glândula mestra que controla muitas funções importantes, inclusive a libido nos homens e a ovulação nas mulheres. Ela regula a serotonina, que influencia o nosso estado emocional e inflama a Paixão no amor.

O P gosta de analisar, mas também pode pensar demais. O P negativo é desfocado, distante e incapaz de expressar sentimentos. Pode ser indelicado, dominador, possessivo, intolerante e enganador. Ele tem um lado perfeccionista e nem sempre é o parceiro mais fácil.

Como qualquer letra 7 (sendo as outras o G e o Y), o P precisa de descanso, Paz e tranquilidade, principalmente em meio à natureza. Ele gosta de desvendar mistérios e se interessa pelo invisível.

O P pode ser um Profeta, que vê e entende conceitos à frente do seu tempo.

A EXPRESSÃO VIBRACIONAL MAIS ELEVADA DO P OCORRE QUANDO: o P é um profeta da Paz, que Aponta (*Point*) para o Presente como o Portal do Poder Positivo.

"O P pode ser um Profeta, que vê e entende conceitos à frente do seu tempo."

Q = 17 e 8

O Q está numa missão.

Ele representa um círculo com uma linha de equilíbrio no canto inferior direito.

É a décima sétima letra da imortalidade e precisa da linha de equilíbrio para ancorar seu tremendo poder e manter o equilíbrio. Caso contrário, o Q pode se concentrar com muita intensidade numa só Questão ou direção.

O Q é uma letra de liderança representada pela Rainha (*queen*).

O Q tem a mesma capacidade de ver que o O, mas eleva a visão à clarividência.

O Q simboliza a saciedade da sede de conhecimento e é usado para manifestar. Faz muitas perguntas e sempre procura atender à mais alta qualidade.

O Q se conecta à física quântica e à sabedoria quântica e está imbuído de uma grande variedade de talentos. Por isso o Q tem muitos interesses.

O Q também exibe genialidade e pode ter um ar peculiar.

O Q é sincero, confiável, charmoso, prático, tem raciocínio rápido e é fisicamente ativo. Ele pode trabalhar sob pressão e prefere se aliar a um parceiro que seja um realizador e goste de viver uma vida de opulência.

No negativo, o Q pode ser muito estranho e mentalmente instável, além de direcionar seu poder para áreas nocivas; também pode ser ganancioso e propenso a exageros. Como parceiro, o Q pode achar difícil compartilhar.

A EXPRESSÃO VIBRACIONAL MAIS ELEVADA DO Q OCORRE QUANDO: o Q está Qualificado para a missão de revelar Questões não respondidas, buscando a natureza Quântica do divino.

R – 18 e 9

O R tem uma linha vertical à esquerda e, assim como a letra P, um laço arredondado na parte superior (representando uma cabeça grande e cheia de ideias e sabedoria). Mas o R tem também uma "perna", que se estende para a direita, em direção ao futuro e que lhe dá impulso.

O R representa o poder e a sabedoria em progresso. Ele tem uma mente maravilhosa e a capacidade de Reter e Redirecionar o conhecimento.

O R está ligado aos líderes Régios, da Realeza. Seus pensamentos se Elevam (*rise*) acima da norma, para buscar maior compreensão e sabedoria.

Por ser a décima oitava letra, o R tem uma grande compaixão e tolerância. O 18 pode se sacrificar em sua busca por fraternidade e irmandade.

O R também é um grande professor, criativo, apaixonado, altruísta, amoroso e gentil. Ele também ressoa com o número raiz 9 e é uma letra de conclusão, por isso representa uma iniciação aos mistérios, uma celebração à vida e a situações de teste, para alcançar uma sabedoria superior. Integridade e uma busca intensa pela verdade definem essa letra.

A natureza Régia do R é tão poderosa que ele é capaz tanto de destruir quanto de criar. O R impacta muitos, por isso, quando está no positivo, ele dá sem esperar nenhuma Recompensa, o que Reforça a notável Respeitabilidade, a Radiância, o Renome e o Refinamento dessa letra.

Na expressão negativa, o R precisa ter cautela para não ser muito emotivo, ciumento, mal-humorado, grosseiro, Rude, controlador e Rebelde.

Há apenas uma outra letra número 9 no alfabeto: a letra I. Assim como o I, o R tem conhecimento interior e compreende o abstrato e o concreto, Ele é um humanitário que de fato se importa com as pessoas e gosta delas. É profundamente intuitivo, impressionável e muito criativo.

A EXPRESSÃO VIBRACIONAL MAIS ELEVADA DO R OCORRE QUANDO: o R Eleva (*Rise*) as vibrações e honra a Riqueza e a Radiância de todas as pessoas, facilitando o Renascimento Repetido.

S = 19 E 10 E 1

O S se abre para a direita (futuro) na parte superior e para a esquerda (passado) na parte inferior, assim como o número 5, e representa uma abertura para envolver o espiritual e o material.

O S simboliza a imagem da Serpente, que pode se insinuar Secreta e Silenciosamente em qualquer situação (assim também pode ser enganoso) e obter poder e Sabedoria.

Ele também representa a medula espinhal e tem grande energia kundalini.

Por ser a décima nona letra, o S representa tanto o 1 dos novos começos e das ideias originais quanto o 9 da sabedoria superior, da culminação e dos términos. O S é também um 10 de manifestação instantânea e o número raiz 1. Por isso o S representa um amplo espectro da experiência humana, serpenteando pela vida numa Espiral (*spiral*).

O S é Forte (*strong*), Sensível, Sexual, Social, Solidário e fascinado pelo Sucesso.

O S tem uma forte conexão com o Sol, as Estrelas (*stars*) e as questões ligadas à Alma (*soul*).

O S é um símbolo da escada em espiral para as estrelas e, portanto, indica genialidade, pelo modo como vê os reinos espiritual e físico e os entrelaça.

O S é composto por dois Cs, um voltado para a esquerda e outro para a direita, sendo bem abertos para criar e comunicar; ele vê o passado e o futuro para avaliar como alcançar o SuceSSo.

O S pode indicar mudanças de direção no meio de um projeto ou plano, sempre em busca de uma abordagem melhor. Ele precisa, portanto, ter cautela para não se exceder nas mudanças, para que possa manter um plano, fazendo pequenas correções em seu curso, sem descartar toda a visão. Essa tendência pode fazer com que seja mais difícil para a pessoa S planejar com antecedência.

O S representa o Eu (*self*). Ele precisa ter cuidado para não ser egocêntrico (*self-centered*) e Egoísta (*selfish*).

Como o 1, o S não gosta de receber ordens e pode ser ciumento, rude e materialista.

A EXPRESSÃO VIBRACIONAL MAIS ELEVADA DO S OCORRE QUANDO: o S usa sua Sensibilidade Superior para avançar numa Espiral (*Spiral*) rumo ao Sucesso centrado na Alma (*Soul*).

T = 20 e 2

O T é equilibrado, pois tem um horizonte no topo, representando o céu, e uma linha reta no meio, que leva à terra.

A linha superior horizontal pode representar um fardo ou uma grande dose de sabedoria e conhecimento, canalizada para a realidade física. É a Fonte descendo à matéria.

O T procura respostas espirituais e pacíficas para as perguntas. Ele pesa todos os lados para chegar a uma conclusão equilibrada.

O T gosta de viajar e juntar Coisas (*things*). Ele é prestativo, solidário, gentil e organizado em seu Pensamento (*thinking*).

O T é um 20 e um 2, representando dois lados, uma dualidade e uma grande sensibilidade para Tocar o coração. O T gosta de harmonia e se esforça para agradar. Músicas belas o Tocam fundo e mantêm seu equilíbrio emocional.

O T pode carregar os problemas de outras pessoas em seus fortes ombros espirituais, representados pela linha horizontal.

Ele gosta de estar no Trono e é um líder Tolerante que luta pela paz.

O T também pode representar uma cruz "t" e precisa ter cuidado para não se sacrificar pelos outros ou se esgotar energicamente e deixar de completar sua missão. O T pode ser impaciente e ter um Temperamento forte. Ele pode ficar muito preso a detalhes e se frustrar com facilidade quando os outros cometem erros.

Como o T é muito equilibrado, ele pode às vezes achar difícil tomar uma decisão.

O T é um pacificador e mantenedor da paz – um diplomata que não gosta de conflitos. O T tem Tato, mas também deve compartilhar a Verdade (*truth*), mesmo que seja para provocar uma desarmonia temporária, Confiando (*trusting*) que a paz será restaurada.

Não é recomendável que o T demonstre timidez e reprima a raiva para manter uma falsa sensação de paz, pois a desarmonia precisará ser corrigida para manter o equilíbrio.

Ele se sai bem quando está em parceria, embora precise de um refúgio particular onde possa recuperar a sensação de paz e equilíbrio.

A EXPRESSÃO VIBRACIONAL MAIS ELEVADA DO T OCORRE QUANDO: o T é Mestre (*Teacher*) da paz, que investe seu Tempo na revelação da Verdade (*Truth*) e usa seus Talentos para transformar o Trauma por meio da Ternura.

U = 21 e 3

O U representa uma taça contendo a sabedoria do Universo.

Ele está aberto às inspirações que vem do Alto e pode servir de reservatório para essa sabedoria.

Essa letra tem duas traves ou braços, que se estendem verticalmente para receber (embora eles possam também atuar como opostos e representar a dualidade da natureza). O prefixo "*un*", em inglês (em português seria "in"), muda o significado de uma palavra ao introduzir o seu oposto (como em aceitável e inaceitável, grato e ingrato ou acabado e inacabado).

O U tem laterais altas, que protegem seu conteúdo, e ele é capaz de coletar ideias, hábitos e paradigmas, criando fronteiras impenetráveis de ambos os lados e demonstrando uma abordagem mais conservadora da vida.

O U ressoa com o 21, a vibração da verdade, que define o nosso século XXI.

O U fala a verdade e a compartilha, com forte projeção e magnetismo. Isso também ocorre porque o 21 se reduz a 3, a vibração da voz, por isso o U tem uma bela voz.

O U vive com majestade e tem capacidade para ser executivo.

Ele é muito determinado e pode ter um bom ouvido para música.

O U precisa ter cautela para não Usar sua inteligência com sarcasmo ou para antagonizar outras pessoas. Também convém não usar as palavras de forma negativa por interesse próprio ou para agredir alguém verbalmente. Ele precisa sempre manter o controle e não inclinar a sua curva inferior, se desequilibrando e criando alvoroço.

O U é emotivo e intenso e pode ter uma energia nervosa.

Ele geralmente é pouco convencional e Único; além disso, sabe lidar com motins.

O U adora mergulhar nos mistérios do Universo, pois tem um intelecto curioso.

A EXPRESSÃO VIBRACIONAL MAIS ELEVADA DO U OCORRE QUANDO: o U Usa as Leis universais para Desmascarar (*Unmaske*) Inverdades (*Untruths*) e levar as outras pessoas à sua capacidade Única de amar Incondicionalmente (*Unconditionally*).

V = 22 e 4

O V representa dois braços completamente abertos, estendendo-se diagonalmente na direção do reino espiritual.

O V ressoa com o número 22, o Número Mestre da Paz e do Mestre Construtor.

O V gosta de reivindicar a Vitória e sabe como trabalhar para atingir seus objetivos, sozinho ou em equipe. O V tem bom senso para os negócios e a gestão.

Ele não tem uma linha média separando o reino espiritual do físico, e a base do V não tem um balanço, por isso é importante que ele estude temas espirituais e metafísicos e pratique algum tipo de meditação, para se manter equilibrado e aterrado.

Eu chamo o 22 de número "Buda", e ele torna o V um líder pacífico, forte e determinado. O V é uma letra composta apenas de linhas retas, por isso ele tem foco e clareza, assim como consciência.

O V pode Visualizar com facilidade quando a intenção ressoa com seu Projeto Anímico e sua missão. Com paciência e uma abordagem metódica, o V pode realizar qualquer coisa.

O V simboliza um Vórtice de energia, indicando uma tremenda fonte de poder de manifestação.

O V gosta de Vitalidade mesclada com Velocidade e pode Viver uma Vida agitada, por isso ele precisa sair ao ar livre e se exercitar para se manter equilibrado.

O V precisa ter cautela para não ser desconfiado nem egoísta e se sentir uma Vítima. Um V negativo pode correr um grande risco e perder muito no processo.

A EXPRESSÃO VIBRACIONAL MAIS ELEVADA DO V OCORRE QUANDO: o V decide Voluntariamente mostrar sua Vulnerabilidade, inspirando Virtude nos outros, enquanto ensina o poder da Visualização positiva como caminho para a Vitória.

W = 23 e 5

O W é aberto para cima (espiritual) e para baixo (físico).

O W ressoa com o número 23, que simboliza a Estrela Real do Leão, dando a essa letra grande força e um poder misterioso.

O W é um M de cabeça para baixo. Ele representa uma pessoa estendendo os dois braços. Ele também se parece com uma cadeia de montanhas. O M mostra duas montanhas e um vale, ao passo que o W mostra uma montanha e dois vales. Por isso, o W se aprofunda nos aspectos inconscientes, para reunir recursos e subir a montanha da Sabedoria (*wisdom*). O W pode se destacar como algo místico e Maravilhoso (*wondrous*).

O W também é um 5 estilizado e, portanto, atrai multidões e pessoas com seu magnetismo. O W sabe persuadir e é uma boa letra para os negócios, visto que tem Vontade (*will*) de cumprir objetivos e concluir projetos.

O W precisa se dedicar a uma missão em que haja aventura, mudança e muita atividade, pois ele não se sai bem em situações monótonas. O W gosta de pensar rápido e tem um talento especial para apresentar novas ideias e novas invenções.

A palavra "NEW" ("novo") representa todas as três letras do alfabeto que ressoam com o número 5!

O W é sensual (cinco sentidos) e ama profundamente. Ele é generoso e compartilha o que tem de melhor com quem ama.

O W no negativo pode ser impaciente, desleixado e causar instabilidade (não descer até os vales antes de subir a montanha). A natureza cheia de altos e baixos do W demonstra que ele tem uma oscilação na energia, o que significa que pode lamentar suas ações precipitadas. O W precisa ter Cautela (*watch*) com o excesso de Preocupação (*worry*).

O W atrai Riquezas (*wealth*), mas precisa cuidar da saúde. Caminhar (*walk*) é Maravilhoso (*wonderful*).

O W representa a Mulher (*woman*) e o Ventre (*womb*) da Criação; e ele é uma poderosa letra da Vitória (*winning*) e da Sabedoria (*wisdom*), que representa uma força imbatível graças a qual ele pode doar a sua energia aos outros. É uma letra muito magnética e pode alcançar o sucesso com rapidez.

A EXPRESSÃO VIBRACIONAL MAIS ELEVADA DO W OCORRE QUANDO: o W tem o Desejo (*Will*) de fluir com os Ventos (*Winds*) da mudança e Encarar (*Walk into*) cada aventura com uma atitude Vencedora (*Winning*) e Disposição (*Willingness*) para se Maravilhar (*Wonder*).

X = 24 e 6

O X é aberto de ambos os lados e pode ser vulnerável.

O X exibe uma vibração espiritual elevada ou pode ser materialista e atrair energias inferiores.

O X pode ter uma personalidade bipolar ou dual.

O X pode "eliminar" o progresso e o crescimento (colocando um X sobre eles).

Ou pode se apressar demais e, sem querer, pressionar o botão "deletar".

O X representa o número 24 e o dígito 6, do amor humano. O X pode incutir amor numa situação, mas precisa ter cautela para não confundir sexo com amor. O Amor e o sexo estão ambos relacionados com a vibração do número 6 (há um X na palavra "*six*" [seis]). Portanto, devido à abertura do X, ele pode ser surpreendentemente aberto e extasiante ou pode se desviar devido aos seus desejos sexuais.

Três Xs juntos (XXX) denotam um alto conteúdo sexual, de baixa vibração.

Um X positivo tem uma intenção forte e maravilhosa de elevar a humanidade através do amor, da sabedoria, do conhecimento intelectual e da força interior.

Um X negativo pode atrair um karma desafiador e levar uma vida turbulenta. Ele buscará prazer a todo custo e se voltará para a escuridão em busca de poder e respostas. As conotações negativas da palavra "bruxaria" podem ser associadas a essa letra.

Todas as letras 6 têm emoções profundas e precisam ser apreciadas. Assim, o X tem uma profunda necessidade subjacente de ajudar os outros, é artístico, tem pontos de vista fortes e cheios de paixão, e pode ser um professor e conselheiro maravilhoso.

A EXPRESSÃO VIBRACIONAL MAIS ELEVADA DO X OCORRE QUANDO: o X fica eXcitado para servir a humanidade, abrindo todos os canais a serviço do amor.

Y = 25 e 7

O Y representa uma bifurcação na estrada.

O Y é o símbolo de uma escolha e uma pessoa que está numa encruzilhada. Uma grande questão é: qual dos dois caminhos eu escolho? O Y apresenta muitas opções que precisam ser investigadas por meio da intuição.

O Y alcança o céu em busca de respostas. Por ser uma letra 25, ele é muito psíquico. Portanto, precisa usar sua intuição para ouvir e acatar as respostas que ele inevitavelmente busca para fazer escolhas.

As decisões são o tema principal na vida de uma pessoa Y. Elas vão exigir que ele vá para a esquerda ou para a direita, para cima ou para baixo, mergulhe profundamente ou roce a superfície, escolha quente ou frio, passado ou futuro.

Você sempre deve escolher o caminho espiritual.

Por ser uma letra composta apenas por linhas retas, o Y é muito transparente e focado.

O Y ressoa com o número raiz 7 e anseia por conhecer os mistérios da vida.

O Y precisa de descanso, tranquilidade, natureza e um ambiente tranquilo.

A capacidade de ouvir de Y será especialmente importante quando for necessário tomar decisões rápidas. É nesses momentos que ele precisa "confiar em seus instintos", para obter orientação.

O Y negativo se sentirá mal-humorado, inquieto, intolerante com os outros, hiperativo e sensível. O Y pode ser crítico e muito egocêntrico, o que pode levar a uma abordagem intolerante na vida.

O Y parece uma vareta de radiestesia e representa a busca por ouro, o Anseio (*yearn*) pela pepita de ouro da verdade.

A EXPRESSÃO VIBRACIONAL MAIS ELEVADA DO Y OCORRE QUANDO: o Y vê ambos, Yin e Yang, em você (*You*) e anseia (*Yearns*) por se sentir Vigoroso (*Youthful*), com um atitude Jovem (*Young*), dizendo um grande Sim (*Yes*) à vida.

Z = 26 e 8

O Z é a letra final do alfabeto ocidental, representando o Zênite.

O Z é composto de dois 7s, que são unidos numa linha horizontal conectada por duas linhas horizontais; a superior simbolizando o céu e a inferior, a Terra. Assim, Z pode canalizar uma poderosa sabedoria entre os planos da existência.

O Z parece um relâmpago, o que confere um aspecto elétrico para os súbitos lampejos intuitivos que essa letra atrai.

O Z é um N virado de lado e se assemelha a uma antena. Ele pode escanear o céu em busca de ideias e manifestá-las na realidade física.

O Z representa os números 26 e 8, o número da força infinita, da superação de obstáculos, da liderança. Como uma letra 8, o Z pode atrair abundância.

O Z trabalha bem sob pressão e tem um grande desejo de realização e reconhecimento. Não há limite (8) para o que ele pode fazer e fará para manifestar um resultado de sucesso.

No negativo, o Z pode exagerar e ter dificuldade em compartilhar, então pode ser um desafio como parceiro. Se abusar de seus recursos naturais de energia, pode perder com facilidade o que ganhou. O Z deve sempre liderar com integridade e intenções honrosas.

A EXPRESSÃO VIBRACIONAL MAIS ELEVADA DO Z OCORRE QUANDO: o Z se esforça para atingir o Zênite, incorporando o poderoso ponto Zero – e uma vida Zen.

CAPÍTULO 7

O CÓDIGO DOS SEUS NÚMEROS ASTROLÓGICOS

A Numerologia descreve a energia do planeta Terra. Os números que você vê – os números do seu Projeto Anímico, os números do seu nome e os números dos seus ciclos atuais (Capítulo 8) – são uma descrição da sua alma e dos seus cronogramas futuros. Assim como você, a Terra e todos os seres emitem vibrações que podem ser traduzidas por números.

Os corpos celestes – as estrelas e os planetas – também têm frequências. Quando aplicamos a Numerologia à posição das estrelas e dos planetas no momento do nosso nascimento e além, expandimos a nossa compreensão de quem somos como seres divinos originários das estrelas! Como os números que aparecem em seu Projeto Anímico, os números do seu mapa astral estão em sintonia com o seu código cósmico e com suas origens cósmicas.

A Astrologia é o estudo dos movimentos e das posições dos corpos celestes e da sua influência e do seu impacto sobre nós, individual e coletivamente. Ela é geralmente vista como algo separado da Numerologia. E, sim, você pode adivinhar o Código Anímico de uma pessoa com qualquer uma dessas ciências. No entanto, pode descobrir mais camadas de significado e obter uma compreensão mais profunda se utilizar *ambas*.

A Astronumerologia é uma arte poderosa, que não pode ser descrita de maneira abrangente em apenas um capítulo. No entanto, este capítulo irá ajudá-lo a descobrir que seus planetas de nascimento e seu signo ascendente ressoam com alguns números específicos e que essas combinações afetam você e sua vida. Como estamos abordando o Código de Nascimento da sua alma, também precisamos olhar para o código das suas estrelas ao nascer.

Para explorar a Astronumerologia em maior profundidade, confira esta Master Class *on-line* gratuita: taniagabrielle.com/numbers.

A ANATOMIA DE UM MAPA ASTRAL ASTROLÓGICO

Veja, como exemplo, o mapa astral de Oprah Winfrey; repare em todos os graus numéricos! Os números em negrito dentro do círculo (dentro das doze "fatias da torta") são os graus em que o Sol e os planetas estavam no momento do nascimento de Oprah. Os números em negrito na roda, posicionados na borda externa, são os graus em que começam cada uma das doze casas de Oprah (você precisa saber sua

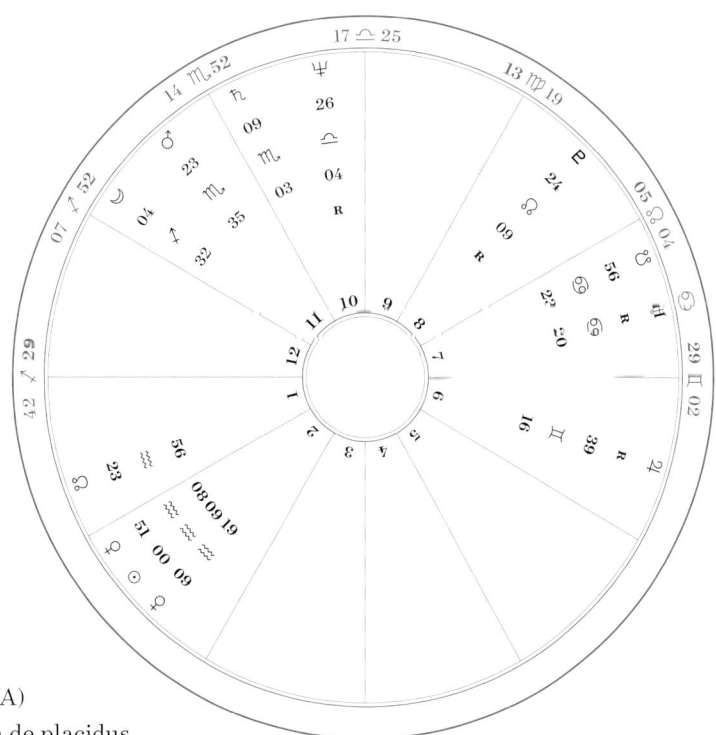

Oprah Winfrey
MAPA NATAL
29 DE JANEIRO DE 1954
19H50 CST
KOSCIUSKO, MISSISSIPI (EUA)
nodo verdadeiro no sistema de placidus

hora de nascimento e seu local de nascimento exatos para calcular as doze casas do mapa astrológico).

Como você pode ver, na Astrologia os números estão em toda parte e formam uma imagem integral do seu Projeto Anímico.

COMO INTERPRETAR OS NÚMEROS DO SEU MAPA ASTRAL

Se você souber a hora e o local exatos do seu nascimento, poderá construir um mapa com as doze casas, em que o início de cada casa ressoa com um grau numérico específico.

Se você já tem seu mapa astral astrológico, pegue-o agora. Eu também recomendo que você siga as instruções a seguir, para que possa acessar a tabela que relaciona seus importantes graus astrológicos. Se você não tem um mapa natal, siga estas instruções:

ACESSE O SITE ASTRO.COM, QUE DISPÕE DE VÁRIOS RECURSOS GRATUITOS.

1. Escolha o idioma português e clique em Meu Astro (canto superior esquerdo).
2. Busque os horóscopos gratuitos e opte por mapas e cálculos, com um perfil de visitante.
3. Insira seus dados de nascimento. Se você não sabe a hora do seu nascimento, informe que nasceu à meia-noite.
4. Busque a opção Mapa Astral, Ascendente.
5. Aparecerá uma página com seu mapa astral astrológico.
6. Nessa mesma página, clique em Tabelas Adicionais (PDF).
7. Essas são as tabelas que usaremos para conhecer os graus do seu mapa astral astrológico.

Agora vamos verificar os graus do seu mapa astral astrológico. (Mesmo que você não saiba a hora exata, ainda poderá conhecer a maior parte dos graus mais importantes dos seus planetas de nascimento, embora não possa ver os graus das suas doze casas.)

Na tabela das Posições dos Planetas, na página seguinte, você verá várias colunas. Apenas uma dessas colunas é importante para nós: a "Longitude". Eu destaquei a parte dessa coluna que mostra exatamente onde estão os graus aos quais você precisa prestar atenção. Observe que, em cada caso, é o primeiro número à esquerda que tem o símbolo do grau (°). Esse é o único número em que você precisa prestar atenção.

O que essa tabela está mostrando são os graus exatos dos planetas no momento em que você nasceu.

Se você não souber a hora e o local exatos do seu nascimento, preste atenção ao Sol e a todos os outros planetas, com exceção da Lua. A Lua muda um grau a cada duas horas, por isso é absolutamente necessário saber a hora exata do nascimento para que você possa saber o grau da sua Lua.

CASA (SISTEMA DE PLACIDUS)

Asc	♋	28° 8'55"
2	♌	12° 19'24"
3	♍	0° 29'37"
IC	♍	26° 35'31"
5	♏	6° 6'12"
6	♐	23° 34'58"
Desc.	♑	28° 8'55"
8	♒	12° 19'24"
9	♓	0° 29'37"
MC	♓	26° 35'31"
11	♉	6° 6'12"
12	♊	23° 34'58"

POSIÇÃO DOS PLANETAS

PLANETA			LONGITUDE	
☉	Nodo Médio	♈	24° 11'35"	
☽	Lua	♊	23° 7'51"	
☿	Mercúrio	♈	24° 44'35"	
♀	Vênus	♒	20° 30'38"	
♂	Marte	♒	7° 22'51"	
♃	Júpiter	♎	29° 19'42"R	
♄	Saturno	♐	25° 38'57"sr	
♅	Urano	♌	7° 41'32"R	
♆	Netuno	♏	4° 8'8" R	
♇	Plutão	♍	0° 15'26"	
☊	Nodo Médio	♏	2° 51'50"	
☊	Nodo Verdadeiro	♏	1° 28'55"hD	
⚷	Quíron	♒	20° 50'14"	

SOL	uma estrela, não um planeta, sua luz interior, sua identidade e força vital criativa
LUA	em sintonia com seus sentimentos, humores, emoções, instintos, hábitos subconscientes
MERCÚRIO	o mensageiro, como você se comunica, se expressa em palavras e escreve, usa a razão, análise
VÊNUS	amor, beleza, criatividade, dinheiro, seus valores, sentimentos, o modo como você cria, o que lhe dá prazer
MARTE	sua energia, libido, vontade, desejos sexuais, atração romântica, impulso criativo
JÚPITER	maior planeta, rege a expansão; o que lhe traz alegria, gratidão, honra, sabedoria, tolerância
URANO	o que o torna único, como você se adapta a mudanças repentinas, avanços, exploração, ideias progressivas
NETUNO	sua imaginação, capacidade para sentir compaixão e amor incondicional, dons psíquicos, sensibilidade
PLUTÃO	sua fonte de poder, posição, capacidade de transformação, desejos sexuais, esperanças e medos mais profundos
QUÍRON	seu carisma, o modo como você cura, sua saúde, fertilidade, romantismo, laços de afeto, sabedoria secreta

CRUX
CENTAURUS
TRIANGULUM
ARGO
HYDRUS
DORADO
RETICULUM
SAGITTARIUS
CAPRICORNUS
AQUILA
AQUARIUS
EQUULEUS
DELPHINUS
PEGASUS
CYGNUS
ANDROMEDA
TRIANGULUM
ARIES
Pleiades
TAURUS
Equinoctial
ERIDANUS
LEPUS

"Quando aplicamos a Numerologia à posição das estrelas e dos planetas no momento do nosso nascimento e além, expandimos a nossa compreensão de quem somos como seres divinos originários das estrelas!"

No nosso exemplo, a pessoa tem o Sol a 6°. Se você conhece os símbolos astrológicos, verá que o ícone de Áries está ao lado do Sol. Para o propósito deste livro, não vamos tratar dos signos solares, apenas dos graus, para dar a você um panorama da fórmula numerológica do seu Código de Nascimento astrológico.

Consulte a coluna "Longitude" da tabela de planetas e destaque ou escreva todos os números que você vê, ou seja, os números referentes ao Sol, à Lua (se você tiver sua hora exata de nascimento) e a Mercúrio, Vênus, Marte, Júpiter, Saturno, Urano, Netuno, Plutão, o Nodo Verdadeiro (ignore o Nodo Médio) e Quíron. Isso lhe dará um conjunto de doze números (onze, se você não contar a Lua).

Preste atenção especial aos graus do Sol e dos planetas pessoais, ou seja, Lua, Mercúrio, Vênus e Marte. Mas *todos* os graus contribuem com outra camada de informação sobre você e seu Projeto Anímico.

Leia a descrição de cada um dos números que aparecem nessa coluna para obter mais informações sobre o seu código anímico. Em seguida, aplique cada número a cada planeta.

Na página 143 estão os significados básicos do Sol e dos planetas, na ordem em que aparecem na tabela.

Agora combine os números com cada planeta. Consulte os Capítulos 3, 4 e 5 para verificar o significado de cada número referente aos graus e alinhá-lo com o significado do planeta.

Em nosso exemplo, o Sol ressoa com 6°, o que significa que a pessoa é conhecida por ser calorosa, generosa, prestativa e responsável com seus compromissos. Sua força vital criativa ressoa com o amor.

Vênus está alinhado com os 20°, revelando que essa pessoa dá grande valor à cooperação, à harmonia e à união dos opostos. Do ponto de vista criativo, ela é equilibrada e imaginativa. Quanto ao dinheiro, ela dá e recebe igualmente e em geral ocorre um despertar no amor, no dinheiro e nos valores.

Netuno vibra com os 4°, revelando uma imaginação fértil e uma compaixão que é sincera e real, enquanto os dons psíquicos podem ser usados em áreas específicas da vida. Existe um mistério ou enigma a respeito de como essa pessoa ama e usa seus dons intuitivos.

"Quando você examina os números, consegue ver uma imagem mais profunda, que revela uma magia e um mistério que de outro modo teria se perdido completamente."

Agora vamos aplicar esses mesmos números às casas. Você verá a tabela das "Casas" à direita da tabela dos "Planetas". (Se você não sabe sua data de nascimento exata, não poderá verificar esses graus. Aqueles mostrados em seu PDF não estarão corretos.)

O que você notará é que os primeiros seis números se repetem novamente. Por isso anote apenas os primeiros seis graus. Em nossos exemplos, são 28°, 12°, 0°, 26°, 6° e 23°.

Procure o significado de cada número referente aos graus nos Capítulos 3, 4 e 5. Cada um desses graus planetários ou casas adiciona uma camada de informação ao seu Projeto Anímico.

Se você notar que qualquer um dos seus Importantes Três Números de Nascimento se repete no seu mapa astral, preste atenção! Essa correlação cruzada é poderosa e aponta para uma intensificação desse número.

Se houver algum grau composto de dois dígitos, verifique também o número raiz de um dígito.

Se você notar uma ênfase particular em uma (ou mais) das três tríades da Numerologia (Capítulo 3), tome nota disso. Trata-se de outra camada de informação que aponta para um alinhamento vibracional que enfatiza a Mente, a Manifestação ou a Criação.

GRAUS NUMÉRICOS REPETIDOS

Preste especial atenção a:

* Números que aparecem mais de uma vez: uma intensificação. *Em nosso exemplo, o número **20** aparece duas vezes. O número **7** aparece duas vezes.*

* Números de um dígito que aparecem mais de uma vez: uma intensificação. *Em nosso exemplo, os números são dois 20 e um 29, e todos se reduzem ao número raiz **2**, que é uma intensificação do número 2.*

*Há também um 24 e um 6, uma intensificação do número **6**. Além dos dois 7, há também um **25**, uma intensificação do número **7**.*

Você está agora começando a fazer conexões mais profundas. Os números "conversam" entre si, e seu mapa astral está ampliando o escopo de informações sobre quem você é no âmbito da alma. Essa consciência o ajudará a se sentir mais à vontade na própria pele e mais seguro de si mesmo; ela até mesmo revela dons ocultos que você nem sabia que tinha!

Muitas vezes, podemos nos sabotar, colocando limites em nossa percepção do nosso potencial. Seu potencial existe para ser expresso de maneira *ilimitada*! Quando você examina os números, consegue ver uma imagem mais profunda, que revela uma magia e um mistério que de outro modo teriam se perdido completamente. O reconhecimento de quem você é no âmbito da alma, a revelação da beleza única que é você, é o maior presente que você pode dar a si mesmo e aos outros.

Viva a sua vida *sem restrições*. Elimine o autojulgamento ou as opiniões dos outros sobre quem você é. Em vez disso, volte-se para a glória que é o seu ser, revelada no seu verdadeiro Código Anímico. Você está aqui na Terra experimentando temporariamente sua alma de uma maneira nova e infinitamente maravilhosa. Seu Código Anímico é um lembrete da sua divindade. Há apenas um caminho para Deus – por meio da autoconsciência.

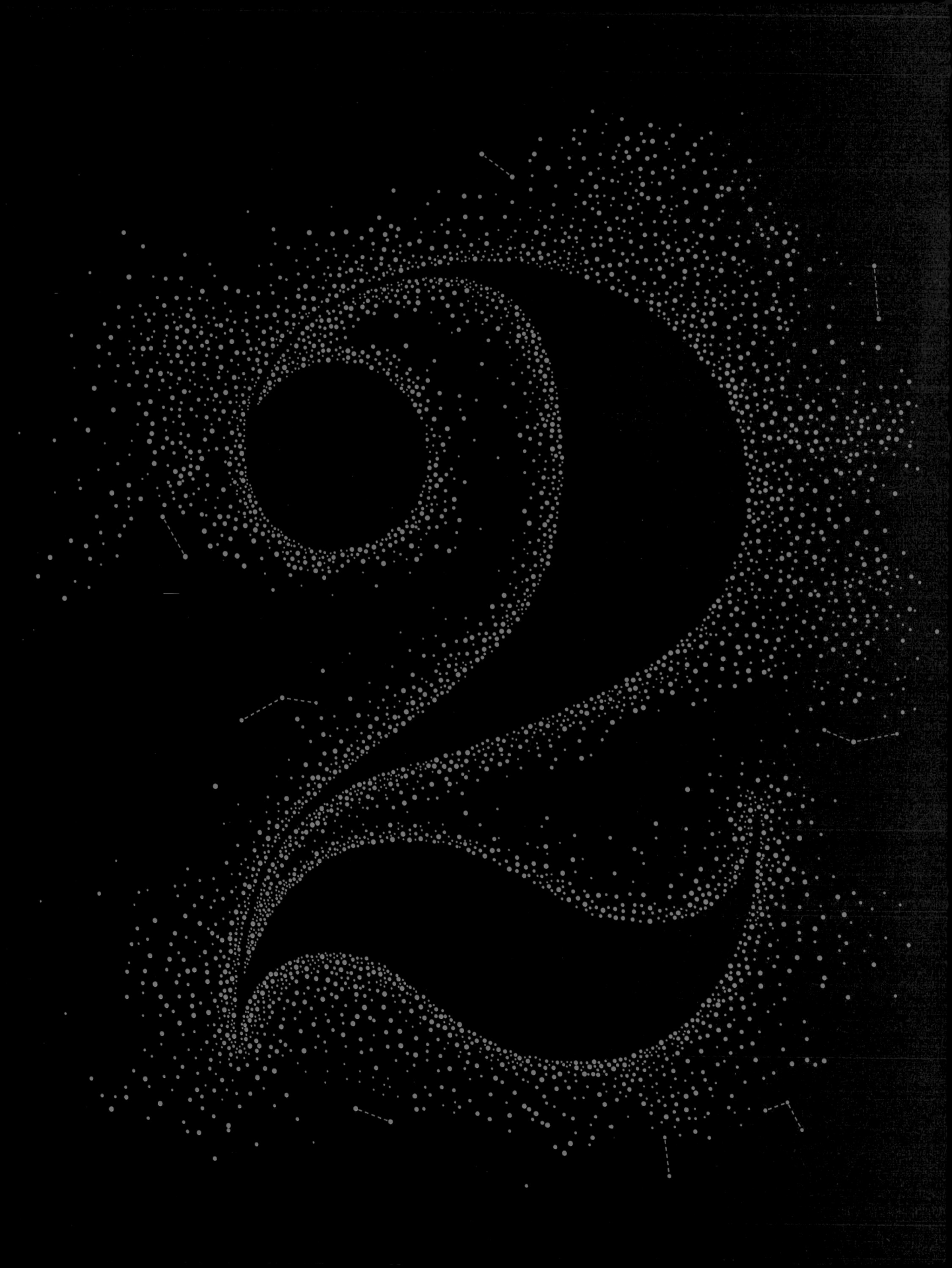

DIVINAÇÃO: SEUS CICLOS ATUAL E FUTURO

ANO, MÊS E DIA PESSOAIS
E SEUS CICLOS DE PODER
150

O SIGNIFICADO DOS SEUS
CICLOS PESSOAIS
158

CAPÍTULO 8

ANO, MÊS E DIA PESSOAIS E SEUS CICLOS DE PODER

AGORA QUE VOCÊ TEM UMA BOA PERSPECTIVA DO SEU PROJETO ANÍMICO, É HORA DE TRATARMOS DO TEMPO PRESENTE! Seu aniversário iniciou uma série contínua de Ciclos Pessoais, que descrevem e mensuram as energias ativas que influenciam a sua vida e das quais você pode tirar vantagem! Quando conhece o significado e a melhor maneira de usar as vibrações do seu ano, mês e dia pessoais, você tem nas mãos um instrumento poderoso para tornar a sua vida muito melhor.

Neste capítulo, você descobrirá como calcular seus ciclos e como saber quais dos seus Anos, Dias e Meses Pessoais são Ciclos de Poder. Isso vai intensificar sua energia e atrair experiências e oportunidades que levem a um crescimento ainda maior, permitindo que você avance em todos os aspectos da sua vida.

OS TRÊS IMPORTANTES NÚMEROS DOS SEUS CICLOS PESSOAIS

Seus ciclos atuais e futuros incluem:

1. **Seu Ano Pessoal** – a vibração que você vivencia no período entre os seus aniversários.
2. **Seu Mês Pessoal** – cada mês do calendário tem uma vibração pessoal que influencia a sua vida.
3. **Seu Dia Pessoal** – todo dia tem uma vibração pessoal específica que o influencia.

Seus Ciclos Pessoais são um convite para participar conscientemente da criação da sua realidade, da maneira mais otimizada possível. Ao entrar no ritmo dos seus ciclos anuais, mensais e diários, você tem as chaves dos fluxos e refluxos naturais da sua vida e fica em total sintonia com seu Projeto Anímico.

COMO CALCULAR SEUS ANOS PESSOAIS

Vamos começar com a vibração do seu Ano Pessoal. Alguns numerólogos afirmam que o Ano Pessoal de *todas as pessoas* começa no dia 1º de janeiro. No entanto, depois dos meus milhares de atendimentos, descobri que a mudança que sentimos no dia de Ano Novo está relacionada à mudança do Número do *Ano Universal*, não ao nosso Ano Pessoal. Veja só, existem Ciclos Universais, que influenciam a todos coletivamente, e Ciclos Pessoais, que são exclusivamente nossos. Quando o número do Ano Universal muda, no dia 1º de janeiro, todos sentimos a mudança. Mas seu Ano Pessoal começa no seu aniversário, não no dia 1º de janeiro.

A Astrologia também enfoca a mudança que ocorre no seu aniversário. É sempre com base no seu aniversário (não no dia 1º de janeiro) que se calcula o seu mapa astrológico do retorno solar (quando o Sol retorna à posição exata que ocupava no momento do seu nascimento), para obter a previsão do seu próximo ano, do ponto de vista energético.

Quando considera que o dia em que você nasceu é o primeiro dia da sua vida, você obtém seu Número do Propósito de Vida (que foi seu primeiro Ano Pessoal na Terra!), por isso faz todo sentido que o seu próximo ciclo vibracional comece no seu aniversário todo ano. Além disso, esse é o dia em que sua idade muda também!

Seu Ano Pessoal começa no mês do seu aniversário. Você muda de idade e de Ano Pessoal no seu aniversário, não no dia 1º de janeiro. Portanto, o Ano Pessoal de uma pessoa cujo aniversário é em junho começa em junho e vai até maio do ano seguinte.

Isso significa que, dentro de um ano civil, uma pessoa nascida durante qualquer mês, exceto em janeiro, tem *dois* números de Ano Pessoal diferentes:

1. Um do ano civil anterior *até* o seu aniversário.
2. Outro *a partir* do mês de aniversário.

Calcula-se o seu Ano Pessoal atual somando-se os dígitos do dia e do mês do seu nascimento com o ano civil em curso e reduzindo o resultado dessa soma a um único dígito. Cada novo Ano Pessoal começa no mês em que você nasceu. O número do seu próximo Ano Pessoal será um dígito maior, a menos que você esteja no Ano Pessoal número 9; nesse caso seu próximo Ano Pessoal será 1.

Vejamos alguns exemplos.

SE VOCÊ NASCEU EM		E ESTÁ NO ANO DE	SEU ANO PESSOAL É		E ELE VAI DE
23	MAIO	2019			MAIO DE 2019
2 + 3	5 +	2 + 0 + 1 + 9 =	22	2 + 2 = **4**	A ABRIL DE 2020

SE VOCÊ NASCEU EM		E ESTÁ NO ANO DE	SEU ANO PESSOAL É		E ELE VAI DE
15	OUTUBRO	2019		1 + 9 = 10	OUTUBRO DE 2019
1 + 5	1 + 0 +	2 + 0 + 1 + 9 =	19	1 + 0 = **1**	A SETEMBRO DE 2020

O número do seu Ano Pessoal anterior, que está ativo até um mês antes do mês do seu aniversário em qualquer ano civil, é um dígito inferior ao do seu Ano Pessoal atual (a menos que o seu Ano Pessoal atual seja 1, pois nesse caso o ano anterior era 9).

Depois de calcular o ciclo anual em que está no momento, você pode fazer uma retrospectiva dos seus Anos Pessoais anteriores e avançar até os próximos ciclos de Anos Pessoais para avaliar como esses ciclos afetaram você no passado e como o afetarão à medida que o tempo passa.

COMO CALCULAR SEUS MESES PESSOAIS

Seus Meses Pessoais mudam no início de cada mês. Para calcular o Número do seu Mês Pessoal, adicione o número do mês em questão ao número de um dígito do seu Ano Pessoal.

"Ao entrar no ritmo dos seus ciclos anuais, mensais e diários, você tem as chaves dos fluxos e refluxos naturais da sua vida e fica em total sintonia com seu Projeto Anímico."

No exemplo da página anterior, a pessoa nascida no dia 23 de maio somou 4 ao seu Ano Pessoal em 2019. Isso significa que seus meses são:

NÚMERO DO ANO PESSOAL	MÊS	NÚMERO DO MÊS PESSOAL	
4 +	(MAIO) 5	= 9	
4 +	(JUNHO) 6	= 10	1 + 0 = 1
4 +	(JULHO) 7	= 11	1 + 1 = 2
4 +	(AGOSTO) 8	= 12	1 + 2 = 3
4 +	(SETEMBRO) 9	= 13	1 + 3 = 4
4 +	(OUTUBRO) 10	= 14	1 + 4 = 5
4 +	(NOVEMBRO) 11	= 15	1 + 5 = 6
4 +	(DEZEMBRO) 12	= 16	1 + 6 = 7
4 +	(JANEIRO) 1	= 5	
4 +	(FEVEREIRO) 2	= 6	
4 +	(MARÇO) 3	= 7	
4 +	(ABRIL) 4	= 8	

Observação: Setembro é o nono mês do ano. Portanto, todo ano em setembro, o número do seu Mês Pessoal vai coincidir com o do seu Ano Pessoal. Isso porque, se somarmos 9 a qualquer número e reduzirmos a soma total a um único dígito, o resultado será o mesmo número que você originalmente somou a 9.

No exemplo da página 152, a pessoa nascida em 15 de outubro, ao calcular o seu Ano Pessoal, descobriu que o número do seu Ano Pessoal era 1 em 2019, e, portanto, ela iniciava um novo ciclo de nove anos. Isso significa que os meses dela são:

NÚMERO DO ANO PESSOAL	MÊS	NÚMERO DO MÊS PESSOAL	
1 +	(OUTUBRO) 10	= 11	1 + 1 = 2
1 +	(NOVEMBRO) 11	= 12	1 + 2 = 3
1 +	(DEZEMBRO) 12	= 13	1 + 3 = 4
1 +	(JANEIRO DE 2020) 1	= 2	
1 +	(FEVEREIRO) 2	= 3	
1 +	(MARÇO) 3	= 4	
1 +	(ABRIL) 4	= 5	
1 +	(MAIO) 5	= 6	
1 +	(JUNHO) 6	= 7	
1 +	(JULHO) 7	= 8	
1 +	(AGOSTO) 8	= 9	
1 +	(SETEMBRO) 9	= 10	

COMO CALCULAR SEUS DIAS PESSOAIS

Adicione o dia ao número do Mês Pessoal em questão.

Mês Pessoal + Dia = Dia Pessoal

Por exemplo, para encontrar o Dia Pessoal no dia **6 de maio de 2019**, para a pessoa nascida em 23 de maio:

NÚMERO DO MÊS PESSOAL	DIA DO MÊS	NÚMERO DO DIA PESSOAL
9 +	6	= 15 (1 + 5) = **6**

Leia as descrições do número 4, o número do Ano Pessoal; do número 9, o número do Mês Pessoal; e do número 6, o número do Dia Pessoal, nos Ciclos Pessoais, no Capítulo 9.

Para encontrar o Dia Pessoal dessa pessoa para o dia **29 de setembro de 2019**:

NÚMERO DO MÊS PESSOAL	DIA DO MÊS	NÚMERO DO DIA PESSOAL
4 +	29 (2 + 9)	= 15 (1 + 5) = **6**

Leia as descrições dos Ciclos Pessoais 4 e 6 no Capítulo 9.

Para encontrar o Dia Pessoal dessa pessoa para **14 de fevereiro de 2020**:

NÚMERO DO MÊS PESSOAL	DIA DO MÊS	NÚMERO DO DIA PESSOAL
6 +	14 (1 + 4)	= 11 (1 + 1) = **2**

Leia as descrições para os Ciclos Pessoais 4, 6 e 2 no Capítulo 9.

Conforme calculado anteriormente, a pessoa nascida em 15 de outubro entrará no Ano Pessoal **1** em outubro de 2019, iniciando um novo ciclo de 9 anos! Para encontrar o Mês Pessoal de **7 de outubro de 2019**:

NÚMERO DO MÊS PESSOAL	DIA DO MÊS	NÚMERO DO DIA PESSOAL
2 +	7	= **9**

Leia as descrições para os Ciclos Pessoais 1, 2 e 9 no Capítulo 9.

Para encontrar o Mês Pessoal de **26 de agosto de 2020**:

NÚMERO DO MÊS PESSOAL	DIA DO MÊS	NÚMERO DO DIA PESSOAL
9 +	26 (2 + 6)	= 17 (1 + 7) = **8**

Leia as descrições para os Ciclos Pessoais 1, 9 e 8 no Capítulo 9.

Para encontrar o Mês Pessoal de **30 de setembro de 2020**:

NÚMERO DO MÊS PESSOAL	DIA DO MÊS	NÚMERO DO DIA PESSOAL
1 +	30 (3 + 0)	= **3**

Leia as descrições para os Ciclos Pessoais 1 e 3 no Capítulo 9.

SEUS CICLOS DE PODER

Existem certos Anos, Meses e Dias Pessoais que ativam um dos nossos Três Importantes Números de Nascimento. Quando isso acontece, você sente uma intensificação na energia. Nessas ocasiões, você passa por um crescimento profundo e tem mais oportunidades. Esses são seus Ciclos de Poder, e seu aprimoramento acontece sempre que *um número do Ciclo Pessoal em que você está entra em sintonia ou alinhamento com um dos números do seu Projeto Anímico.*

Por exemplo, se seus Três Importantes Números de Nascimento são 3, 7 e 4 (Dia do Nascimento, Número do Propósito de Vida e Número do Destino), preste atenção em qualquer Ano, Mês ou Dia que também ressoem com 3, 7 ou 4. Portanto, se estiver vivendo um Ano, Mês ou Dia Pessoal 4, você está ativando seu Número do Destino 4. Tome nota desses Ciclos de Poder! O conhecimento desses ciclos o ajudarão a viver a vida com confiança e leveza. Você vai ser capaz de tirar vantagem da profunda sintonia vibracional que ocorre nessas ocasiões.

Lembre-se de que você tem vários Dias Pessoais em Ciclos de Poder todos os meses, não importa se você está num Mês ou Ano Pessoal de um Ciclo de Poder ou não! Portanto, você nunca fica sem essa grande onda de energia.

Você tem alguns Dias e Meses em que dois de seus Três Importantes Números de Nascimento estão ativados. Isso acontece quando um Ano Pessoal e um Dia Pessoal entram, ambos, em sintonia com um dos seus Três Importantes Números de Nascimento ao mesmo tempo. Ou pode ser um Mês Pessoal e um Dia Pessoal.

De vez em quando, se o Ano Pessoal e o Mês Pessoal estiverem ambos ativando um dos seus Três Importantes Números de Nascimento, você terá *uma intensificação tripla* dos seus Dias de Ciclo de Poder! É quando o Ano Pessoal, o Mês Pessoal e o Dia Pessoal todos ressoam com um dos Três Importantes Números do seu Projeto de Nascimento.

Aproveite qualquer ativação do Ciclo de Poder. Trata-se de um farol verde do universo para a sua alma avançar sem medo, pois toda a sua energia está ativada! Tudo o que você vivencia durante esses Ciclos de Poder do ano, do mês ou do dia em que está é projetado para impulsionar você, elevá-lo e intensificar o seu contato com a Luz divina, sua Fonte Espiritual.

Agora vamos descobrir o significado dos seus Ciclos Pessoais!

CAPÍTULO 9

O SIGNIFICADO DOS SEUS CICLOS PESSOAIS

Agora que você sabe como calcular seus anos, meses e dias pessoais, bem como descobrir quando são seus Ciclos de Poder, é hora de saber todo o significado dos números! Você vai descobrir como cada vibração numérica, de 1 a 9, é ativada. Use a interpretação de cada número para todos os seus ciclos – ano, mês e dia.

CICLOS DE 9 ANOS

A cada nove anos, você inicia um novo ciclo de 9 anos, que vão do Ano Pessoal 1 ao 9. Sempre que seu ciclo de 9 anos chega ao fim (você está num Ano Pessoal 9) ou recomeça (está num Ano Pessoal 1), você sente uma grande mudança na sua vida. Você está liberando antigos paradigmas e maneiras de ser, pessoas e crenças que não o beneficiam mais, para abrir espaço para um renascimento.

Essa "mudança" também acontece em menor grau quando você faz a transição de um Mês Pessoal 9 para um Mês Pessoal 1, e até mesmo de um Dia Pessoal 9 para um Dia Pessoal 1.

Só para lembrá-lo, seus ciclos atuais e futuros incluem:

1. Seu **Ano Pessoal** – a vibração que você vivencia de um aniversário para o seguinte.
2. Seu **Mês Pessoal** – cada mês do calendário influencia você com uma vibração pessoal diferente.
3. Seu **Dia Pessoal** – cada dia exerce sobre você a influência de uma vibração em particular.

Sempre que o número de um Dia, Mês ou Ano Pessoal for igual a um de seus Três Importantes Números de Nascimento, o impacto desse número se intensificará.

ANO/MÊS/DIA PESSOAL 1

Palavras-chave: Novos Começos, Ação, Mudança, Novos Objetivos

Aprender novas atividades; vivenciar novas energias; abandonar completamente as crenças, coisas, pessoas e investimentos que não o beneficiam mais; ousadia, coragem, oportunidade, renascimento – você está numa encruzilhada.

Lado sombrio: tenha cautela com a resistência à mudança e o hábito de não focar ou planejar seu futuro.

* Você está vivendo um novo começo em algumas ou em todas as áreas da sua vida.
* Semeie novas ideias originais.
* Um ciclo 1 se inicia; portanto, coloque suas ideias e seus sonhos em ação.
* Você está reformulando sua vida e pensando em si mesmo e em seus planos de maneira diferente.
* Este é um período intenso de despertar.
* Sua confiança está maior e dando espaço para você se abrir e explorar novas direções mais ousadas.
* Preste mais atenção às novas oportunidades.
* Mudanças repentinas levam você ao âmago.
* Aceite e proclame sem medo o que o torna único.
* Crie e invente.

TERRA

ANO/MÊS/DIA PESSOAL 2

Palavras-chave: Cooperação, Novas Parcerias (pessoais e comerciais), Equilíbrio, Paciência, Paz

Relacionamentos, diplomacia, desaceleração, atenção meticulosa aos detalhes, bom senso de oportunidade, confiança de que seus objetivos estão sendo atingidos, ser um bom ouvinte, intuição, germinação das sementes plantadas no último ciclo.

Lado sombrio: cautela com a impaciência, a divisão, o sentimento de insegurança ao tomar decisões.

* Seu ciclo 2 está trazendo a você equilíbrio; você precisa equilibrar luz e escuridão e abraçar toda a vida.
* Ouça sua voz interior para receber *insights* espirituais.
* Você está profundamente sensível a tudo e a todos.
* Confie que tudo acontece na hora certa e tenha paciência.
* Deixe que seu coração decida por você.
* Busque relacionamentos que criem equilíbrio na sua vida.
* Transmita sua mensagem com compaixão e sensibilidade.
* Reserve um tempo para ter momentos de serenidade – honre sua doçura e beleza.
* Aceite seu lado psíquico!

ANO/MÊS/DIA PESSOAL 3

Palavras-chave: Autoexpressão Criativa, Ser Social, Compartilhar Sentimentos, Prazer, Conexões

Círculo de amigos, expressar a sua voz interior, relaxar se divertindo, ter prazer com as artes, encontrar o que o faz feliz, viajar, tomar atitudes, manter o otimismo, preparar-se para eventos inesperados. (O 3 tem a base móvel de uma cadeira de balanço.)

Lado sombrio: cautela com o drama emocional, as distrações, o mau humor.

* Sua criatividade está sendo canalizada por meio de muitas fontes e se expressa através de você. Sintonize-se com ela.
* Expresse seus sentimentos abertamente e demonstrando vulnerabilidade.
* Sinta uma grande alegria descobrindo o que preenche o âmago do seu ser.
* Sua imaginação não tem limites!
* Mantenha-se positivo e atraia muitas oportunidades.
* Aproveite as oportunidades com ousadia.
* Compartilhe a sua visão por meio da escrita, da fala, da arte, da dança ou da música.
* Conecte-se socialmente com outras pessoas, especialmente com suas irmãs e seus irmãos espirituais.
* O que o toca a ponto de levá-lo às lágrimas? Siga essa pista...

ANO/MÊS/DIA PESSOAL 4

Palavras-chave: Organização, Planejamento, Trabalho, Cuidado com os Detalhes, Concentração

Agenda cheia, usar a lógica, manifestar suas ideias passo a passo, segurança, lar, perseverança, foco, compromisso, realização, estabelecer uma base como preparação para o próximo ciclo.

Lado sombrio: cautela com excesso de trabalho, dificuldade para relaxar, fugir das responsabilidades.

* Dedique este ciclo à tarefa de tornar seus dons reais e tangíveis.
* Você se sente em paz e seguro quando estabelece metas em sintonia com seus verdadeiros valores.
* Estruture e organize suas ideias e estratégias num plano coerente.
* Trabalhe diligentemente na implementação dos seus objetivos e você colherá grandes recompensas.
* Preste atenção meticulosa aos detalhes.
* Suas reflexões brilhantes são fundamentadas numa base sólida que exerce um profundo impacto.
* Concentre-se na família e no ambiente doméstico.
* Contrabalance tarefas práticas com a exploração do seu gênio interior.

ANO/MÊS/DIA PESSOAL 5

Palavras-chave: Ponto Decisivo, Decisões, Risco, Oportunidade, Surpresas

Mudança, Movimento, aventura, escolhas, esperar o inesperado, tomar decisões rápidas, viajar, estar aberto a novas ideias, arriscar, ter liberdade, grande mudança no meio do seu ciclo de 9 anos.

Lado sombrio: cautela com dispersão de energia, com o hábito de fazer muitas coisas ao mesmo tempo, não persistir na busca dos objetivos, inquietação, impaciência.

* Aceite a mudança como uma constante na sua vida.
* Liberdade é a palavra-chave para você neste ciclo. Seja o mais flexível possível!
* O movimento é muito forte para você neste ciclo.
* A abundância é resultado da ação rápida.
* Você está transformando sua vida assumindo um risco que o leva além dos seus sonhos mais ousados.
* A exploração é o seu passaporte para a independência e a realização.
* Você terá de tomar muitas decisões, grandes e pequenas. Tome-as rapidamente, para que sua energia não fique estagnada.
* Viaje para reinos desconhecidos, física e mentalmente, e dê boas-vindas a todas as descobertas.
* Conecte-se com outras pessoas, compartilhe suas novas ideias.

ANO/MÊS/DIA PESSOAL 6

Palavras-chave: Assumir Responsabilidades, Família, Amor, Lar, Relacionamentos, Negócios Domésticos, Riqueza

Saúde, casa, harmonia, compaixão, beleza em seu ambiente, ajudar os outros, crescimento pessoal e emocional, conexão com amigos íntimos, surgimento de novas oportunidades, equilíbrio emocional.

Lado sombrio: cautela com negligência às suas próprias necessidades, assumir responsabilidades demais, desequilíbrio emocional.

* Assuma suas responsabilidades plenamente e com alegria.
* Esteja disposto a curar a si mesmo e você será uma influência benéfica para os outros.
* Tenha empatia e dedique-se ao serviço amoroso.
* Sua paixão pela vida e compaixão pelos outros são expandidas neste ciclo.
* Foco na expansão da renda e da riqueza.
* Torne sua vida e o ambiente em que vive mais belos; ouça músicas edificantes.
* Atenção à sua saúde e ao seu bem-estar.
* Cuide-se; você está se doando demais neste ciclo e precisa reabastecer suas baterias.
* Você está criando uma nova maneira de ter sucesso, inspirada no desejo de fazer as coisas do seu jeito, sem servidão ou ansiedade para atender expectativas externas.
* Busque toda realização por meio do amor.
* Foco no lar e na família.

ANO/MÊS/DIA PESSOAL 7

Palavras-chave: *Insights* Espirituais, Intuição, Desapego e Disposição para Deixar Tudo nas Mãos de Deus, Descobertas Repentinas

Sabático, sabedoria, aprender e fazer cursos, introspecção, desacelerar, reconhecimento, honra, passar um tempo em meio a natureza, planejar, buscar rejuvenescimento, ler livros, esperar o inesperado, passar algum tempo sozinho.

Lado sombrio: cautela com o hábito de analisar ou pensar demais, se preocupar e duvidar.

* Ouça a sua intuição e aja de acordo com ela.
* A realização é resultado de planejamento e da implementação das suas ideias brilhantes.
* Aceite mudanças repentinas como oportunidades de crescimento.
* Sua sabedoria se expande exponencialmente com o aprendizado e a compreensão profunda.

- Seja uma ponte entre os reinos espiritual e material.
- Atente para suas intuições e visões, reservando tempo para retiros e relaxamento.
- Confie em seus palpites.
- Busque a sabedoria e a verdade.
- Descanse.

ANO/MÊS/DIA PESSOAL 8

Palavras-chave: Foco no Dinheiro, Objetivos, Força, Manifeste Seu Poder, Energia Gasta = Recompensas

O dinheiro é importante, agir, equilibrar o material e o espiritual, concentrar energia, ganhar força superando obstáculos, prosperidade, recompensas, honras, ambição, ser eficiente e prático.

Lado sombrio: cautela com o medo do sucesso, dúvida com relação à própria capacidade de ser bem-sucedido, incapacidade de realizar seus objetivos.

- Este é o seu ciclo do aumento do poder pessoal.
- Você está muito motivado para manifestar seus sonhos.
- Você exala confiança em tudo que faz, pensa e imagina sobre o seu futuro.
- Lidere e você terá sucesso.
- O seu foco nas finanças afeta o impacto da sua visão.
- Você está motivado a cumprir o seu destino.
- Superar obstáculos torna você mais forte.
- A energia que você gasta o enriquece e traz recompensas.

ANO/MÊS/DIA PESSOAL 9

Palavras-chave: Conclusão, Culminação, Celebração, Liberação, Términos

Termine o que você começou há 8 anos, seja útil, tenha compaixão, liberte-se de crenças e pessoas que estejam mantendo você preso a comportamentos antigos, aplique o Feng Shui na sua vida, um ano de teste de força e coragem, términos.

Lado sombrio: cautela com o sentimento de desânimo e esgotamento emocional e com a resistência ao desapego.

* Aceite os términos e celebre seus sucessos.
* A liderança com amor cria uma profunda realização.
* Liberte-se de ideias, crenças, coisas, pessoas que não mais o beneficiam ou não o apoiam nem o elevam.
* Conclua todos os projetos até o final deste ciclo para obter recompensas.
* Ao ser um exemplo sábio para os outros, seu amor infunde coragem.
* Abrace tudo o que a vida tem a oferecer, de bom ou ruim, para ter mais abundância.
* Abandonar valores adquiridos de outras pessoas (e que você erroneamente acha que são seus) abre portas milagrosas na sua vida.
* Você chegou ao fim de um ciclo e está abrindo espaço para um renascimento.

3

Os números estão em toda parte!

NÚMEROS DE ENDEREÇOS
168

NÚMEROS E LETRAS REPETIDAS: UMA AMPLIAÇÃO NA SUA VIDA
178

11:11 E OUTRAS SEQUÊNCIAS NUMÉRICAS
190

CAPÍTULO 10

NÚMEROS DE ENDEREÇOS

À medida que prossegue com a leitura deste livro sobre o significado secreto dos números, você começa a reparar cada vez mais nos números que cruzam o seu caminho no dia a dia. Por exemplo, as páginas deste livro são numeradas! Nos Capítulos 3, 4 e 5, você descobriu os significados detalhados de todos os dígitos e dos números de dois dígitos. Esses três últimos capítulos são o seu guia definitivo para os números que surgem na sua vida diária, incluindo mensagens que você recebe quando abre aleatoriamente uma página qualquer de um livro.

Outros números de destaque e mais permanentes em sua vida são os números do seu endereço, os números do seu telefone, o número de filhos que você tem, até mesmo os números pelos quais você se sente atraído. Repare em cada um desses números e leia sobre eles nos Capítulos de 3 a 5; isso lhe dirá algo sobre você em cada contexto particular.

Os números e letras que você encontra no dia a dia podem revelar muitas outras informações que o ajudem a entender a sua vida.

SÍMBOLOS DIÁRIOS EM SUA VIDA – SUA LINHA DIRETA COM A FONTE

Digamos que você faça uma pergunta ou tenha um problema em mente e abra o seu livro favorito numa página aleatória. O número dessa página tem uma mensagem para você. Mesmo que você não tenha uma pergunta em mente, saiba que você está recebendo uma mensagem do Espírito. O universo *adora* usar números para se comunicar com a sua alma, pois você encontra números com facilidade em todos os lugares e, como mostra este livro, eles são muito fáceis de entender. Portanto, preste atenção às mensagens numéricas que lhe aparecem várias vezes ao dia, para que você possa se conectar com a Fonte o tempo todo.

Ou digamos que você consulte o relógio e veja que são 1h09 da tarde, por exemplo. Observe a mensagem geral 1 + 0 + 9 = 10, que se reduz a 1. Portanto, essa é uma nova mensagem e um recomeço para você. Uma mensagem que honra sua originalidade e toda energia que acompanha a promoção da sua ideia, seu objetivo ou sua abordagem. Em seguida, você verifica *cada* um dos números individuais que compõem o número inteiro, nesse caso os números 1, 0 e 9, para obter uma camada adicional de significado.

VIBRAÇÕES DO SEU ENDEREÇO

Assim como cada pessoa emite um código especial, cada endereço tem uma vibração. Há três itens importantes que você precisa investigar sobre os números do seu endereço:

* E uma vibração geral favorável?
* Se é, a vibração ressoa com um de seus Três Importantes Números de Nascimento?
* Se não é, como você pode introduzir uma influência secundária positiva?

Os números do seu endereço exercem efeitos diferentes em sua vida, por isso é importante entender como seu endereço afeta você, seja ele pessoal ou comercial. Esse conhecimento por si só terá uma grande influência na sua vida diária. Você poderá saber quais endereços o mantêm no fluxo, com o mínimo de distrações ou interferência negativa, e, mais importante, os que não o mantêm no fluxo.

COMO CALCULAR QUALQUER ENDEREÇO

Em qualquer endereço que faça parte da sua vida, apenas seus números são importantes para você. Você não precisa calcular o nome da rua. O único caso em que uma letra será considerada como parte do processo de cálculo é quando essa letra aparece no número do seu endereço, por exemplo, Rua Santa Clara, 555, casa **9A**.

Vejamos agora as variações que você pode encontrar nos endereços da sua vida. Primeiro anote o número do seu endereço.

1. Se for um endereço simples, sem número de apartamento, simplesmente anote o número da rua.

    Se você mora na Avenida Principal, 4816, anote o número **4816**.
    Some todos os números até que você possa reduzir a soma a um número raiz de um único dígito:
    4816 = 4 + 8 + 1 + 6 = 19
    19 = 1 + 9 = 10
    10 = 1 + 0 = **1**
    O número do endereço dessa propriedade é 1.

2. Se você mora em apartamento ou condomínio, precisa levar em conta tanto o número da rua do condomínio quanto o número da sua unidade separadamente. O número do seu prédio tem menos importância do que o número da sua unidade, pois apenas o número da unidade é exclusivamente seu. O número da unidade é a vibração do seu endereço pessoal.

    No endereço Avenida Principal, 4816, apt. nº 25:
    25 = 2 + 5 = **7**
    O número raiz do endereço dessa unidade é 7. Já sabemos que a soma dos números do endereço Avenida Principal, 4816 se reduz ao número raiz 1. Mas 7, o número da unidade, *tem mais influência sobre o(s) morador(es)*. O número 1 do endereço Avenida Principal, 4816 tem um impacto secundário.

3. Para endereços com letras, você deve adicionar o valor numérico da letra *com* e *sem o valor numérico equivalente da letra*.

    O endereço de Rua Dr. Macieira, 32, casa 8B seria somado da seguinte maneira:
    8 + B = 8 + 2 = 10
    10 = 1 + 0 = **1**
    Sem a letra B esse endereço *também* vibra com o número 8. Portanto, essa unidade do condomínio ativa os números 1 e 8. É importante calcular ambas as versões – com e sem a letra –, sempre que um número vier acompanhado de uma

letra. Assim, *considere o número como uma vibração autônoma e o total do número e da letra.*

1	2	3	4	5	6	7	8	9
A	B	C	D	E	F	G	H	I
J	K	L	M	N	O	P	Q	R
S	T	U	V	W	X	Y	Z	

COMO SEU ENDEREÇO SE SINTONIZA COM SEU CÓDIGO DE NASCIMENTO

Verifique todos os dígitos que compõem seus três Importantes Números de Nascimento (Capítulos 1 e 2).

Descubra com qual das três tríades eles ressoam (Capítulo 3).

Se *um* dos seus Três Importantes Números de Nascimento for ativado pelo número de um dígito do seu endereço, isso significa que o número do seu endereço ressoa com você.

No entanto, você ainda precisa verificar se o seu endereço ativa uma vibração "desafiadora". Mesmo que ressoe com você, ele pode atrair desafios se não estiver ligado à abundância.

O SIGNIFICADO DO SEU ENDEREÇO

Lembre-se, se um dos seus Três Importantes Números de Nascimento ressoar com o número de um único dígito do seu endereço, isso significa que você é compatível com esse endereço.

ENDEREÇO/UNIDADE 1:

* Otimismo, realização e manifestação de novas ideias.
* Se você está procurando um novo começo, um endereço número 1 oferece confiança e força.
* Bom para quem é autônomo ou quer morar sozinho e/ou trabalhar sozinho.
* Favorece a ativação e a determinação, não um estilo de vida descontraído.
* O endereço 1 não tolera desordem. O 1 prospera quando existe clareza e limpeza.
* O endereço 1 é bom para pessoas que são naturalmente independentes, embora favoreça parceiros que sejam interdependentes e respeitem a liberdade e os limites pessoais uns dos outros.

Ótimo para Números de Código de Nascimento 1, 5 e 7.
Bom para Números de Código de Nascimento 3, 8 e 9.
Não recomendado para Números de Código de Nascimento 2, 4 e 6.

ENDEREÇO/UNIDADE 2:

- Os endereços 2 favorecem as parcerias e o amor (veja exceções na próxima seção).
- Os endereços 2 promovem harmonia e equilíbrio.
- O 2 é mais descontraído e não tão conectado à manifestação da abundância financeira do que outros números.
- Colocar a carreira em primeiro lugar não é tão fácil e relacionar-se com compaixão e consideração são os temas principais.
- Você pode se sentir mais emotivo e codependente num endereço 2.
- Favorece a meditação e a diplomacia com compaixão e zelo pelo ambiente.
- Ficar preso à vida e aos problemas de outras pessoas é algo com o qual ter cautela.
- Os endereços 2 são maravilhosos para compartilhar, se estabelecer com a família e ter companheiros de quarto.

Ótimo para Números de Código de Nascimento 2, 4 e 8.
Bom para Números de Código de Nascimento 3, 6 e 9.
Não recomendado para Números de Código de Nascimento 1, 5 e 7.

** *Evite endereços cuja soma inicial seja 11, 29, 38 ou 47. Endereços cuja soma é 2 ou 20 são bons.*

ENDEREÇO/UNIDADE 3:

- Os endereços 3 são perfeitos para pessoas criativas e de espírito livre.
- Os lares 3 atraem movimento, atividade, expressão emocional e mudança.
- O 3 pode dispersar energia e não planejar o futuro, por isso esse endereço provavelmente não é favorável para atrair abundância financeira.
- Os lares 3 promovem a comunicação e o engajamento social.
- Os endereços 3 atraem otimismo e diversão e são ótimos para festas e reuniões sociais.
- Os endereços 3 ativam sua imaginação.
- No endereço 3, limpeza e organização não são prioridade.
- O 3 convida ao compartilhamento e à autoexpressão emocional, não a esforços sérios e práticos.

Ótimo para Números de Código de Nascimento 3, 6 e 9.
Bom para Números de Código de Nascimento 1, 2 e 5.
Não recomendado para Números de Código de Nascimento 4, 7 e 8.

** *Evite endereços cuja soma inicial seja 12, 39 ou 48. Endereços cuja soma é 3, 21 ou 30 são bons.*

"O universo adora usar números para se comunicar com a sua alma, pois você encontra números com facilidade em todos os lugares e, como mostra este livro, eles são muito fáceis de entender."

ENDEREÇO/UNIDADE 4

- Os endereços 4 trazem uma sensação de ordem e estabilidade e residentes de longa data.
- Os endereços 4 promovem progresso lento, mas constante, e proteção.
- O 4 é o número do trabalho diligente, por isso esse espaço não será tão relaxante quanto os outros.
- Os endereços 4 não suportam liberdade ou uma sensação fluida de facilidade.
- Os endereços 4 são mais sérios do que divertidos.
- O endereço 4 não está muito sintonizado com a geração de abundância financeira.
- Num lar 4, você precisa ter paciência e conhecer essa manifestação exigirá esforço.
- O endereço 4 é bom para estudo, trabalho, segurança e estabilidade. Estrutura, ordem e disciplina influenciam esse endereço.

Bom para Números de Código de Nascimento 2, 6 e 7.
Não recomendado para Números de Código de Nascimento 3, 4, 5, 8 e 9.

** *Os endereços 4 em geral devem ser evitados, pois tornam mais difícil atrair abundância.*

Nota: Qualquer pessoa com Dia de Nascimento 4 ou 8 ou Propósito de Vida 4 ou 8 deve evitar esse endereço. (Essa regra não se aplica caso o seu Número do Destino se reduza a 4 ou 8.)

ENDEREÇO/UNIDADE 5:

- Os endereços 5 são muito ativos energeticamente, convidando à exploração e ao risco, não à paz e ao sossego.
- Um lar 5 favorece a comunicação, a mídia e a conexão com as pessoas.
- Viagens, aventuras, prazeres e liberdade são ampliados num endereço 5.
- Qualquer comportamento excessivo ou vício é ampliado num lar 5.

* Os endereços 5 favorecem a variedade e não costumam ser residências permanentes.
* Amplia o destemor e as ideias progressistas, para que você viva a vida ao máximo.
* Sua curiosidade é despertada e novas experiências emocionantes são bem-vindas.
* As pessoas vêm e vão nos endereços 5 e elas têm um senso de imprevisibilidade.

Ótimo para Números de Código de Nascimento 1, 5 e 7.
Bom para Números de Código de Nascimento 3 e 9.
Não recomendado para Números de Código de Nascimento 2, 4, 6 e 8.

ENDEREÇO/UNIDADE 6:

* Endereços 6 irradiam calor, alegria, beleza e compaixão.
* Um endereço 6 é uma casa com uma família maravilhosa, e ela favorece o amor e a abundância.
* Sua criatividade e inspiração são ampliadas num endereço 6.
* Pessoas de todas as idades podem residir num endereço 6 e se sentir acolhidas e bem-tratadas.
* Endereços 6 invocam grandes responsabilidades; portanto, equilibre-as com o cuidado por si, para não se esgotar energeticamente.
* O endereço 6 favorece o *home office* e qualquer empreendimento relacionado com a prestação de serviço.
* O foco do endereço 6 está na aceitação, na confiança e na formação de fortes laços familiares.
* O endereço 6 pode ser um belo santuário para o coração e a alma.

Ótimo para Números de Código de Nascimento 3, 6 e 9.
Bom para Números de Código de Nascimento 2, 4 e 8.
Não recomendado para Números de Código de Nascimento 1, 5 e 7.

ENDEREÇO/UNIDADE 7:

* Os endereços 7 são pacíficos, meditativos e favoráveis para o desenvolvimento pessoal.
* Os lares 7 favorecem o aprendizado e os estudos filosóficos, os assuntos esotéricos e qualquer coisa relacionada à educação.
* Esse é um endereço muito reservado e tranquilo – um refúgio. O nível de barulho deve ser mínimo para não perturbar a paz.
* Às vezes, acontecimentos repentinos trazem uma transformação profunda.
* Os endereços 7 são mais adequados para pessoas solteiras, não para famílias ou casais.

- A solidão, a contemplação, as atividades intelectuais, uma devoção fervorosa e a conexão com a natureza são favorecidas.
- Esse endereço não é recomendado para manifestar abundância financeira.
- Fuja do estresse diário nessa casa repousante, que favorece escritores, agentes de cura e buscadores espirituais.

Ótimo para Números de Código de Nascimento 1, 5 e 7.
Bom para o Número de Código de Nascimento 4.
Não recomendado para Números de Código de Nascimento 2, 3, 6, 8 e 9.

** *Evite endereços cuja soma inicial seja 16, 25, 34 ou 43. Endereços cuja soma é 7 são bons, se você não se importar que essa propriedade não seja um lugar que atraia muita abundância.*

ENDEREÇO/UNIDADE 8:

- Endereços 8 favorecem a liderança, o poder, o sucesso e um forte foco na manifestação de dinheiro.
- Os lares 8 favorecem a gestão de um negócio doméstico, mas não necessariamente a vida familiar.
- Ajudam você a ser reconhecido por sua missão, experiência, carreira.
- Endereços 8 demonstram elegância, com móveis de qualidade e adereços de luxo.
- Endereços 8 não incentivam eventos sociais ou visitantes casuais.
- Favorecem a manifestação de abundância financeira, organização, resistência, superação de obstáculos e boa administração.
- Esse endereço denota prestígio e poder.
- O endereço 8 mantém um equilíbrio na realização espiritual e física.

Ótimo para o Número de Código de Nascimento 2.
Bom para Números de Código de Nascimento 1, 5 e 6.
Não recomendado para Números de Código de Nascimento 3, 4, 7, 8 e 9.

** *Nota: Qualquer pessoa com Dia de Nascimento 4 ou 8 ou Propósito de Vida 4 ou 8 deve evitar esse endereço. (Essa regra não se aplica caso seu Número do Destino se reduza a 4 ou 8.)*

** *Evite endereços cuja soma inicial seja 26, 35 ou 44. Endereços cuja soma é 8 ou 17 são bons.*

"Os números do seu endereço exercem efeitos diferentes em sua vida, por isso é importante entender como seu endereço afeta você, seja ele pessoal ou comercial."

ENDEREÇO/ UNIDADE 9:

* O endereço 9 favorece a liderança espiritual, a empatia, o amor incondicional, o ensino e a família.
* Os lares 9 favorecem um longo período de moradia, a realização de metas e o amor.
* Apoiam a interação com familiares e amigos.
* Endereços 9 exalam calor, tolerância, compaixão e a aceitação de tudo.
* Endereços 9 favorecem a criatividade e atividades inspiradoras.
* Num espaço 9, você quer tornar o mundo um lugar melhor e dar alguma contribuição.
* Esse endereço fomenta a abundância e o crescimento espiritual.
* A vida num endereço 9 faz você colocar o foco no desapego, na busca de sabedoria superior, no perdão e na doação.

Ótimo para Números de Código de Nascimento 3, 6 e 9.
Bom para Números de Código de Nascimento 1, 2 e 5.
Não recomendado para Números de Código de Nascimento 4, 7 e 8.

** *Evite endereços cuja soma inicial seja 18. Endereços cuja soma é 9, 27 ou 36 são bons.*

Para obter informações mais detalhadas sobre os números de endereço, consulte o programa de treinamento on-line Abundance Accelerator, em taniagabrielle.com/abundance.

SOLUÇÕES PARA ENDEREÇOS DESAFIADORES (E COMO FAZÊ-LOS ENTRAR EM SINTONIA COM O SEU CÓDIGO DE NASCIMENTO ANÍMICO)

Se os números do seu endereço forem desafiadores ou não estiverem em harmonia com um dos seus números de nascimento, saiba que existe uma solução fácil para amenizar esse problema e infundir esse endereço com uma vibração positiva secundária.

Fixe um número do lado de dentro da porta da frente (em qualquer lugar da porta, desde que esteja do *lado de dentro da porta principal* da residência ou do escritório; portanto, de frente para o interior do imóvel).

Esse número é adicionado ao número de um dígito do endereço.

Certifique-se de que o novo número do endereço, tenha ele dois dígitos ou apenas um, ressoe com um dos Três Importantes Números do seu Código de Nascimento.

Certifique-se de que esse número seja positivo e não esteja na lista dos números que convém evitar.

Por exemplo, se você mora numa casa de número 12 (que está na lista dos números que convém evitar da seção dos endereços 3), você pode adicionar o número raiz 3 (12 = 1 + 2 = 3) a um número de dígito único ao qual a soma de 12 se reduz, para obter um número que o apoie.

Digamos que você queira adicionar uma vibração positiva secundária que se reduza a 6. Adicione um 3 ao 3 existente (3 + 3 = 6). *Coloque um* número *3 do lado de dentro da porta da frente* da sua casa ou do seu escritório ou condomínio e comece a se beneficiar da influência secundária benéfica de um endereço 6 em sua vida.

Tenha em mente que a vibração do endereço dominante ainda será 12 (que se reduz a 3). No entanto, agora você dilui a influência desse número de endereço desafiador, colocando um 3 do lado de dentro da porta da frente e criando assim uma *nova* influência positiva secundária graças ao número 6.

CAPÍTULO 11

NÚMEROS E LETRAS REPETIDAS: UMA AMPLIAÇÃO NA SUA VIDA

QUALQUER LETRA DUPLICADA NUM NOME OU NÚMERO DUPLO NUMA DATA DE ANIVERSÁRIO OU CICLO ATUAL AMPLIA A ENERGIA, criando uma intensidade que precisa ter uma válvula de escape. Isso é bom, pois trata-se de uma chamada para a ação, de modo a intensificar a sua área de especialização ou de aprendizagem. De qualquer maneira, você está expandindo essa influência na sua vida.

Seu nome de batismo e seu nome atual (que muitas vezes pode ser diferente do nome que está na sua certidão de nascimento) podem conter qualidades únicas adicionais. Vejamos agora essas intensificações (o impacto de números ou letras repetidas), que significam uma poderosa ampliação de uma lição ou mensagem.

LETRAS DUPLICADAS, INICIAIS, INTENSIFICAÇÕES DAS LETRAS

As intensificações nos nomes aparecem de três maneiras:

1. Letras que são duplicadas dentro de um único nome.
2. Iniciais em que se repete a mesma letra.
3. Uma ocorrência acima da média de uma letra específica em nosso nome.

Se você nasceu com uma intensificação em seu nome de batismo, isso vai exercer um impacto ao longo da sua vida. Se isso ocorrer no nome atual que você escolheu, o impacto dura enquanto você usar esse nome.

1. A letra duplicada ocorre quando existem *duas letras consecutivas e iguais dentro de um nome*. Por exemplo, meu sobrenome, "Gabrie**ll**e", tem um duplo L. O nome "Mado**nn**a" tem um duplo N, "Brad Pi**tt**" tem um duplo T, "Eckhart To**ll**e" tem um duplo L, "D**ee**pak Chopra" tem um duplo E, "E**mm**a Thompson" tem um duplo M e "Joh**nn**y De**pp**" tem um duplo N e um duplo P.
2. Outra maneira pela qual uma letra pode causar um impacto profundo na sua vida ocorre quando *uma das letras das suas iniciais for repetida*. Exemplos disso são **H**ay **H**ouse e **H**oward **H**ughes (HH) (HH), **W**ayne **W**. **D**yer (WWD), **D**aniel **D**ay-**L**ewis (DDL), **S**teven **S**pielberg e **S**usan **S**arandon (SS), **C**alvin **C**oolidge (CC), **R**onald **R**eagan e **R**obert **R**edford (RR) e **M**arilyn **M**onroe (MM).
3. A última forma pela qual uma letra causa um impacto mais profundo ocorre quando ela aparece *com mais frequência do que a média em seu nome de batismo*. Se você tiver mais do que a média de letras em qualquer grupo, isso é uma intensificação.

Eis o número médio de vezes que cada família de letras aparece nos nomes da certidão de nascimento:[1]

A, J, S	AS LETRAS NÚMERO 1	APARECEM EM MÉDIA TRÊS VEZES.
B, K, T	AS LETRAS NÚMERO 2	APARECEM EM MÉDIA UMA VEZ.
C, L, U	AS LETRAS NÚMERO 3	APARECEM EM MÉDIA UMA VEZ.
D, M, V	AS LETRAS NÚMERO 4	APARECEM EM MÉDIA UMA VEZ.
E, N, W	AS LETRAS NÚMERO 5	APARECEM EM MÉDIA TRÊS VEZES.
F, O, X	AS LETRAS NÚMERO 6	APARECEM EM MÉDIA UMA VEZ.
G, P, Y	AS LETRAS NÚMERO 7	APARECEM EM MÉDIA ZERO VEZ.
H, Q, Z	AS LETRAS NÚMERO 8	APARECEM EM MÉDIA DE ZERO A UMA VEZ.
I, R	AS LETRAS NÚMERO 9	APARECEM EM MÉDIA TRÊS VEZES.

---

[1] A tabela apresentada pela autora só se aplica aos nomes próprios de língua inglesa. (N. da T.)

EXEMPLO:

O nome de batismo e o nome atual de Oprah Winfrey têm mais do que a média de letras cujo valor numérico é 7:

Seu nome atual, O**p**rah Winfre**y**, tem um P e um Y, num total de dois (zero a um é a média das letras G, P, Y).

Seu nome de nascimento, O**p**rah **G**ail Winfre**y**, tem G, P e Y, num total de três letras da mesma categoria! Na verdade, seu nome de nascimento contém todas as três letras cujo valor numérico é 7: G, P e Y!

1. Anote seu nome de batismo (o nome que está na sua certidão de nascimento).
2. Anote quantas vezes cada letra de cada uma das nove categorias aparece em seu nome de batismo.
3. Se a quantidade que uma letra aparece for maior do que a média, leia a seção a seguir correspondente a essa letra.
4. Se no seu nome de batismo não houver nenhuma letra de uma determinada categoria (por exemplo, se não houver F, O ou X no seu nome de batismo, isso significa que falta no seu nome a categoria correspondente ao número 6), leia a seção a seguir sobre "Letras Ausentes" neste capítulo.

SIGNIFICADO DAS LETRAS DUPLICADAS, DAS INICIAIS E DAS INTENSIFICAÇÕES

Certifique-se de verificar, no Capítulo 6, o significado de cada letra individual pela qual você é influenciado, para obter uma compreensão mais profunda da influência dessa letra em sua vida.

A, J, S (NÚMERO 1)

Você precisa se manter ativo! Sua mente está cheia de ideias, por isso é vital para o seu bem-estar que você tome providências para alcançar os seus objetivos. Quando você se sente motivado por um projeto, tem reservas de energia ilimitadas. Você sabe como começar, mas não necessariamente como concluir (a menos que tenha outras letras ou iniciais que o ajudem a concluir os projetos que inicia). Você é capaz de tomar decisões rapidamente e, se não fizer isso, você se sentirá mal. Você tem coragem para se defender e é muito independente. A liderança combina com você como uma luva. Quando consegue expressar suas ideias altamente inovadoras e originais, você é mais feliz. Tenha cautela com o egocentrismo; a arrogância; a obstinação exagerada, a ponto de excluir os outros; e a agressividade.

B, K, T (NÚMERO 2)

Você sabe como cooperar e muitas vezes é uma presença tranquilizadora e pacífica para os outros. Você é extremamente sensível (o que pode fazer com que se magoe com facilidade). Por essa razão, você quer ser aceito e apreciado e pode ir além da sua zona de conforto para agradar. Procure não levar as críticas para o lado pessoal e se concentrar nos fatos, não em suas preocupações ou seus medos. Quando recebe apoio emocional, mesmo que seja apenas por meio de um abraço ou toque caloroso, isso o enche de alegria e autoconfiança. A menos que você tenha uma forte presença do número 1 ou 8 nas letras do seu nome de batismo, você pode precisar de um parceiro com quem se sinta confortável para conseguir seguir em frente. Você se adapta com facilidade às pessoas e às mudanças.

C, L, U (NÚMERO 3)

Você tem talento para as artes e precisa de uma maneira de se expressar criativamente. Explore tudo o que há para explorar no mundo das artes: literatura, música, dança ou artes plásticas. Você anseia por criar algo que traga beleza e alegria, além de elevar as outras pessoas de alguma forma. Você tende a ser romântico. Tenha cautela com distrações e não desperdice seu tempo com coisas fúteis. Você pode ter uma tendência para dispersar sua energia criativa dedicando-se a muitos empreendimentos ao mesmo tempo. Seu temperamento doce e natural e seu jeito infantil às vezes podem se tornar infantilidade. Isso acontece quando você age de maneira irresponsável e não cumpre a sua rotina e suas tarefas diárias. Você gosta de falar ou escrever, essa é a sua maneira de expressar seus sentimentos. Evite gastos excessivos, que ultrapassem o seu orçamento.

D, M, V (NÚMERO 4)

Você realmente gosta de trabalhar e tem muita autodisciplina. As pessoas podem confiar na sua palavra. Manifestação e implementação são seus dons. Você se sai melhor quando tem um plano, um cronograma ou uma rotina bem-definida. Você tende a se preparar demais para não perder o controle, e isso inclui passar um tempo excessivo se preparando para as ocasiões sociais. Tenha cautela para não ficar preso aos detalhes. Tenha cuidado também para não demonstrar muita rigidez. Procure se concentrar em atingir um objetivo ou obter uma conquista, pois assim não fica preso a uma rotina, um relacionamento ou uma carreira que não está mais lhe trazendo alegria. Mantenha sua vida fluindo e esteja aberto a novas ideias e diferentes maneiras de ver as coisas. A família é importante para você.

E, N, W (NÚMERO 5)

Mudar e se adaptar a novas condições é algo natural para você. Você adora se divertir e valoriza a sua liberdade acima de tudo. Você gosta de viajar e estar nos holofotes da mídia. Se não tem um projeto em que se focar, você pode ficar inquieto e propenso à irritabilidade. Você é muito sensual e precisa de uma saída para a sua sensualidade

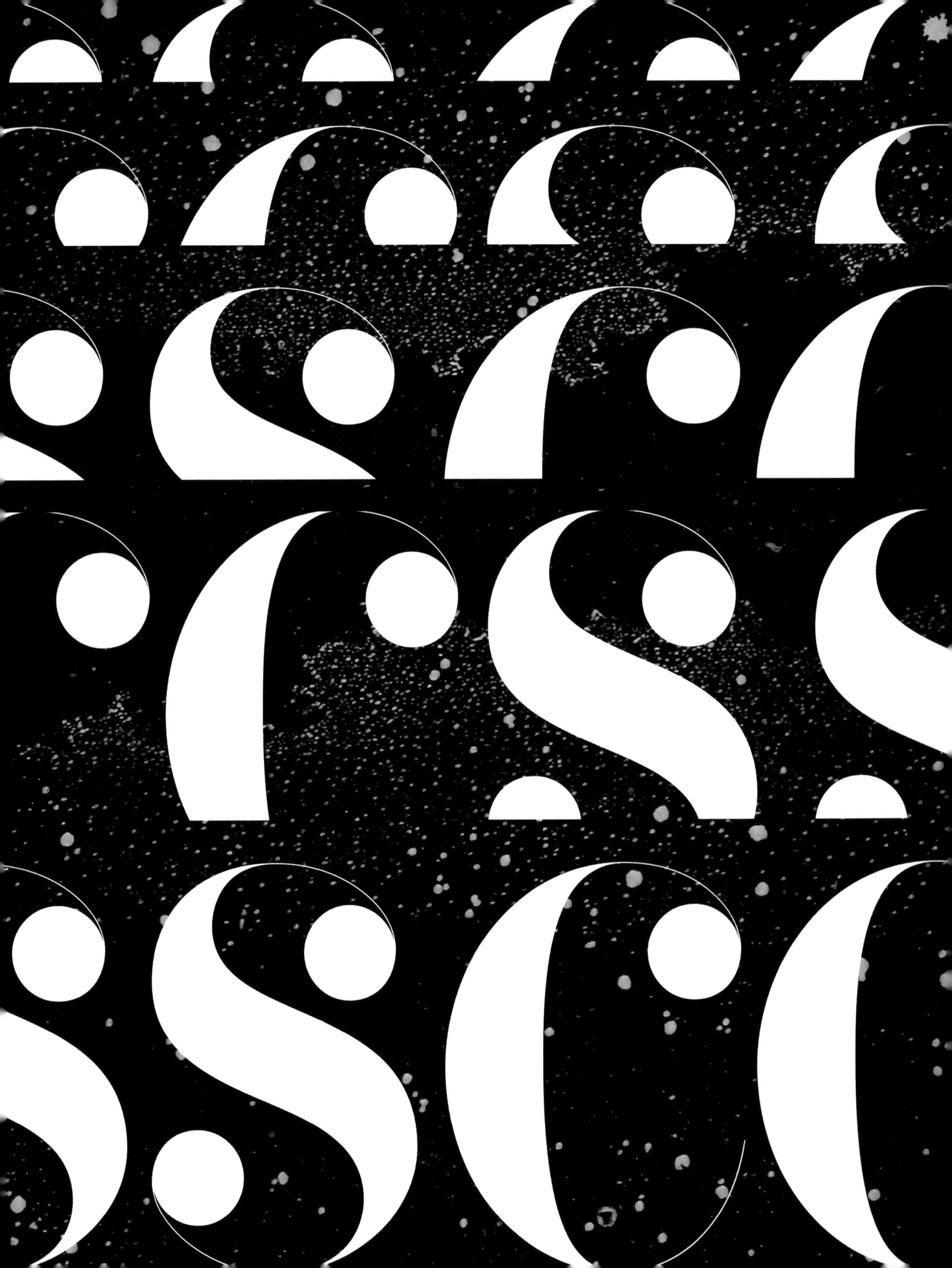

natural. Tenha cautela para não se dedicar a muitas atividades ao mesmo tempo, negligenciando seus compromissos diários ou perdendo de vista seus objetivos mais importantes. Seja qual for a sua profissão, quando sente paixão por alguma coisa, sabe "vender" esse produto ou serviço para qualquer pessoa. Não deixe de fazer exercícios físicos para poder gastar um pouco da sua energia de inquietude. Você tem um senso de humor inato, portanto use-o em toda as áreas da sua vida.

F, O, X (NÚMERO 6)

Você é dedicado à família e gosta de cuidar das outras pessoas. Por ser muito sensível às energias do ambiente e gostar do que é belo, sente-se melhor quando o seu ambiente é bonito e seus relacionamentos, harmoniosos. A desarmonia pode desviá-lo da sua missão de amar e elevar as pessoas com graça e gratidão. Servir é natural para você; no entanto, você deve ter cautela para não se doar demais, às custas do seu próprio bem-estar. Ter uma casa bonita e segura é essencial para a sua felicidade, por isso você adora decorar e deixar tudo do seu agrado. Tome cuidado para não ser controlador, a ponto de se intrometer na vida das outras pessoas.

G, P, Y (NÚMERO 7)

Essa intensificação aumenta sua capacidade de analisar e pesquisar assuntos com grande profundidade e além de quaisquer limites. Sua concentração o ajuda a aprender e a reter na memória o conhecimento adquirido. Praticar algum tipo de meditação é importante para o seu bem-estar. Você pode pensar demais, pois o abstrato o atrai, mas precisa encontrar um equilíbrio para não se distanciar demais dos sentimentos que guarda no coração. Confie na sua intuição! Você gosta de fazer muitas perguntas (o que pode irritar os outros) e precisa de um tempo sozinho para processar suas descobertas. Tenha cautela para não se isolar e ser visto como um "sabichão". Devido à sua natureza extremamente sensível, substâncias tóxicas como drogas e álcool não são recomendadas. Seu notável conhecimento e sua experiência de trabalho têm potencial para transformar as pessoas.

H, Q, Z (NÚMERO 8)

Você se sente motivado a se dedicar a um trabalho que lhe traga influência e segurança financeira. Você tem muita força de vontade e seu magnetismo exerce um grande impacto sobre as pessoas quando você entra num ambiente. Tenha cautela para não querer dominar os outros e parecer autoritário e evite demonstrar impaciência e criticismo com aqueles cuja compreensão é mais lenta. Você quer mudar o mundo, mas primeiro procure mudar a si mesmo. Você se sai melhor quando exerce posições de liderança e pode deixar um legado duradouro. Você deseja qualidade e sempre se esforça para garantir o melhor resultado possível. Superar obstáculos fortalece sua determinação para alcançar o sucesso.

"Se você nasceu com uma intensificação em seu nome de batismo, isso vai exercer um impacto ao longo da sua vida. Se isso ocorrer no nome atual que você escolheu, o impacto dura enquanto você usar esse nome."

I, R (NÚMERO 9)

Você adora servir com amor e sabedoria incondicionais. Eliminar velhas teias de aranha (padrões de comportamento do passado e paradigmas obsoletos) é a sua especialidade. Você vai além do amor pessoal – e ativa a compaixão universal. O perdão é uma das chaves para a sua paz interior e sua felicidade. Você é um humanitário, que compartilha recursos e serve com um propósito mais elevado. Tenha cautela com o desejo de "salvar o mundo" e ajudar os outros às custas da sua própria energia e dos seus recursos. Você tem uma natureza artística inata e precisa ter uma maneira de criar e usar sua imaginação prodigiosa.

LETRAS AUSENTES

No Capítulo 2, você aprendeu a atribuir cada letra do seu nome de batismo a um número. Você notou a ausência de algum número de 1 a 9? A maioria das pessoas não tem todos os nove números representados em seu nome de batismo. Se você notar um ou mais números faltando, confira a seguir o significado desse número ausente.

Primeiro, volte a considerar o seu nome de batismo. Atribua cada letra ao número correspondente.

SISTEMA PITAGÓRICO

1	2	3	4	5	6	7	8	9
A	B	C	D	E	F	G	H	I
J	K	L	M	N	O	P	Q	R
S	T	U	V	W	X	Y	Z	

Se estiver faltando um número, descubra o efeito que isso pode ter na sua vida e a maravilhosa oportunidade de crescimento que você recebeu nessa área! Além disso, lembre-se, se um dos números ausentes em seu nome for proeminente em seu Código de Nascimento (Dia do Nascimento ou Número do Propósito da Vida), isso significa que o impacto dessa ausência foi muito amenizado ou completamente neutralizado.

AUSÊNCIA DO NÚMERO 1

A falta da vibração 1 é incomum e indica que você pode estar mais interessado no bem-estar dos outros do que em si mesmo. Você será solicitado a se reafirmar, a ser corajoso e independente e a tomar as suas próprias decisões. Você tem uma natureza espontaneamente adorável e deve se manter firme quando estiver perto de pessoas voluntariosas.

Não desperdice energia com o que os outros podem pensar de você. Seja autoconfiante e se promova. Confie na sua capacidade de fazer bons julgamentos. Tenha coragem de agir de acordo com suas fortes convicções.

AUSÊNCIA DO NÚMERO 2

A falta da vibração 2 indica que você deve praticar a cooperação à medida que aperfeiçoa as suas habilidades de ouvir os outros. Ser discreto e atencioso e demonstrar mais paciência é muitas vezes o que você precisa para chegar a uma resolução ou poder prosseguir. Você pode precisar ficar em segundo plano e aprender a fazer parte de uma equipe. Seja sensível aos estados emocionais e às necessidades das outras pessoas.

Você se encontrará em situações em que a paciência, a paz de espírito, a resolução de conflitos e a atenção aos detalhes são necessários para alcançar seus objetivos.

AUSÊNCIA DO NÚMERO 3

A falta da vibração 3 pode indicar falta de diversão e criatividade espontânea. Viver com mais leveza e senso de humor vai permitir que sua criança interior expresse sua alegria e sua paixão inatas. Você anseia expressar livremente sua felicidade em tudo o que diz e faz, por isso use sua imaginação sem impor limites! Concentre-se em permanecer positivo – você está aqui para aprender a brincar. Faça as coisas "apenas por diversão".

AUSÊNCIA DO NÚMERO 4

A falta da vibração 4 significa que você precisa estabelecer um método sistemático e disciplinado para abordar a vida. A estrutura é vital para o seu sucesso. Por outro lado, você sente que está à deriva e os resultados são fugazes e escassos. Se você se concentrar e usar a disciplina, será capaz de dominar seus dons no mais alto nível. Destaque-se por meio do trabalho diligente. Uma combinação de concentração e ordem permitirão que você expresse e promova seus talentos naturais.

AUSÊNCIA DO NÚMERO 5

A falta da vibração 5 raramente é encontrada em nomes ocidentais, pois as letras E e/ou N estão normalmente presentes. Você pode ter uma antipatia por multidões e um desejo de ficar sozinho. Aprenda a aceitar a mudança. Adaptação a novas circunstâncias será importante na sua vida. Proteja-se contra ser rígido e inflexível. Confie e tenha fé. Você aprenderá muito por meio da experiência e dando a si mesmo liberdade. Comunicar seus pensamentos e sentimentos é uma questão de prática.

AUSÊNCIA DO NÚMERO 6

A falta do número 6 pode significar que para você é um desafio se comprometer com relacionamentos de longo prazo. Você precisa aprender a mostrar suas verdadeiras emoções. Pode precisar assumir responsabilidades familiares extras, que exijam mais compreensão sobre o que significa responsabilidade e cuidado. Você pode se sentir isolado e solitário, mas não entender por quê. Em vez de ser cauteloso em seus relacionamentos, abra seu coração, e você descobrirá a magia de sentir profunda compaixão e amor.

AUSÊNCIA DO NÚMERO 7

A falta da vibração 7 significa que você pode não ter nenhuma vontade de sondar mais profundamente os problemas ou entender os "por quês" da vida e "o modo como ela funciona". Seu interesse pelos motivos e razões subjacentes ou seu desejo de fazer perguntas para obter mais informações sobre a espiritualidade não é tão forte. Você pode ser menos cauteloso do que os outros e menos propenso a analisar. Uma de suas lições é ter fé e confiar em algo maior. Às vezes você pode não confiar em si mesmo e nos outros. Você está aqui para redescobrir o poder da sua alma imortal e para confiar que a Fonte é a sua casa.

AUSÊNCIA DO NÚMERO 8

A falta da vibração 8 significa que você é extremamente independente. Por mais surpreendente que seja, o número 8 pode estar ausente até mesmo no nome de pessoas muito bem-sucedidas. A falta do 8 pode significar menos tensão com relação à vida financeira a longo prazo e mais apoio de outras pessoas, que irão intervir e ajudá-lo a alcançar suas metas. Ou você pode simplesmente não fazer questão de acumular riquezas ou poder na sua vida. É menos provável que você queira assumir um papel de liderança.

AUSÊNCIA DO NÚMERO 9

A falta do 9 é algo raro e significa que você está aprendendo sobre a natureza humana e pode ser solicitado a sentir mais compaixão, tolerância e compreensão. As experiências pedirão que você expanda seu centro cardíaco e se conecte com outras pessoas, se envolvendo emocionalmente. Você tem um grande potencial para influenciar seu próprio destino e o destino dos outros, mas antes precisa se dispor a ajudar as pessoas.

FORMATO DAS LETRAS – RETAS, CURVAS OU COMBINADAS?

Cada letra do alfabeto forma uma imagem. Essa imagem é composta de linhas retas, linhas curvas ou uma combinação de ambas. A maioria das pessoas tem duas ou três iniciais – as primeiras letras dos seus nomes. Como você sabe, cada letra é também um número, com um significado simbólico poderoso. Mas e quanto ao formato das primeiras letras do seu nome? A imagem de suas iniciais revela ainda mais sobre sua disposição e o modo como aborda a sua vida.

Agora vamos nos aprofundar na geometria sagrada das imagens das letras, pois elas revelam informações ocultas sobre a qualidade de cada letra e o modo como isso afeta a sua vida.

A primeira letra de cada um dos seus nomes é sempre maiúscula. Isso chama a atenção para a letra e, portanto, o impacto e a influência que ela exerce na sua vida também é maior.

As primeiras letras dos seus nomes são curvas e retas? Por exemplo, as letras B, G, J e R têm curvas e linhas retas.

Ou todas as letras são apenas retas, como o M, o T, o A e o Y?

Ou você tem letras maiúsculas que são todas curvas, como as letras S, O e C?

15 LETRAS RETAS

AEFHIKLMNTVWXYZ

As iniciais em linha reta dão a você uma grande capacidade de se *concentrar em seus objetivos*.

Muitos atletas talentosos têm essa combinação. Se você tiver apenas iniciais em linha reta, isso significa que é teimoso e rígido, além de obstinadamente focado em seus objetivos. Você gosta de ser perfeito. Tem disciplina e ímpeto para realizar qualquer tarefa a que decida se dedicar.

4 LETRAS DE LINHAS CURVAS

COSQ

Mostra flexibilidade e abertura. Você tem muitos talentos. No entanto, pode se distrair mais facilmente. Você é extremamente criativo e precisa de uma maneira consistente para se expressar.

7 LETRAS COM UMA COMBINAÇÃO DE RETAS E CURVAS

BDGJPRU

As letras combinadas trazem equilíbrio, flexibilidade e foco – tudo isso num só pacote. Essas letras lhe dão a capacidade de ver todos os ângulos das questões. Muitos políticos têm essa combinação, por isso são capazes de agradar a um grupo amplo de seguidores e serem eleitos. Pelas mesmas razões, estrelas e músicos famosos de Hollywood se beneficiam dessa combinação também.

A DIFERENÇA ENTRE SEU NOME DE BATISMO E O ATUAL

No Capítulo 2, você descobriu como fazer o cálculo numerológico do seu nome de batismo e encontrar o seu Número do Destino. Você não pode alterar esse número – ele é o seu Código de Nascimento. Assim como você não pode alterar sua data de nascimento ou o horário e o local em que nasceu.

(Se você foi adotado e seu nome de batismo foi oficialmente alterado em sua certidão de nascimento *antes* dos 6 meses de idade, você assumirá seu novo nome como seu Número do Destino.)

Embora você tenha apenas um nome de batismo, os nomes atuais podem mudar algumas vezes ao longo da vida, às vezes pelo casamento e outras vezes por escolha. Muitas pessoas têm mais de um nome corrente – elas usam uma inicial do meio do nome em algumas áreas (como contas bancárias ou cartões) e em outras não, ou têm um apelido que é usado pelos amigos e pela família e outro nome usado profissionalmente. (Lembre-se, sempre que você alterar, adicionar ou subtrair uma letra do seu nome completo, toda a frequência do seu nome muda também – é uma questão de matemática.)

O estudo dos nomes atuais é um ramo único e separado da Numerologia. Eles são calculados por meio de um conjunto muito complexo de regras e um alfabeto numerológico: o sistema caldeu. O impacto do seu nome atual em sua vida é completamente diferente também. Esse nome não descreve você de forma alguma, mas seu número mostra até que ponto é fácil ou desafiador para você cumprir sua promessa de nascimento. Não há espaço suficiente neste livro para descrevermos as regras intrincadas pelas quais se verificam e alteram as vibrações do nome atual. Descubra tudo o que há para saber sobre nomes atuais, inclusive sobre como criar nomes benéficos para uso pessoal e empresarial, em Descubra o "Poder Secreto do Seu Nome" no site taniagabrielle.com/name.

CÓDIGOS NUMEROLÓGICOS DO DNA DA FAMÍLIA

Depois de conhecer o significado dos números e prestar atenção neles, você pode perceber que certos números começam a aparecer com mais frequência em sua vida – e nos códigos das pessoas próximas a você. Isso não é coincidência! Toda energia entra em sintonia com frequências vibracionais semelhantes.

Você pode notar isso muitas vezes nas famílias. Pode haver um número que muitos membros da família compartilham. Ou uma "família de números" que vive se repetindo, como 3-6-9 ou 2-4-8 ou 1-5-7. Esse é o código numerológico do DNA espiritual que liga as famílias entre si. Eu tenho visto que cada pai compartilha um número diferente com seu filho; por exemplo, a criança tem um 11/2 e um 6, sendo que um dos pais compartilhou o 11/2 e o outro, o 6, fazendo assim uma conexão.

Às vezes, certos filhos se sintonizam mais com um dos pais, e você pode ver isso no Código de Nascimento deles.

Você notará que compartilha determinados números com seus amigos ou colegas mais próximos.

CAPÍTULO 12

11:11 E OUTRAS SEQUÊNCIAS NUMÉRICAS

MUITAS PESSOAS VEEM REPETIDAMENTE A SEQUÊNCIA 11:11 EM HORÁRIOS INESPERADOS. Ou observa padrões como **3030** ou **5566** e sequências como **1-2-3-4** e **3-6-9**. Cada número que aparece em sua vida é uma "cutucada" para fazê-lo prestar atenção: a Fonte está querendo fazer contato com você! A linguagem universal é expressa por meio de símbolos e números, por isso você está constantemente recebendo mensagens do Espírito.

Tome nota de quaisquer sequências que surgirem na sua frente. Se você prestar atenção no momento em que elas chamarem a sua atenção, notará que os códigos interagem com você ao longo de todo o dia! Em nossa era digital, a presença de números abre as portas para a comunicação contínua com o divino.

Vamos descobrir como interpretar sequências numéricas, para que você possa começar a receber mensagens do Espírito!

PADRÕES E SEQUÊNCIAS: GERANDO IMPULSOS

O significado de padrões, como 3030 ou 5566, e sequências, como 1-2-3-4 ou 3-6-9.

Sempre que você percebe um padrão ou uma sequência, isso é sinal de que o universo está lhe enviando uma mensagem. Os padrões existem na natureza, na geometria, na música. É impossível não prestar atenção a um padrão rítmico, a um código de cores ou a uma sequência de números - sua mente é elevada e sua alma inspirada a ouvir.

Nos Capítulos 3 e 4, você descobriu o significado de cada dígito individual de 1 a 9 e dos Números Mestres (11, 22, 33 etc.). Com base no significado desses números, vamos ver algumas sequências e padrões comuns que o ajudarão a decifrar avistamentos futuros com facilidade.

SEQUÊNCIAS DE NÚMEROS CONSECUTIVOS

Sempre que você vir uma sequência de números consecutivos, como 1-2-3-4 ou 2-4-6-8 ou 9-8-7, o impulso é gerado. O impulso é um poderoso chamado à ação. O movimento cria direção, portanto, uma sequência é sempre o movimento de um lugar para outro.

Qualquer sequência pode ser continuada, às vezes em ambas as direções! Por isso, quando você percebe uma sequência, você está sendo chamado a *seguir* uma ideia, uma reflexão, um projeto ou uma conversa. Portanto, o que quer que esteja presente na sua vida no momento em que você vê a sequência precisa de sua devoção apaixonada e atenção suprema.

Se a sequência numérica é *crescente*, como em 4-7-10-13, você está acumulando "força", elevando-se para atingir uma vibração mais elevada e se *energizando*. Ao observar o primeiro e o último número da sequência específica **4**-7-10-**13**, você pode notar que o padrão sequencial é crescente e formado por uma contagem de 3 – simbolizando criatividade, autoexpressão e alegria. Olhe ainda mais atentamente e observe o primeiro e o último números nesse padrão. 4 e 13. O número 13 pode ser reduzido ao "número raiz" 4 (13 = 1 + 3 = 4). Portanto o número 4 aparece no início e no final dessa sequência, 4-7-10-13, e isso significa que uma intensificação do número 4 também deve ser levada em conta.

O número 4 significa se organizar, fazer um plano passo a passo, implementar uma abordagem mais disciplinada e pensar de maneira pouco convencional, mas mantendo os limites. Nesse caso, a natureza *ascendente* da sequência o inspira a aplicar sua *autoexpressão criativa* num esforço que o deixe mais *feliz*, ao mesmo tempo em que segue um plano de ação que traz segurança e estabilidade. Isso permitirá que sua vida se eleve até um patamar superior de bem-estar. Como resultado, um nível de realização maior impulsiona você naturalmente rumo aos seus objetivos e o energiza.

3030
3030
3030
3030
3030
5566
3030
5566

Se as sequências numéricas forem *decrescentes*, como em 27-25-23, você está se voltando para uma nova direção e mudando seu curso de alguma forma, deixando de lado uma ideia, um comportamento ou uma decisão passada. Portanto, preste atenção aos lampejos intuitivos, sincronicidades e sinais sobre como você deve proceder. Um movimento descendente indica que a energia está diminuindo para ajudá-lo a ganhar sabedoria sobre o que aconteceu. Esse "relaxamento" permite que você ganhe um instante para respirar e refletir, de modo que possa decidir como proceder. A sequência descendente é um chamado para fazer uma revisão e liberação, preparando você, do ponto de vista vibracional, para acumular energia para o próximo "voo"!

Essa é uma energia muito semelhante à dos planetas retrógrados, na Astrologia. Depois que conhece o significado do número ou planeta que está num movimento de "reflexão e revisão", você é capaz de reconhecer, assimilar e aplicar esse movimento em sua vida com mais graça e facilidade.

No exemplo 27-25-23, os números estão decrescendo de dois em dois. Observe esse detalhe sempre que houver um padrão. O número 2 transmite uma importante mensagem: ele propicia o equilíbrio, a comunicação com o outro, a harmonia e a paz por meio da cooperação, a sensibilidade e a bondade.

Todas as sequências indicam movimento numa direção muito clara. Certificar-se de que você está assimilando e interpretando:

1. Os significados dos números individuais.
2. A contagem da sequência (está aumentando ou diminuindo de um em um, de dois em dois de três em três?).
3. A mensagem é crescente ou decrescente.

Se os números são crescentes ou decrescentes, mas aparentemente não seguem nenhum padrão discernível, como 5-7-11, observe a direção da sequência (é crescente ou decrescente) e leia o significado dos números envolvidos.

SEQUÊNCIAS QUE SEGUEM EM AMBAS AS DIREÇÕES

Ocasionalmente, você verá uma sequência composta por um padrão numérico que é crescente *e* decrescente ao mesmo tempo.

Por exemplo, 5, 2, 8, 3, 11, 4.

Nesse caso, há um padrão 5-8-11 mesclado com um padrão 2-3-4. Como ambas as sequências individuais são ascendentes, deve-se considerar que essa é uma sequência ascendente com o acréscimo de uma certa dose de energia de "liberação e revisão".

PADRÕES DE NÚMEROS REPETIDOS

Se um único número se repete duas ou mais vezes (como 555, 77, 660, 3388) ou os números repetidos são incorporados ao redor ou dentro da sequência de outros números (como em 3772, 884, 19980), padrões de números repetidos criam uma *intensificação* de um número específico. Seu significado correspondente é sempre intensificado e muito significativo para você.

As intensificações são claramente projetadas para chamar sua atenção por meio da repetição! Qualquer coisa que você vivencie mais de uma vez tem uma probabilidade maior de ser lembrada.

Quando você notar uma repetição de qualquer número, primeiro procure qual é o significado desse número. Se o padrão for definido, mas composto de apenas um número, como em 555, 88 ou 220, então procure o significado do dígito e você receberá uma mensagem clara de como uma área da sua vida está sendo intensificada. (Lembre-se de que 0 não é um valor; no entanto, ele intensifica qualquer sequência ou padrão.)

Se você notar uma repetição do número 555, por exemplo, isso é uma indicação de mudança, uma possível mudança inesperada nos acontecimentos, uma decisão rápida e um convite para correr esse risco, ser mais aventureiro e conquistar mais liberdade e independência. Por outro lado, a visão de múltiplos de 8, como em 88, coloca uma forte ênfase em reunir mais coragem, assumir a liderança, concentrar-se em manifestar abundância, prestar atenção ao fluxo financeiro, superar obstáculos ou manifestar sua visão.

Se você perceber a intensificação de um número dentro de uma sequência de números, veja o significado do número repetido primeiro. Em seguida, verifique o significado de todos os outros números (que não estejam duplicados) para acrescentar uma camada adicional de compreensão.

Voltando ao nosso exemplo 555: se o padrão for alterado para 5554, isso significa que a experiência geral de liberdade e aventura é a mais importante, com uma mensagem adicional de que, ao reivindicar independência e assumir riscos, você, em última análise, também sente mais segurança e o processo pode exigir mais atenção aos detalhes.

Em outro exemplo, a diferença na mudança de 88 para 2880 significa que sua abundância financeira ou sua grande visão é expandida por meio da comunicação pessoal, dos relacionamentos e do equilíbrio maior em alguma área da sua vida.

À medida que começar a "falar a língua" dos dígitos simples (Capítulo 3) e dos Números Mestres de dois dígitos (Capítulo 4), você descobrirá uma nova modalidade maravilhosa, a linguagem da alma. As decisões serão mais fáceis, os *insights,* instantâneos, e a inspiração, acessível a qualquer momento. A interpretação da linguagem simbólica do universo abrirá baús de sabedoria, e as respostas estarão ali, à sua disposição, a qualquer hora do dia e da noite!

Sequências das tríades numerológicas

Qualquer combinação de 1, 5 e 7, como em 571 ou 715, incluindo o 0 ou sem o 0, tal como 1750, ativará o significado da Tríade da Mente, 1, 5 e 7 (ver o Capítulo 3).

Qualquer combinação de 2, 4 e 8, como em 482 ou 824, incluindo o 0 ou sem o 0, tal como 8042, ativará o significado da Tríade da Manifestação, 2, 4 e 8 (ver o Capítulo 3).

Qualquer combinação de 3, 6 e 9, como em 693 ou 936, incluindo o 0 ou sem o 0, tal como 6309, ativará o significado da Tríade da Criatividade, 3, 6 e 9 (ver o Capítulo 3).

11:11 – ENTRE PELO PORTAL DA ATEMPORALIDADE

Muito provavelmente você já viu 11:11 num relógio digital. Algo acontece nesse momento, é como acordar de um sono profundo. A visão do 11:11 prende você, mesmo que por uma fração de segundo, e você se sente suspenso de alguma forma. Acordar de um sonho pode deixá-lo confuso.... Como se você estivesse entre dois mundos, pairando no ar. Algo fica cristalino, totalmente vivo por apenas um instante.

Quando o portal duplo 11:11 aparece, você pode se sentir suspenso no tempo – uma maravilhosa sensação flutuante de atemporalidade momentânea. Trata-se de uma conexão que é inegável e difícil de descrever, porque transcende nossa mente humana, parece de outro mundo. Sempre que passa por uma porta e entra em outro cômodo, prédio ou jardim, você entra numa nova zona; literal ou simbolicamente seu espaço muda. Ultrapassar qualquer *limiar* causa em você uma *mudança* interior.

E isso também acontece quando você testemunha o 11:11.

No momento em que o 11:11 aparece, você *cruza um limiar* e estabelece uma conexão.

Como você aprendeu no Capítulo 4, o número 11 é um portal que sintoniza o seu coração com o amor de Deus. Portanto, sempre que você vivenciar o 11:11, considere isso um convite aberto do universo, dos seus guias espirituais, dos reinos angélicos, para apurar os ouvidos e sintonizar, porque uma mensagem divina – por menor que seja – está chamando a sua atenção!

A suspensão momentânea que ocorre quando você vê o 11:11 paira numa "atemporalidade" (um lembrete de que você nunca está separado de Deus). Você se sente naquele instante *uno* com o universo. Não há passado, nem futuro. Tudo o que você conhece é o momento presente – todo o resto é desconhecido – *e não é importante.* Esse é o grande presente do 11:11: revelar que o passado e o futuro não estão mais em sua mente e não interessam mais. Você está livre para experimentar a vida do jeito que ela deve ser vivenciada, sem preocupação e sem projeção. Só a vida de verdade acontece agora.

Você é a quietude suprema e o movimento final ao mesmo tempo. Você é yin e yang – tudo e nada –, a expressão máxima da experiência do portal 11.

Sempre que você é testemunha do 11:11, trata-se de um alerta espiritual para aceitar o inesperado. Toda inspiração vem desse espaço desconhecido – um infinito vazio de potencial puro e pulsante. A criação nasce nesse vazio. A preocupação não

> *"Em nossa era digital, a presença de números abre as portas para a comunicação contínua com o divino."*

existe aqui, pois a preocupação é uma projeção de experiências passadas (o conhecido) no presente (o desconhecido). Portanto, o 11:11 avisa para você acordar agora – no ponto em que o medo não existe.

A ilusão da separação da Fonte divina termina no momento em que você confia na presença eterna Dela em sua vida.

Uma coisa é certa: não é possível voltar depois de ter cruzado o limiar. Como a vida ou a morte, depois que você cruza o limiar e entra em outro reino da existência, sua experiência não pode ser apagada ou revertida. Do mesmo modo, os lampejos e vislumbres, pequenos e grandes, que você recebe ao ver o 11:11 provocam um despertar interior duradouro.

11:11 – PORTAL DE LUZ

A soma dos valores das letras da palavra "luz" em inglês (*light*) é 29, que se reduz a 11 (29 = 2 + 9 = 11). O número 11 é o número de luz; o 11:11 amplia a luz da verdade em sua vida.

Quando você vê o 11:11, isso é sinal de que a luz está iluminando um problema da sua vida, fazendo a luz brilhar na escuridão, iluminando-a com inspiração... Para atravessar dois pilares, você precisa deixar tudo para trás, todas as ideias preconcebidas, crenças, suposições, expectativas, preocupações, medos, o passado – e aceitar a única constante que existe: a vida eterna e a temporalidade.

À medida que você investe toda a sua energia no agora, muitas portas começam a se abrir. Quando você percebe que nunca está sozinho, sua confiança aumenta. Você aceita a sua verdadeira origem divina. Você se sente invencível. Porque você é! Você volta se conectar com o seu verdadeiro eu no nível da alma.

Não existe serenidade maior. Não existe alegria maior! Toda dor, tristeza, confusão, inveja, raiva, ódio, medo e ciúme são transmutados quando você se rende à experiência do momento presente do 11:11.

Na experiência humana, precisamos de contraste para apreciar a diversidade da vida. O contraste nos permite reconhecer e discernir o que queremos. Nós precisamos viver a solidão para apreciar a unidade, precisamos sentir tristeza para apreciar a alegria, precisamos viver na escuridão para reconhecer a luz, precisamos ser assolados pela guerra para escolher a paz, precisamos sentir a agressividade para valorizar o dom da gentileza. O 11:11 nos lembra: a única coisa que importa é que estamos conectados com toda a vida como uma expressão da própria divindade. Não há julgamento nesse lugar de amor. Nada de bom ou ruim. Existe apenas a própria vida... e a paixão de viver plenamente.

Mesmo que os outros ainda possam julgá-lo (e você a eles), você deixa de levar os problemas para o lado pessoal quando está vivendo nesse espaço eterno – e você não leva a sério os julgamentos das outras pessoas. Seu coração agora está limpo, à medida que começa a perceber que o julgamento é apenas uma projeção nascida da ignorância – uma falta de compreensão. Ninguém pode cruzar o limiar com você; ninguém pode passar pelas experiências no seu lugar.

O 11:11 é uma lembrança de que você é uma chama eterna, e apenas para si mesmo isso será verdadeiro. Deixe que os outros sejam como são. Ame-os, perdoe-os, seja gentil com eles... mas se concentre apenas em como você pode se elevar em qualquer ocasião. Uma vida de elevação é uma vida vivida com plenitude e excelência.

11:11 – UM CHAMADO PARA ATIVAR A ABUNDÂNCIA

É envolvendo-se constantemente com sua luz interior (por meio do código vivo da sua alma e dos seus guias) que você acessa e *ativa a abundância*.

Se você se sente pouco à vontade na própria pele e não vive totalmente no presente, você está só meio consciente, fingindo estar totalmente. Sim, você pode viver normalmente, você pode reagir, pode responder, mas não está totalmente sintonizado com seu coração e com a sua alma por meio do "ouvir intencional".

Quando você se abre completamente, sem amarras, atravessando o portal 11, arriscando tudo para estar totalmente presente, você *desbloqueia a chave secreta da abundância*.

A manifestação da abundância não pode ser separada do resto da sua vida. Muitos acham esse conceito desafiador... *O que você faz, sente e diz a cada dia determina como você faz, diz e sente sobre todo o resto*. O 11:11 convida você a brincar como uma criança, a explorar e aproveitar o ato de criar sua vida a cada momento do dia. Para viver com prosperidade, com alegre expectativa, o interior e o exterior precisam estar em sintonia. Seus sentimentos e intenções precisam estar em sincronia – ser *uma coisa só*. Essa é a chave para a manifestação do dinheiro. Deixe para trás toda a sua resistência e seus detritos emocionais, e você criará espaço para o universo lhe trazer presentes abundantes.

A abundância segue a sua *energia*.

Se você não se sente em equilíbrio com o dinheiro, em harmonia com o fluxo financeiro, você não pode atrair prosperidade com facilidade. A realização interior enriquece você em todos os níveis.

Nesse belo espaço, o medo está magicamente ausente. Você não pode se apegar ao passado ou se preocupar com os resultados futuros quando está totalmente envolvido com o que está à sua frente. O 11:11 é um lembrete da sua conexão constante com a Fonte.

Toda a abundância que você poderia imaginar já existe. O universo está em constante *expansão*. Não existe falta de sorte ou de prosperidade. Redefina seu diálogo interior para vibrar com uma frequência altamente positiva e observe sua paixão natural e infantil criar resultados mágicos.

A DECODIFICAÇÃO DO 11:11 – CRIANDO A MANIFESTAÇÃO CONSCIENTE

A visão matemática do 11:11 revela mais sobre essa profunda ativação:

11:11 = 2 + 2 = 4

O 2 é o número do equilíbrio, da paz, da conexão, da ternura, da sensibilidade e da consciência. O 2 representa a comunicação amorosa com o outro. Pode ser com outra pessoa, ou com uma entidade, ou uma conversa íntima enquanto ouve a orientação da sua voz interior, sua intuição. Em sua mais elevada expressão, o 2 facilita a comunicação com os reinos divinos.

O 2 + 2 representa as linhas de comunicação entre você e o universo. O primeiro 2 é você ouvir sua intuição, e o segundo 2 é você vivenciando uma conexão com o Espírito.

A soma dos dígitos do 11:11 resulta no número 4 (1 + 1 + 1 + 1 = 4). O 4 é o símbolo da concretização das suas ideias – a manifestação em realidade física. Assim, imbuído em cada experiência 11:11 está o desejo de fazer suas inspirações se manifestarem. Você está conscientemente colocando a mensagem sutil (recebida num momento de suspensão atemporal)... em ação.

Pense de outra maneira. Quando você está absorto numa atividade que completa você totalmente, o tempo voa, não é? Você está apaixonado pelo que está criando ou fazendo, e é como se o tempo não existisse. Agora, imagine se você pudesse trazer essa sensação para o seu dia a dia. Quando você vive cada momento com uma percepção consciente, não importa o quanto ele possa parecer mundano para você no momento, e você se envolve totalmente com a tarefa em mãos ou a pessoa com que está conversando, a divisão e a separação terminam. Você para de se sentir dividido, dilacerado e incompleto.

O 11:11 diz para você: o universo o apoia! A força está com você! Assuma o controle deste momento!

A MEDITAÇÃO 11:11

A confiança nos seus palpites é a aceitação da inspiração, é ser uno com o Espírito. Inspiração significa "em espírito".

Nestes tempos acelerados e agitados, o volume de informações que precisamos absorver dia após dia é surpreendente. Somos inundados por notícias, sons, interrupções, intermináveis listas de tarefas e distrações – uma sobrecarga de estímulos que sobrecarregam nosso sistema nervoso. Estímulos em excesso podem deixar você fora de sincronia, exausto e desfocado, e por isso é fácil ficar sem chão, perdido e desequilibrado. Você saberá imediatamente, porque começará a levar as coisas para o lado *pessoal*. A sobrecarga emocional resulta na participação num drama desnecessário, pois você se separa da Fonte e passa a se sentir sozinho, sem apoio e não amado.

Quando você se encontrar nesse estado, invoque o código 11:11.

* Visualize o 11:11 numa tela grande à sua frente (escolha uma cor serena) ou escreva 11:11 numa folha de papel.
* Inspire profundamente por alguns minutos, enquanto visualiza o código 11:11.
* Entre no portal 11:11.

Agora defina as seguintes intenções:

1. Estou aberto a abraçar o inesperado e ver oportunidades em toda parte.
2. Estou totalmente presente.
3. Confio que tudo o que acontece na minha vida é sempre para meu bem maior e para o bem maior dos outros.

Sinta-se à vontade para visualizar e definir sua intenção enquanto ouve belas músicas. (Recomendo a música clássica, pois sua beleza e sua complexidade nos levam naturalmente às esferas celestiais.) Deleite seu coração e sua alma enquanto se visualiza entrando pelo portal atemporal 11:11.

Agora você é *uno* com o universo. Você pode *brincar*!

Conecte-se dessa maneira com o Espírito a qualquer hora, em qualquer lugar.

O 11:11 é um instrumento que o ajuda a criar *um momento instantâneo de iluminação*. Atravesse o portal 11:11 sem expectativas... apenas com a intenção pura de abraçar a alegria. *Agora você está receptivo à inspiração divina e pode encher seu cálice até transbordar!*

Quando você se abre para infinitas possibilidades, arriscando tudo para estar presente, você desvenda o segredo da abundância e da felicidade.

Você está agora no modo de manifestação!

Agora vá e manifeste dinheiro, milagres e magia!

Continue em sintonia com a Fonte por meio do seu Código Anímico, ouça a sua intuição e seja sempre guiado pelo amor.

PRÓLOGO

Para descobrir mais sobre seu Código Anímico e continuar a maravilhosa jornada pela Numerologia, descobrindo como os números afetam a sua vida agora e no futuro, aqui estão alguns recursos gratuitos:

MASTER CLASS *ON-LINE* GRATUITA

taniagabrielle.com/numbers

VÍDEOS E ARTIGOS GRATUITOS

taniagabrielle.com

LIVROS RECOMENDADOS

Goodman, Linda. *Linda Goodman's Star Signs*.

Javane, Faith, e Bunker, Dusty. *Numerology and the Divine Triangle*.

Jordan, Juno. *The Romance in Your Name*.

Lawrence, Shirley. *Exploring Numerology*.

AGRADECIMENTOS

Gostaria de agradecer o apoio e a inspiração da minha filha, Clara, cujo amor pela Numerologia, pela Astrologia e pela música e cuja sede de sabedoria trazem infinita alegria para a minha vida todos os dias.

Agradeço a Pitágoras, o grande filósofo, músico, matemático, numerólogo, astrônomo e astrólogo, e tema do primeiro livro sobre Numerologia que eu tirei de uma estante de uma livraria espiritualista em Amherst, Massachusetts (EUA), quando era universitária. Esse livro me apresentou os ensinamentos espirituais de Pitágoras sobre a Numerologia e mudou a minha vida.

Obrigada ao meu pai, por me apresentar à Astrologia quando eu era adolescente; seu amor por todas as coisas espirituais e a natureza oculta da vida ainda alimenta minha busca por sabedoria até hoje.

Muita gratidão à minha maravilhosa equipe principal (Nancy, AJ e Jelena) por sua dedicação e sua paciência durante o processo de criação deste livro. Também para Angela, Heidii e Paula, por seu trabalho e seu apoio contínuos. É por causa de vocês que a poderosa mensagem das estrelas e dos números continua a se expandir e se elevar!

Muito obrigada a Jill Alexander pelo seu apoio e seu incentivo!

Por fim, a todos os meus alunos e clientes: aprendi muito com vocês e agradeço toda confiança e o apoio! Foi uma profunda honra compartilhar e ensinar o maravilhoso mundo dos códigos estelares ao longo desses muitos anos, e espero que meus leitores achem tão prazerosas a leitura e a aplicação deste guia definitivo quanto foi para mim escrevê-lo!

SOBRE A AUTORA

Como astróloga, numeróloga e médium Tania Gabrielle apresentou para o mundo ocidental a fusão de duas antigas artes: a Astrologia e a Numerologia. Reconhecida como uma talentosa canalizadora, em seu trabalho Tania desbloqueia os códigos das estrelas, dos nomes e dos números, para aumentar a prosperidade, a saúde, o bem-estar e nossa conexão com o Espírito. Decodificando o plano da alma e o mapa de previsões de cada pessoa, ela ensina seus leitores e alunos a descobrir seu verdadeiro destino e missão nesta vida. Seu objetivo principal é ensinar princípios espirituais que manifestem resultados práticos e reais. Ela é fundadora e criadora da **Numerology Academy**, o primeiro curso *on-line* de Astronumerologia, e continua orientando milhares de pessoas ao redor do mundo que, por sua vez, ajudam outras a criar vidas extraordinárias. Por meio de seu trabalho, Tania ensina seus leitores e alunos a descobrir seu verdadeiro destino e missão nesta vida. Seu objetivo principal é ensinar princípios espirituais que manifestem resultados práticos e reais. Foi destaque em publicações como o *New York Times*, *Los Angeles Times*, *USA Today*, *Entertainment Weekly*, *ESPN Magazine*, *Essence Magazine*, **ESPN.com**, **Yahoo.com** e *US Magazine*. Foi convidada a participar como especialista de dois documentários: *Quantum Communication* [*Comunicação Quântica*, 2009], de David Sereda e *The Voice* [A Voz]. Tania também é uma talentosa compositora clássica, e sua música é apresentada no mundo todo, nas mais prestigiadas salas de concerto por artistas vencedores do Grammy.

Para mais informações, visite seu *site* taniagabrielle.com.

ÍNDICE REMISSIVO

1 (um)
  A (letra) e, 121
  Ano/Mês/Dia Pessoal, 159
  ausência do nome de batismo, 185
  descrição do número raiz, 19
  descrição do Número de Destino, 32
  J (letra) e, 128
  número do endereço, 171
  S (letra) e, 134-135
  significado, 41-43
  Tríade da Mente, 37, 41, 42

2 (dois)
  Ano/Mês/Dia Pessoal, 161
  ausência do nome de batismo, 185
  B (letra) e, 122
  descrição do Número do Destino, 33
  K (letra) e, 128-129
  número do endereço, 172
  significado, 43-47
  T (letra) e, 135
  Tríade da Manifestação, 37-38, 43, 44

3 (três)
  Ano/Mês/Dia Pessoal, 161
  ausência do nome de batismo, 185
  C (letra) e, 122-123
  descrição do número raiz, 19
  descrição do Número o Destino, 33
  L (letra) e, 129-130
  número do endereço, 172
  significado, 47-50
  Tríade da Criação, 38-39, 47
  U (letra) e, 136

4 (quatro)
  Ano/Mês/Dia Pessoal, 162
  ausência do nome de batismo, 185
  D (letra) e, 123
  descrição do número raiz, 20
  descrição do Número do Destino, 33-34
  M (letra) e, 130
  número do endereço, 173
  significado, 51-53
  Tríade da Criação e, 52
  Tríade da Manifestação, 37-38, 52
  V (letra) e, 136-137

5 (cinco)
  Ano/Mês/Dia Pessoal, 162
  ausência do nome de nascimento, 186
  descrição do número raiz, 20
  descrição do Número do Destino, 34
  E (letra) e, 125
  N (letra) e, 131
  número do endereço, 173-174
  significado, 53-56
  Tríade da Mente, 37, 53
  W (letra) e, 137-138

6 (seis)
  Ano/Mês/Dia Pessoal, 163
  ausência do nome de nascimento, 186
  número do endereço, 174
  descrição do número raiz, 20
  Descrição do Número do Destino, 34
  F (letra) e, 125-126
  O (letra) e, 131-132
  significado, 56-58
  Tríade da Criação, 38-39, 56
  X (letra) e, 138

7 (sete)
  Ano/Mês/Dia Pessoal, 163-164
  ausência do nome de nascimento, 186
  descrição do número raiz, 20
  Descrição do Número do Destino, 34-35
  G (letra) e, 126
  número do endereço, 174-175
  P (letra) e, 132
  significado, 59-61
  Tríade da Mente, 37, 59
  Y (letra) e, 138-139

8 (oito)
  Ano/Mês/Dia Pessoal, 164
  ausência do nome de nascimento, 186
  descrição do número raiz, 21
  Descrição do Número do Destino, 35
  H (letra) e, 126-127
  número do endereço, 175
  significado, 62-64
  Q (letra) e, 133
  Tríade da Manifestação, 37-38, 62
  Z (letra) e, 139

9 (nove)
  Ano/Mês/Dia Pessoal, 165
  ausência do nome de batismo, 186-187
  Ciclos Pessoais de 9 Anos, 159
  descrição do número raiz, 21
  descrição do Número do Destino, 35
  I (letra) e, 127
  número do endereço, 176
  significado, 65-67
  R (letra) e, 133-134
  Tríade da Criação, 38-39, 66

10 (dez)
  J (letra) e, 128
  lado sombrio, 83
  qualidades, 82
  S (letra) e, 134-135

11 (onze)
  descrição do Número Mestre, 69, 71-72

K (letra) e, 128-129
padrão numérico 11:11, 195-199
12 (doze)
  L (letra) e, 129-130
  lado sombrio, 83
  qualidades, 83
13 (treze)
  lado sombrio, 85
  M (letra) e, 130
  qualidades, 83, 85
14 (quatorze)
  lado sombrio, 85
  N (letra) e, 131
  qualidades, 85
15 (quinze)
  lado sombrio, 86
  O (letra) e, 131-132
  qualidades, 85-86
16 (dezesseis)
  lado sombrio, 86
  P (letra) e, 132
  qualidades, 86
17 (dezessete)
  lado sombrio, 87
  Q (letra) e, 133
  qualidades, 86-87
18 (dezoito)
  lado sombrio, 87
  qualidades, 87
  R (letra) e, 133-134
19 (dezenove)
  lado sombrio, 88
  qualidades, 88
  S (letra) e, 134-135
20 (vinte)
  lado sombrio, 88
  qualidades, 88
  T (letra) e, 135
21 (vinte e um)
  lado sombrio, 89
  qualidades, 89
  U (letra) e, 136
22 (vinte e dois)
  descrição do Número Mestre, 72-74
  V (letra) e, 136-137

23 (vinte e três)
  lado sombrio, 89
  qualidades, 89
  W (letra) e, 137-138
24 (vinte e quatro)
  lado sombrio, 90
  qualidades, 90
  X (letra) e, 138
25 (vinte e cinco)
  lado sombrio, 90
  qualidades, 90
  Y (letra) e, 138-139
26 (vinte e seis)
  lado sombrio, 91
  qualidades, 91
  Z (letra) e, 139
27 (vinte e sete), 91
28 (vinte e oito), 92
29 (vinte e nove), 93-94
30 (trinta), 93
31 (trinta e um), 93-94
32 (trinta e dois), 94
33 (trinta e três), 74-76
34 (trinta e quatro), 94
35 (trinta e cinco), 95
36 (trinta e seis), 95
37 (trinta e sete), 95-96
38 (trinta e oito), 96
39 (trinta e nove), 96-97
40 (quarenta), 97
41 (quarenta e um), 97-98
42 (quarenta e dois), 98-99
43 (quarenta e três), 98
44 (quarenta e quatro), 76-77
45 (quarenta e cinco), 99
46 (quarenta e seis), 99
47 (quarenta e sete), 99-100
48 (quarenta e oito), 100
49 (quarenta e nove), 101
50 (cinquenta), 101
51 (cinquenta e um), 101-102
52 (cinquenta e dois), 102
53 (cinquenta e três), 103
54 (cinquenta e quatro), 103
55 (cinquenta e cinco), 77-78
56 (cinquenta e seis), 103

57 (cinquenta e sete), 103
58 (cinquenta e oito), 104
59 (cinquenta e nove), 104
60 (sessenta), 104-105
61 (sessenta e um), 105
62 (sessenta e dois), 105-106
63 (sessenta e três), 106
64 (sessenta e quatro), 106
65 (sessenta e cinco), 107
66 (sessenta e seis), 78-79
67 (sessenta e sete), 107
68 (sessenta e oito), 107-108
69 (sessenta e nove), 108
70 (setenta), 109
71 (setenta e um), 109
72 (setenta e dois), 109
73 (setenta e três), 109-110
74 (setenta e quatro), 110
75 (setenta e cinco), 110
76 (setenta e seis), 111
77 (setenta e sete), 79
78 (setenta e oito), 111
79 (setenta e nove), 111-112
80 (oitenta), 112
81 (oitenta e um), 112
82 (oitenta e dois), 113
83 (oitenta e três), 113
84 (oitenta e quatro), 113-114
85 (oitenta e cinco), 114
86 (oitenta e seis), 114
87 (oitenta e sete), 114-115
88 (oitenta e oito), 80
89 (oitenta e nove), 115
90 (noventa), 115-116
91 (noventa e um), 116
92 (noventa e dois), 116-117
93 (noventa e três), 117
94 (noventa e quatro), 117
95 (noventa e cinco), 118
96 (noventa e seis), 118
97 (noventa e sete), 118-119
98 (noventa e oito), 119
99 (noventa e nove), 80-81

A

A (letra), 121, 180

B
B (letra), 122, 181

C
C (letra), 122-123, 181
Ciclos de Poder, 156
Ciclos pessoais
- 1 (um) Ano /Mês/Dia Pessoal, 159
- 2 (dois) Ano/Mês/ Dia Pessoal, 161
- 3 (três) Ano /Mês/Dia Pessoal, 161
- 4 (quatro) Ano /Mês/Dia Pessoal, 162
- 5 (cinco) Ano /Mês/Dia Pessoal, 162
- 6 (seis) Ano /Mês/Dia Pessoal, 163
- 7 (sete) Ano/Mês/Dia Pessoal, 163-164
- 8 (oito) Ano /Mês/Dia Pessoal, 164
- 9 (nove) Ano /Mês/Dia Pessoal, 165
- Ciclos de 9 anos, 159
- Dia Pessoal, 151, 154-155
- Mês Pessoal, 151, 152-154
- Ano Pessoal, 151-152
- Ciclos de Poder, 156

Código de Nascimento
- DNA e, 189
- introdução a, 10, 11, 13
- mapa astral, 146
- Número do Destino, 13
- Número do Dia de Nascimento, 13, 14, 15
- Número do Propósito de Vida, 13, 15-18

Códigos numerológicos do DNA, 189

D
D (letra), 123, 181

E
E (letra), 125, 181, 183

F
F (letra), 125-126, 183
formatos das letras, 187-188

G
G (letra), 126, 183

H
H (letra), 126-127, 183
Hemingway, Mariel, 17, 26-27

I
I (letra), 127, 184
iniciais, 179, 180-181, 183-184
intensificações, 179, 180-181, 183-184

J
J (letra), 128, 180
Júpiter, 143, 145

K
K (letra), 128-129, 181
King, Martin Luther Jr., 18, 31-32

L
L (letra), 129-130, 181
letras ausentes, 184
letras com linhas retas, 187
letras combinadas, 188
letras com linhas curvas, 188
letras duplas, 179, 180-181, 183-184
Lua, 143, 145

M
M (letra), 130, 181
mapa astral astrológico
- anatomia do, 141-142
- Código de Nascimento e, 145
- Quíron, 143, 145
- Terra, 147
- Júpiter, 143, 145
- Marte, 143, 145
- Mercúrio, 143, 145
- Netuno, 143, 145
- Oprah Winfrey, 141-142
- Plutão, 143, 145
- leitura, 142-143, 145-147
- números de graus repetidos, 147
- Saturno, 145
- Sol, 143, 145
- Urano, 143, 145
- Vênus, 143, 145

Marte, 143, 145
Mercúrio, 143, 145

N
N (letra), 130, 181, 183
Netuno, 143, 145
nome. *Veja* nome atual; nome de batismo.
nome atual
- intensificações no, 179
- mudanças do, 188
- nome de batismo em comparação com, 188
- sistema caldeu, 188

nome de batismo
- intensificações em, 179
- letras ausentes, 184-185
- letras duplas, 179
- nome atual em comparação com, 188-189
- números ausentes, 185-187

Número de Deus (0), 39
Número do Dia de Nascimento, 13, 14, 15, 23
Número do Propósito de Vida
- cálculo, 15-18
- introdução a, 13
- Número do Destino e, 23

Numerologia Pitagórica
  Sistema pitagórico, 24
números ausentes, 185-187
números de endereço
  1 (um), 171
  2 (dois), 172
  3 (três), 172
  4 (quatro), 173
  5 (cinco), 173-174
  6 (seis), 174
  7 (sete), 174-175
  8 (oito), 175
  9 (nove), 176
  cálculo, 170
  números desafiadores, 176-177
  vibrações, 169
Números do Destino. *Veja também* Números Mestres.
  cálculo, 23-32
  introdução a, 13, 22-23
  Julia Roberts, 27-28
  Justin Timberlake, 25-26
  Mariel Hemingway, 26-27
  Martin Luther King Jr., 31-32
  nome de batismo e, 23-24
  Número do Dia do Nascimento e, 23
  Número do Propósito de Vida e, 23
  Oprah Winfrey, 28-30
  Tony Robbins, 30-31
Números Mestres. *Veja também* Números do Destino.
  11 (onze), 69, 71-72
  22 (vinte e dois), 72-74
  33 (trinta e três), 74-76
  44 (quarenta e quatro), 76-77
  55 (cinquenta e cinco), 77-78
  66 (sessenta e seis), 78-79
  77 (setenta e sete), 79-80
  88 (oitenta e oito), 80
  99 (noventa e nove), 80-81
  introdução a, 68

Números Raiz
  1 (um), 19, 32, 41-43
  2 (dois), 19, 33, 43-47
  3 (três), 19, 33, 47-50
  4 (quatro), 20, 33-34, 51-53
  5 (cinco), 20, 34, 53-56
  6 (seis), 20, 34, 56-58
  7 (sete), 20, 34-35, 59-61
  8 (oito), 21, 35, 62-64
  9 (nove), 21, 35, 65-67

O
O (letra), 131-132, 183

P
P (letra), 132, 183
padrões de números repetidos, 194
padrões, 191, 193, 194, 195-199
Plutão, 143, 145

Q
Q (letra), 133, 183
Quíron, 143, 145

R
R (letra), 133-134, 184
Robbins, Tony, 18, 30-31
Roberts, Julia, 17, 27-28

S
S (letra), 134-135, 180
Saturno, 145
sequências, 191, 193, 194, 195-199
sequências numéricas consecutivas, 191
sistema caldeu, 188
Sol, 143, 145

T
T (letra), 135, 181
Terra, 140
Timberlake, Justin, 17, 25-26

Tríades
  1 5 7 Tríade da Mente, 37, 41, 42, 53, 59-60
  2 4 8 Tríade da Manifestação, 37-38, 44, 46, 52, 62
  3 6 9 Tríade da Criação, 38-39, 47, 56, 65
Tríade da Criação, 38-39, 47, 52, 56, 66
Tríade da Manifestação
  2 (dois), 37-38, 41
  4 (quatro), 37-38, 52
  8 (oito), 37-38, 62
Tríade da Mente
  1 (um), 37, 41, 42
  5 (cinco), 37, 53
  7 (sete), 37, 60

U
U (letra), 136, 181
Urano, 143, 145

V
V (letra), 136-137, 181
Vênus, 143, 145

W
W (letra), 137-138, 181, 183
Winfrey, Oprah, 18, 28-30, 141-142

X
X (letra), 138, 183

Y
Y (letra), 138-139, 183

Z
Z (letra), 139, 183